Ciências da educação

Gaston Mialaret

Ciências da educação

Aspectos históricos
Problemas epistemológicos

Tradução de Eduardo Brandão

São Paulo 2013

Esta obra foi publicada originalmente em francês com o título
SCIENCES DE L'ÉDUCATION
por Presses Universitaires de France, Paris
Copyright © Presses Universitaires de France
Copyright © 2013, Editora WMF Martins Fontes Ltda.,
São Paulo, para a presente edição.

1ª edição 2013

Tradução
Eduardo Brandão
Acompanhamento editorial
Luzia Aparecida dos Santos
Revisões gráficas
Débora Baroudi
Maria Luiza Favret
Projeto gráfico
A+ Comunicação
Edição de arte
Katia Harumi Terasaka
Produção gráfica
Geraldo Alves
Paginação
Moacir Katsumi Matsusaki

Dados Internacionais de Catalogação na Publicação (CIP)
(Câmara Brasileira do Livro, SP, Brasil)

Mialaret, Gaston
 Ciências da educação : aspectos históricos : problemas epistemológicos / Gaston Mialaret ; tradução de Eduardo Brandão. – São Paulo : Editora WMF Martins Fontes, 2013.

Título original: Sciences de l'éducation.
ISBN 978-85-7827-567-9

1. Educação – Estudo e ensino 2. Educação – Pesquisa I. Título. II. Série.

12-05229 CDD-370

Índices para catálogo sistemático:
1. Ciências da educação   370

Todos os direitos desta edição reservados à
Editora WMF Martins Fontes Ltda.
Rua Prof. Laerte Ramos de Carvalho, 133 01325.030 São Paulo SP Brasil
Tel. (11) 3293.8150 Fax (11) 3101.1042
e-mail: info@wmfmartinsfontes.com.br http://www.wmfmartinsfontes.com.br

Sumário

Preâmbulo 9

Capítulo 1 | O nascimento e as incertezas de uma expressão: "ciências da educação" 11

Capítulo 2 | As origens e o desenvolvimento da pesquisa científica em educação 19

    Do início do século XX à última guerra mundial 19

    Do fim da última guerra até hoje 33

    A criação das ciências da educação na França 46

Capítulo 3 | Da pedagogia e da psicopedagogia às ciências da educação, passando pela pedagogia experimental 61

    Breves considerações sobre uma evolução 61

    As primeiras evoluções 64

    O desenvolvimento da pedagogia experimental 66

    A reviravolta epistemológica 66

    Os diferentes significados da palavra "educação" 68

    A noção de "situação de educação" 75

    Um panorama geral das ciências da educação 78

Pode-se falar de unidade das ciências da educação? Unidade ou diversidade? As ciências da educação existem?   113

Capítulo 4 | Fatos e situações de educação, "objetos" da pesquisa científica em ciências da educação   115

    Fatos construídos a partir dos documentos do passado   119

    Os fatos relativamente estáveis   120

    Os fenômenos dinâmicos. As situações de educação   121

    As situações organizadas em função de uma preocupação com a experimentação   171

    Os métodos de estudo   173

    Conclusão   176

Capítulo 5 | A atitude científica em ciências da educação   177

    A noção de pesquisa. O subconjunto chamado pesquisa científica   177

    Finalidades gerais da pesquisa em ciências da educação   178

    Os procedimentos gerais da pesquisa científica   182

    As modalidades da pesquisa científica ou as formas do espírito científico moderno   195

    Conclusão   212

Capítulo 6 | Tipos e modalidades dos saberes em ciências da educação   215

    Os tipos de saberes em ciências da educação   215

    Pesquisa empírica e pesquisa científica: uma colaboração às vezes difícil   227

Capítulo 7 | Alguns aspectos epistemológicos comuns às ciências da educação e às ciências humanas   229

    Observações gerais sobre a metodologia científica   229

    A relação causa → efeito   233

A medida em ciências da educação 239
A propósito da interdisciplinaridade 253
O problema particular das finalidades das situações de educação 255

Capítulo 8 | As ciências da educação e os profissionais da educação e da formação 259
Observações gerais 259
Para que servem as ciências da educação? 263
Os pontos de encontro das ciências da educação e da pedagogia 270
Conclusão 276

Anexo: prova de gramática 279
Bibliografia das obras citadas 283
Índice dos nomes próprios 289
Índice analítico 293

Preâmbulo

O "Que sais-je?" dedicado às *ciências da educação* está em sua 10ª edição. Já foi traduzido para sete idiomas. Desde a primeira edição, em 1976, foi regularmente atualizado, e o autor levou em conta as evoluções e mutações do pensamento nesse domínio. Então, por que um novo título sobre as *ciências da educação*?

Veredas amigas e familiares me levaram a retomar algumas das ideias que sempre – e já – exprimi, a completar o que um pequeno "Que sais-je?" não poderia conter, tanto pelas limitações da edição como pelas características dos seus leitores, a apresentar de meu ponto de vista uma síntese mais coerente da evolução e do estado atual do conceito de "ciências da educação" e a recapitular os problemas epistemológicos levantados pela criação e pelo desenvolvimento desse novo campo científico.

Assim, o leitor encontrará neste livro textos, alguns recentes, outros mais antigos, que explicam a longa e lenta maturação do conceito, uma exposição da questão tal como se apresenta no início do século XXI, pontos de vista mais originais sobre uma concepção dessas novas disciplinas universitárias e sobre as questões científicas que elas suscitam.

Não hesitamos em retomar, às vezes de maneira um tanto longa, é verdade, textos clássicos de autores que marcaram a concepção e a evolução das ciências da educação, para que os neófitos e os historiadores encontrem as raízes da disciplina científica que abordam. A atualidade de alguns desses textos é indiscutível. Por que, então, reescrevê-los ou comentá-los, substituir o texto original por um insípido resumo? Outras partes são mais originais e nos permitem oferecer uma visão pessoal da questão. Que o leitor não se engane: não se trata de apresentar uma versão definitiva e válida em todos os tempos e lugares do que são as ciências da educação: ao longo do texto nos empenhamos em mostrar a relatividade das nossas propostas e o fato de que outras concepções podem coexistir, o que, aliás, atesta a riqueza do conceito de ciências da educação.

Capítulo 1

O nascimento e as incertezas de uma expressão: "ciências da educação"

Foi necessário esperar longos anos para encontrar, num dicionário de língua francesa, a expressão "sciences de l'éducation" [ciências da educação]; ainda não se encontra num dicionário da língua pedagógica publicado em 1971![1] Notemos também que essa expressão não figura no *thesaurus* da *Encyclopaedia universalis* de 1968. Só de uns anos para cá é que a expressão "ciências da educação" vem sendo utilizada correntemente.

É verdade que a expressão é, e continua sendo, incerta e ambígua para muitos, como foram, e ainda são com frequência, os termos "educação" e "pedagogia".

Ambiguidade ligada à sua forma gramatical: deve-se escrever a palavra "ciência" no singular ou no plural? No fim do século passado, A. Bain publicou uma obra intitulada *Ciência da educação*[2]. A expressão é introduzida no singular, mas o conteúdo da obra se relaciona à metodologia do ensino e se limita ao estudo científico de uma arte, a de ensinar. Mais tarde, R. Buyse[3] qualificará essa concepção da ciência da educação, conforme concebida por A. Bain, como "pedagogia experienciada", para opô-la ao que virá mais tarde a ser a "pedagogia experimental".

---
[1] Foulquié, *Dictionnaire de la langue pédagogique*.
[2] A. Bain, *Science de l'éducation*.
[3] R. Buyse, *L'expérimentation en pédagogie*.

Mas, no momento em que G. Compayre[4] ainda escrevia, em 1898, que "a educação não passa de uma obra do acaso, em que o método científico não penetrou", a corrente da ciência da educação continuava a se desenvolver. Em 1910, L. Cellerier[5] publica um *Esboço de uma ciência pedagógica* com um subtítulo significativo: "Os fatos e as leis da educação". O autor expõe quais são, a seu ver, as condições de uma ciência que ele chama de *pedagógica*, para distingui-la da educação considerada como a arte de criar os filhos, e da pedagogia, a qual, diz ele na época, está com "a definição ainda tão mal consolidada". O prefácio e a introdução da obra são promissores: "O objetivo da pedagogia é descobrir as leis dos fenômenos que se manifestam e agem na educação, fenômenos deduzidos de determinadas premissas: a finalidade atribuída à educação e a ação dos três fatores que condicionam a educação: o educador, o sujeito, o meio..." E acrescenta, falando sempre da utilidade da ciência pedagógica: "Ela traz a ordem e a clareza, onde, sem ela, reina necessariamente a confusão; ela permite prever em certa medida quais serão, em condições iguais, os resultados de determinado método, de determinado procedimento de educação." Era a época em que Durkheim, um dos teóricos mais conhecidos do início do século, também hesitava sobre a definição da pedagogia: "Ela não estuda cientificamente os sistemas de educação, mas reflete sobre eles, tendo em vista fornecer à atividade do educador ideias que a dirijam. A pedagogia é uma 'teoria prática' da educação. Ela toma suas noções fundamentais emprestadas da psicologia e da sociologia."[6]

Assim, a brecha nas concepções unicamente histórico-filosóficas da educação é aberta, como confirma este texto de P. Lapie

---

[4] G. Compayre, *Histoire critique des doctrines de l'éducation en France depuis le XVIᵉ siècle.*
[5] L. Cellerier, *Esquisse d'une science pédagogique: les faits et les lois de l'éducation.*
[6] É. Durkheim, *Les règles de la méthode sociologique* (17ª ed.).

escrito em 1915 em *A ciência francesa*[7]: "As linhas mestras da ciência da educação estão traçadas... Ela se esforça por adotar os métodos das ciências positivas. As teorias pedagógicas eram tiradas seja das hipóteses metafísicas, seja dos romances literários, seja dos planos políticos. Elas se apresentam hoje como corolários das leis da psicologia e da sociologia." Voltaremos às relações da ciência da educação com outras disciplinas, mas devemos saudar o ligeiro deslocamento, na época, no sentido do plural.

Em 1906, É. Claparède, médico depois psicólogo, havia organizado na Universidade de Genebra um seminário de psicologia pedagógica para professoras primárias responsáveis pelas turmas de alunos com atraso escolar, abertas pelo departamento de Instrução Pública em 1898. Foi para essas sessões de trabalho que É. Claparède leu e descobriu Jean-Jacques Rousseau e começou a publicar o que se tornará, após numerosas reedições, sua obra capital, *Psicologia da criança e pedagogia experimental*[8]. Ele cogita a criação de uma escola capaz de dar aos educadores melhor formação psicológica e pedagógica, o que contribuiria para o progresso das ciências da educação.

Assim é que, no dia 21 de outubro de 1912 (e, ao que sabemos, pela primeira vez na Europa), é criado em Genebra o Instituto das Ciências da Educação, que terá como subtítulo Instituto Jean-Jacques Rousseau. O programa, tirado do convite para as cerimônias do cinquentenário do Instituto, era apresentado assim[9]:

---

[7] P. Lapie, *La science française*, t. 1.
[8] É. Claparède, *Psychologie de l'enfant et pédagogie expérimentale*.
[9] Graças à ajuda de Pierre-Henri Ruel, da Universidade de Sherbrooke, pude confirmar essa afirmação para a América do Norte: 1928, criação do Department of Education, Dalhouse University, Halifax; 1927, do College of Education, University of Saskatchewan. A criação das escolas normais, das escolas de formação de professores, é evidentemente mais antiga; ex.: a criação em 1898 da Graduate School of Education, Bishop's University. A maioria das faculdades de educação ou de ciências da educação data de em torno de 1960.

"Alfred Binet, Théodore Flournoy, Édouard Claparède… três mestres da psicologia. Se esta é de fato a 'ciência do comportamento', não poderia ser 'ciência pura', mas ao cabo das suas pesquisas ela precisa chegar a conclusões práticas para ajudar os homens a viver. A quem dar prioritariamente essa assistência, se não aos filhos dos homens, às crianças, aos escolares?

Claparède compreendeu melhor do que ninguém que a ciência a que ele servia, no laboratório do seu primo Flournoy, tinha uma missão a cumprir. Claparède foi um educador. Leitor de Rousseau, ele nos transmitiu, renovada, a mensagem do *Emílio* e dela extraiu um plano de ação.

Estude-se a infância… e eis que surgem as ciências da educação.

Estude-se o papel da infância na vida humana… e terão a educação funcional, as leis do interesse, a escola ativa.

Estude-se o desenvolvimento da criança… elabora-se a psicologia genética e, com ela, a escola sob medida.

Estudem-se as características específicas de cada criança, e seremos levados à psicologia diferencial e ao ensino individualizado.

Estude-se a criança com atraso escolar, a psicopatologia da criança, e tem-se a pedagogia dos retardados.

Abordem-se, enfim, os problemas educacionais com um espírito científico… psicologia e pedagogia experimentais.[10]"

P. Bovet será o primeiro diretor desse Instituto e responderá ao voto de É. Claparède: "Reconhecer o que não se sabe, descobrir por que não se sabe e pesquisar como se poderia fazer para saber." As *ciências da educação* – ainda que, como veremos, a compreensão e a extensão do conceito nem sempre sejam, nesta época, claramente definidos – nasceram, e com elas seu nome definitivo. A expressão, por conseguinte, será quase sempre utilizada no plural.

---

[10] Convite para a comemoração do cinquentenário da fundação do Instituto.

A Primeira Guerra Mundial retardou o progresso das ideias nesse domínio. No entanto, vê-se muito rapidamente o desenvolvimento das faculdades de ciências da educação e dos títulos universitários de licença, mestrado e doutorado em ciências da educação. O movimento parece, desde essa época, nitidamente encetado e irreversível. Mas ainda precisamos levantar outra ambiguidade relativa ao conteúdo das ciências da educação.

A ciência da educação ou as ciências da educação não são mais que expressões que, a um momento dado da história, traduzem o agrupamento de um conjunto de ideias num todo mais ou menos coerente e que corresponde a uma nova ordem de realidades. Faz tempo, de fato, que se falava de pesquisas em educação. I. Kant já tinha feito projetos para uma escola experimental que seria ligada à sua cátedra da Universidade de Königsberg.

De uma forma muito mais precisa, vemos nascer, na passagem do século XVIII para o XIX, o início do que mais tarde se chamará de "pedagogia experimental". Parece-nos que A. Cournot (1801-1877) foi um dos primeiros a colocar com clareza o problema nestes termos: "Em pedagogia, como em medicina, não nos limitamos estritamente à observação dos fenômenos tais como se reproduzem por si mesmos; a experimentação direta não é impossível, embora o respeito devido à natureza humana e a própria finalidade da arte aumentem as dificuldades intrínsecas da experimentação e restrinjam seu campo."[11] E, num artigo importantíssimo, M. Debesse mostrou muito bem que A. Cournot era um autêntico precursor da pedagogia experimental moderna: ele não hesita em preconizar a utilização de estatísticas na pesquisa e,

---

[11] Citado por M. Debesse, in "Antonin Courtot, précurseur de la pédogogie expérimentale", L'Éducation nationale (Paris, Comité universitaire d'information pédagogique), nº 29, 22 de outubro de 1959, p. 2.

como observa A. Léon[12], pode-se também considerar que ele havia pressentido a análise fatorial do século seguinte. Essa corrente é que será continuada e enriquecida, um pouco mais tarde, por A. Binet, V. Henry, Th. Simon, R. Dottrens, R. Buyse, G. Mialaret, A. Bonboir, G. de Landsheere, P.-H. Ruel[13].

No início do século, com a obra de A. Binet, se desenvolvem a psicologia científica e a psicologia da criança. Após um período lacunoso (da morte de A. Binet em 1910 à chegada de J. Piaget a Genebra), a psicologia genética passa por uma renovação extraordinária. Toda a escola de Genebra o atesta. Ouve-se enfim o grito de Rousseau: "Comecem portanto por estudar melhor seus alunos, porque certamente vocês não os conhecem." M. Montessori, O. Decroly, É. Claparède asseguram a ligação recíproca (e de maneira diferente, mas não é nosso propósito discutir isso aqui) entre psicologia e pedagogia: levar em consideração a realidade infantil, proclamará a Educação Nova; análise das condições de existência da criança, dirão O. Decroly e H. Wallon; educação adaptada ao nosso tempo, começarão a afirmar os educadores. E a psicologia, a fisiologia e a sociologia se introduzem assim no programa das ciências da educação, ao lado dos aspectos metodológicos e das técnicas da educação. O programa do Instituto das Ciências da Educação de Genebra é a prova disso. No entanto, a batalha ainda não foi vencida. Um rápido exame da formação dos educadores da época é revelador a esse respeito. Por volta de 1950 (sondagem feita pelo Bureau Internacional de Educação em 1954[14]), os temas principais da formação dos professores se organizam no mundo em torno de:

---

[12] Ver A. Léon, "De la Révolution française aux débuts de la IIIᵉ République", *in* M. Debesse e G. Mialaret, *Traité des sciences pédagogiques*.
[13] Graças a Victor Mercante, pedagogo argentino, foi criada em 1907, em La Plata, no âmbito universitário, a primeira faculdade de pedagogia de tipo nitidamente científico.
[14] Bureau international d'éducation, *La formation du personnel enseignant secondaire*.

– filosofia e a teoria da educação
– história da pedagogia
– administração e legislação escolares
– metodologia geral; metodologia especial
– higiene escolar.

Felizmente, em certos países foram introduzidas a psicologia e a psicologia da criança, e algumas noções de sociologia. Mas constata-se que o conteúdo da ação dos professores, domínio em que as ciências da educação podem encontrar um ponto de aplicação imediato, ainda é muito limitado e dá prova da fragilidade – e do isolamento – dessas disciplinas nascentes.

Daremos particular destaque à história da pedagogia. Podemos sem temor afirmar que, por muitíssimo tempo, as primeiras pesquisas em educação se concentraram nas doutrinas pedagógicas. Tanto a obra monumental de G. Compayre, *História crítica das doutrinas da educação na França desde o século XVI*, como *A evolução pedagógica na França* de É. Durkheim atestam a solidez dos estudos já feitos nesses domínios.

Mas em 1945-1950 ainda estamos muito longe da riqueza atual do conceito das ciências da educação. Examinaremos, no próximo capítulo, como elas se constituíram na França depois de 1945.

Capítulo 2

As origens e o desenvolvimento da pesquisa científica em educação

A situação nos outros países – Estados Unidos, Inglaterra, Alemanha, Bélgica, Itália, Espanha, França – é diferente da da Suíça. Podemos distinguir várias etapas para estudar a passagem da psicopedagogia às ciências da educação, passando pela pedagogia experimental. Nosso estudo não tem a pretensão de ser histórico, no sentido mais estrito do termo; ele se contentará com recordar alguns fatos para mostrar que os problemas da pesquisa científica em educação já estavam, e desde há muito tempo, em fermentação. Não hesitaremos tampouco, e indicando claramente nossas fontes, em retomar textos de autores que já abordaram esse aspecto do problema.

Do início do século XX à última guerra mundial

Tomamos emprestadas de E. Planchard[1] as seguintes citações que descrevem, em 1945, a situação no exterior:

> "É incontestavelmente a América do Norte que ocupa hoje o primeiro lugar no movimento da pesquisa pedagógica. Como já assinalamos, a causa desse desenvolvimento extraordinário deve ser

---
[1] E. Planchard, *L'investigation pédagogique. Objets. Méthodes. Résultats*. Pode-se consultar também G. de Landsheere, *La recherche en éducation dans le monde*.

buscada nas condições especiais do novo mundo – sociais, econômicas, políticas – e também no espírito nitidamente pragmático dos educadores americanos. O senso da eficácia e a necessidade em que se encontravam os dirigentes de resolver rapidamente problemas que não se colocam mais hoje em dia, ou que se colocam com muito menos intensidade em nosso velho mundo, levaram à experimentação direta. Assim, a imigração maciça e a variedade das raças que constituem esse fluxo de emigrantes, a industrialização rápida, o nascimento das cidades-cogumelos, etc. tiveram uma repercussão inevitável na pedagogia e imprimiram a esta uma tendência nitidamente sociológica. Sejam quais forem as fraquezas e os excessos dessa pedagogia, podemos ter com os americanos uma lição de realismo. O americano personifica a nossos olhos as qualidades do pioneiro, do 'self-made man', embora muitas vezes ostente seus defeitos: tendência a subestimar a tradição, falta frequente de maturidade, confiança às vezes exagerada na técnica.

Foi em Nova York que se fundou, em 1912, o primeiro centro de pesquisas pedagógicas. Sua criação foi motivada pelo sucesso de uma vasta sondagem feita nas escolas da cidade para medir o rendimento do ensino público. Sua função era empreender pesquisas do mesmo gênero. Logo instituições similares foram estabelecidas nas cidades mais importantes e gradativamente aperfeiçoadas. Dentre os centros mais ativos hoje assinalemos o do Teacher's College da Universidade de Columbia em Nova York (onde trabalham Thorndike, Gates, Mac Call, Wood) e o de Chicago (com Judd, Buswell, Freeman)[2].

Dentre as nações europeias, a Inglaterra é a que melhor compreendeu o benefício que o ensino e a educação podiam extrair da experimentação. O país oferece seguramente um exemplo de equilíbrio em que todos deveriam se inspirar. Essencialmente tradicionalista, isso não o impediu de adotar o que havia de aceitável e útil nas novidades propostas. Em matéria pedagógica, essa atitude foi

---

[2] Lembremos que este texto foi escrito em 1945.

incontestavelmente favorecida pela grande independência que as instituições escolares do Reino Unido possuem. Anotamos anteriormente a interessante obra realizada pelo conselho escocês de pesquisa pedagógica. Porém se quiséssemos dar uma ideia mais precisa da pesquisa pedagógica na Grã-Bretanha, haveria muitas outras coisas a assinalar. Basta lembrar os institutos de educação das universidades, principalmente o de Londres, e o grande número de trabalhos que foram empreendidos sob a direção destes; assinalar as revistas especializadas de elevado valor científico, como o *The British Journal of Psychology* e o *The British Journal of Educational Psychology*; e citar nomes como C. Burt, C. Spearman, S. Isaacs, P. B. Ballard, C. W. Valentine, G. H. Thomson, F. S. Schonnel..."

A Alemanha teve uma atividade importante antes da guerra, mas numerosos pesquisadores se expatriaram para fugir do nazismo.

"Na Alemanha, os esforços de Stem, de Meumann, de Ebbinghauss, de Lay e de alguns outros não deram todos os frutos que se poderiam esperar. W. A. Lay, principalmente, havia compreendido muito bem a natureza e as exigências da pedagogia experimental, se bem que, como observamos, ele não tenha sabido limitar como convinha a extensão da nova ciência. Mas opondo-se ao conceito de Meumann, que não fazia diferença entre pedagogia experimental e psicologia experimental, só distinguindo nitidamente o pedagógico quando seu objeto principal é pedagógico, ele indicava o caminho a seguir. Pessoalmente ou com a ajuda de colaboradores, fez um grande número de pesquisas, notadamente sobre a psicologia da aritmética, sobre a ortografia, a escrita e a leitura. Ele podia legitimamente ficar satisfeito com sua obra e esperar um vasto desenvolvimento, em seu país, desse gênero de estudos. "A pedagogia experimental está em marcha, seus trabalhos se multiplicam de forma prodigiosa", escrevia ele há uns vinte anos no prefácio de um livro traduzido em várias línguas. "A quantidade de institutos de pedagogia científica aumenta e em todas as universidades alemãs são estudados, atualmente, sob diversas denominações, problemas de pedagogia experimental. Quase não dá para acreditar, hoje em dia, que há vinte e cinco anos minhas primeiras experiências foram tão criticadas que chegaram a considerar, num jornal pedagógico, que elas podiam ameaçar minha situação oficial."[3]

Na Bélgica, Ovide Decroly, médico psiquiatra, representa um movimento europeu educacional baseado ao mesmo tempo numa teoria psicológica (a teoria da forma) e numa prática real (a École de l'Ermitage, em Bruxelas), numa atitude científica em face dos problemas da educação[4]. Concordando neste ponto com Maria Montessori[5], ele insistirá na importância do conhecimento psicológico da criança. Utilizará (foi um dos primeiros, com Gesell) o registro cinematográfico para estudar o desenvolvimento da criança. Na Itália, Maria Montessori cria em 1907, em Roma, *La Casa dei bambini*, onde ao mesmo tempo criará as chamadas "técnicas montessorianas" e desenvolverá seus estudos de psicologia da criança. Tanto em Maria Montessori como em Ovide Decroly, a criação de novas formas de ação pedagógica é acompanhada por uma forma de pesquisa científica.

Desde já devemos salientar a dificuldade linguística posta pela aproximação de "ciência" ou de "pesquisa" com "educação". É esse problema que nossos amigos ingleses encontram para traduzir a expressão "ciências da educação". A educação não pode, no sentido estrito do termo, ser "científica"; ela é essencialmente

---
[3] W. A. Lay, *Pedagogia experimental*.
[4] Após a morte de Decroly, R. Buyse publica com o nome de ambos *Introduction à la pédagogie quantitative*.
[5] Maria Montessori publica, a partir de 1916, vários livros cujo título contém o qualificativo "científico": *Pedagogia científica* (1916, em italiano), *Pedagogia científica, A descoberta da criança...*

uma comunicação humana, e o professor não é uma máquina. As utilizações das máquinas (rádio, computador, máquinas de ensinar) não são mais que *técnicas* a serviço do educador e do aluno. A expressão "pesquisa em educação" levanta, por sua vez, outros problemas. Alguns insistem em distinguir "pesquisa *em* educação" e "pesquisa *sobre* educação". É evidente que um bom professor, que procura se aperfeiçoar e melhorar os efeitos que tem sobre seus alunos, professor que reflete, que modifica suas práticas pedagógicas, realiza uma forma de pesquisa[6] em educação; é nessa categoria que poderíamos situar o que se chama de "pesquisa-ação". A pesquisa sobre a educação é a que, adquirindo recuo e procurando distinguir as opiniões ou as ideias não discutidas, analisa cientificamente os fatos e as situações da educação[7].

Na Suíça, Édouard Claparède[8] desenvolve seus trabalhos numa direção idêntica à de Decroly. Sua obra (2ª edição em 1909) obtém um sucesso considerável (em 1984 estava na 10ª edição). Já assinalamos, no capítulo 1, o papel desempenhado por esse grande psicólogo nas instituições genebrinas; não voltaremos a ele. Mas a expressão "pedagogia experimental" é cada vez mais utilizada. Ela será retomada (ver abaixo) por Robert Dottrens.

Na França, é Alfred Binet[9], homem genial, que, por seus trabalhos e descobertas, traz à psicologia, e sobretudo à psicologia da criança, uma contribuição de primeira importância. Sua *Escala métrica da inteligência* (de que se zombou muito na França, chamando A. Binet de "pesador da inteligência") foi imediatamente aceita em vários países, reproduzida, aperfeiçoada, e deu origem a toda uma corrente psicológica e psicopedagógica dos testes. Desde o início do século, como prova o texto abaixo, Binet e Henri

---

[6] Ver adiante, capítulo 6, um desenvolvimento dessa questão.
[7] Ver na p. 224 a distinção entre as duas formas de pesquisa.
[8] É. Claparède, *Psychologie de l'enfant et pédagogie expérimentale*.
[9] Pode-se consultar G. Avanzini, *Alfred Binet*.

definem com grande lucidez (que pode, em nossos dias, parecer um tanto ingênua, dado o desenvolvimento das outras disciplinas científicas (estatística, projetos experimentais...) as regras de uma pesquisa *experimental* em pedagogia[10].

> "A biblioteca de pedagogia e psicologia que inauguramos hoje publicando este primeiro volume sobre a *Fadiga intelectual* está destinada a fazer a pedagogia tirar proveito dos recentes progressos da psicologia experimental.
> Não é propriamente uma reforma da velha pedagogia que se deve tentar, mas a criação de uma nova.
> A velha pedagogia, apesar de boas partes de detalhes, deve ser completamente suprimida, por estar afetada por um vício radical: ela foi feita artificialmente, é o resultado de ideias preconcebidas, procede por afirmações gratuitas, confunde as demonstrações rigorosas com as citações literárias, resolve os mais graves problemas invocando o pensamento de autoridades como Quintiliano e Bossuet, substitui os fatos por exortações e sermões; o termo que melhor a caracteriza é *verborragia*.
> A nova pedagogia deve se basear na observação e na experiência, deve ser, antes de mais nada, experimental. Não entendemos aqui como experiência esse vago impressionismo das pessoas que viram muito: um estudo experimental, na acepção científica da palavra, é o que contém documentos recolhidos metodicamente e referidos com detalhes e precisão suficientes para que se possa, com esses documentos, recomeçar o trabalho do autor, verificá-lo ou tirar dele conclusões que o autor não percebeu.
> As *experiências* de pedagogia psicológica podem ser divididas em dois grupos: 1º as que são feitas nos laboratórios de psicologia; 2º as que são feitas nas escolas.
> Em pedagogia, sobretudo as experiências do segundo grupo é que são apreciadas, mas nem por isso se deve negligenciar as expe-

---
[10] Ver, abaixo, os comentários sobre o qualificativo "experimental".

riências de laboratório. De fato, nos laboratórios de psicologia fazem-se pesquisas sobre um pequeno número de pessoas que, em geral, vêm ao laboratório para aprender psicologia e, por conseguinte, se prestam com muito boa vontade às experiências. Tendo essas pessoas como sujeitos, podem-se fazer exames bastante minuciosos, pode-se estudar a influência das diferentes causas de erro, ver se determinado método pode dar algum resultado ou não, testar novos métodos e aperfeiçoá-los de modo a torná-los práticos e simples.

Em suma, são pesquisas de métodos. Elas são geralmente muito demoradas e muito minuciosas, porque, por um lado, estudam pessoas-pacientes que podem consagrar à ciência vários meses e, por outro lado, como esses sujeitos de elite são pouco numerosos – seis a dez em média, nos laboratórios mais frequentados –, é preciso repetir neles um grande número de vezes as mesmas experiências para ter certeza de não cometer erros. Resulta desse longo trabalho de preparação um projeto de pesquisa para as escolas, projeto prático em que todas as questões de método já foram elucidadas, em que os principais pontos a tratar, os que pareceram mais importantes, são focalizados.

A pesquisa iniciada no laboratório continua portanto nas escolas; ela adquire, mudando de ambiente, um caráter totalmente diferente. Notemos primeiro que raramente se levam às escolas os aparelhos complicados utilizados no laboratório; a instrumentação é reduzida ao máximo de simplicidade, por motivos fáceis de compreender. Mas o que domina antes de mais nada as pesquisas escolares é a rapidez de execução. Uma vez aceito que se façam pesquisas com alunos que são mandados à escola para se instruir e aos quais não se pode fazer perder tempo, o psicólogo não pode tratá-los como esses adultos benévolos examinados à vontade meses a fio. É necessário levar às escolas o mínimo de transtorno possível, não fazer barulho, não atrapalhar os cursos especiais, não indispor o pessoal de ensino, que nem sempre entende a razão dessas pesquisas. É antes de mais nada uma questão de tato. De resto, mais uma outra razão pode levar o experimentador a se apressar. Os alunos interessados por uma pesquisa que se inicia dão a ela o máximo de atenção; mas logo se distraem, e, se a experiência se prolongar, fica parecendo monótona, chata, e os alunos procuram se excluir dela.

Fazem-se experiências escolares de duas maneiras principais: coletivamente e individualmente.

1º Coletivamente – chega-se na classe com o diretor, explica-se em algumas palavras a experiência a que se vai proceder – teste de memória, por exemplo, ou de imaginação – e faz-se a experiência imediatamente. Ela dura em média quinze minutos, depois recolhem-se os testes e recomeça-se tudo em outra turma. A aula dos alunos foi interrompida por apenas quinze minutos. Acreditamos que uma interrupção tão curta, principalmente se não se renovar mais de duas vezes num mês, não causa nenhuma espécie de transtorno nos estudos. Às vezes, inclusive, a experiência é para os alunos um exercício de estilo ou de escrita. Durante essa interrupção de quinze minutos, o experimentador pode reunir uns quarenta testes, que ele examina com toda a calma depois de sair da escola e de que sempre pode tirar conclusões instrutivas, se a experiência tiver sido bem concebida.

2º Individualmente – certas pesquisas não podem ser feitas coletivamente, porque requerem um exame individual do sujeito. Para a medida da força muscular, por exemplo, para certas experiências psicológicas de memória e de comparação, em que é preciso interrogar o sujeito e analisar suas respostas, o experimentador é obrigado a examinar cada aluno isoladamente. Uma sala isolada, na maioria das vezes a sala do diretor, é posta à sua disposição. Os alunos são chamados um a um, ou dois a dois, ou em grupos maiores, conforme a conveniência. Quando o exame de um aluno termina, ele volta à aula e é substituído por um colega, de acordo com um revezamento combinado de antemão com o professor. Como o exame de cada aluno nunca ultrapassa cinco ou dez minutos, é para ele uma perda de tempo insignificante, ainda mais insignificante por esse exame não se repetir com frequência. Quanto à aula, ela não é perturbada pela saída de dois ou três alunos.

Em suma, as experiências de pedagogia que se fazem nas escolas tomam pouco tempo dos alunos, não perturbam em nada a ordem das aulas. E considerando que bastaria fazer todos os meses uma experiência de quinze minutos com cada aluno, abrangendo nessa pesquisa uma dezena de escolas e liceus, para resolver praticamente um grande número de questões pedagógicas da mais alta importância que ainda estão sendo discutidas, parece que a administração deveria incentivar com todo o seu poder pesquisas desse gênero, confiando-as principalmente a pesquisadores tarimbados.

Na França, lamentamos constatar, a administração se mostra geralmente pouco disposta a conceder autorizações desse tipo, embora se dê conta de que se trata de pesquisas inofensivas e verdadeiramente pedagógicas, nada tendo em comum com as práticas de sugestão e com o hipnotismo. Mas nos outros países, notadamente na Alemanha, na América, na Suécia, na Dinamarca, essas autorizações para fazer psicologia experimental são liberalmente concedidas às pessoas competentes, e a maioria dos trabalhos que possuímos atualmente foi realizada nesses países estrangeiros. Tem mais. Várias vezes, a administração é que, nos países estrangeiros, tomou a iniciativa das pesquisas experimentais nas escolas, quando uma questão de pedagogia prática se apresentou: a administração se dirigiu aos psicólogos convidando-os a fazer pesquisas sobre essa questão. Ao mesmo tempo, as escolas estavam sempre abertas a eles, e seus alunos eram submetidos aos seus exames. Assim, em apenas um ano, os magistrados da cidade de Breslau, ansiosos por saber se os programas de ensino nas escolas e liceus da cidade não eram exagerados e não produziam estafa intelectual nos alunos, encarregaram oficialmente um psicólogo de pesquisar qual o grau de fadiga intelectual sentido pelos alunos das diferentes classes no fim do seu dia de estudo."[11]

---

[11] A. Binet e V. Henri, *La fatigue intellectuelle*.

Esse texto foi escrito em 1906. Ainda hoje seria válido em sua totalidade.

Era a época em que o qualificativo "experimental" estava na moda. Depois da publicação do manifesto de Claude Bernard[12] em 1866, muitas pesquisas científicas se colocam sob o rótulo de "experimental": psicologia experimental, pedagogia experimental. Desde essa época (voltaremos sobre esse ponto), todas as pesquisas de caráter científico são "experimentais". Assim, em 1924, Th. Simon, um dos mais próximos colaboradores de Alfred Binet, publica um livro intitulado *A psicologia experimental*, no qual define de forma bastante ingênua os princípios da experimentação em pedagogia. Para comparar dois métodos, diz ele, a coisa é relativamente simples: "...recorre-se a uma técnica uniforme. Escolhem-se duas turmas paralelas; ou melhor, seriam-se as crianças de uma turma por composições ou simplesmente de acordo com suas notas habituais. Constituem-se assim dois grupos mais ou menos equivalentes, tomando, por exemplo, na classificação precedente, por um lado, as crianças que obtiveram os lugares de número par; de outro, as crianças que obtiveram lugares de número ímpar. Submete-se enfim a um treinamento particular, nesta ou naquela disciplina que se quer experimentar, um dos dois grupos, aplicando os procedimentos habituais nas outras crianças. A diferença de ganho de um grupo em relação ao outro traduziria a diferença de eficácia dos métodos a comparar."

Quando da morte de Alfred Binet[13], em 1911, restam na França quase só o dr. Th. Simon e sua fiel colaboradora, De Bonnis, para conservar preciosamente sua herança[14]. A guerra de

---

[12] C. Bernard, *Introduction à l'étude de la médecine expérimentale*.
[13] Notemos que Alfred Binet não obteve cargo de professor na Sorbonne.
[14] Alguns pensaram que a fidelidade demasiado estrita ao pensamento de A. Binet talvez tenha sido um freio nas pesquisas de psicologia da criança. Ver as discussões sobre a medida da inteligência em René Zazzo. Com a evolução da ciência e da técnica, A. Binet certamente teria modificado algumas das suas posições.

1914-1918 suspende todas as pesquisas de psicologia pedagógica. Só em 1924 (ver acima) é que se fala de pedagogia experimental. A chama não se apagou totalmente. Ela é retomada, na Bélgica, por Raymond Buyse, que desenvolverá na Universidade de Louvain uma pedagogia experimental moderna, inspirando-se ao mesmo tempo nos trabalhos de Alfred Binet, Ovide Decroly, Claude Bernard e nos trabalhos americanos já disponíveis no Novo Mundo antes da Primeira Guerra Mundial. Sua obra magistral, verdadeiro *Discurso do método* para os pesquisadores em pedagogia, abriu caminho para todos os trabalhos posteriores, cujo desenvolvimento foi, mais uma vez, detido pela Segunda Guerra Mundial. Ele utiliza, à guisa de prefácio da sua obra, o próprio texto da *Introdução ao estudo da medicina experimental*, como nos mostra o texto seguinte, que não hesitamos em citar em sua quase totalidade.

INTRODUÇÃO AO ESTUDO
DA DIDÁTICA EXPERIMENTAL

Adaptação pedagógica da
Introdução ao estudo da medicina experimental
de Claude Bernard

N.B. – As palavras em itálico substituem termos: medicina, médico, físico-química, patologia, terapêutico, etc. do texto original. Os que estão colocados entre parênteses foram acrescentados. Quanto aos termos já em itálico no texto de Claude Bernard, foram compostos em negrito.

... "é esse o problema que a *didática* coloca desde a sua origem e cuja solução científica ela ainda busca.

O estado atual da prática *pedagógica* leva a presumir que essa solução ainda será buscada por muito tempo.

No entanto, em sua marcha através dos séculos, a *didática*, constantemente forçada a agir, fez inúmeras tentativas no domínio do empirismo e delas tirou informações utilíssimas. Ela foi percorrida e subvertida por sistemas de toda espécie, cuja fragilidade levou-os a desaparecer sucessivamente, e mesmo assim realizou pesquisas, adquiriu noções e acumulou materiais preciosos, que mais tarde terão seu lugar e sua significação na *pedagogia* científica. Em nosso tempo, graças aos desenvolvimentos consideráveis e ao socorro poderoso das ciências *biopsicossociológicas*, o estudo dos fenômenos da vida *(mental)*, seja no estado normal, seja no estado patológico, efetuou progressos surpreendentes, que cada dia se multiplicam mais.

É evidente assim para todo espírito sem preconceitos que a *pedagogia* se dirige para seu caminho científico definitivo. Pela simples marcha natural da sua evolução, ela abandona pouco a pouco a região dos sistemas para revestir cada vez mais a forma analítica e entrar assim, gradativamente, no método de investigação comum às ciências experimentais.

Para abranger por completo o problema *pedagógico*, a *pedagogia científica* deve compreender três partes fundamentais: a *biologia*, a *psicologia* e a *didática*. O conhecimento das causas dos fenômenos da vida no estado normal, isto é, a **fisiologia** *(parte da biologia)*, nos ensinará a manter as condições normais da vida e a **conservar a saúde**.

O conhecimento dos *fatos psíquicos* e das causas que os determinam, isto é, a *psicologia*, nos conduzirá, por um lado, a *respeitar* o desenvolvimento desses *processos mentais* e, de outro, a *melhorar* suas *condições* por meio de *agentes didáticos apropriados*, isto é, a *educar o espírito e a equipá-lo*.

Durante o período empírico da *pedagogia*, que sem dúvida deverá se prolongar por muito tempo ainda, a *biologia*, a *psicologia* e a *didática* puderam caminhar separadamente, porque, não estando nenhuma delas constituída, não tinham de se dar um apoio mútuo na prática *pedagógica*. Mas na concepção da *pedagogia* científica não poderia ser assim, sua base tem de ser a *biologia*. Dado que a ciência só se estabelece por meio de comparação, o conhecimento da *psicologia infantil* não poderia ser obtido sem o conhecimento do estado normal *(e do estado patológico da mentalidade da criança)*, assim a ação *prática de nossos métodos de ensino (agentes artificiais)* sobre o organismo *biopsicológico dos alunos* não poderia ser compreendida cientificamente sem o estudo prévio da ação *psicológica* dos agentes normais *(fatores naturais)* que alimentam os fenômenos da vida *mental*.

Mas, assim como as outras ciências, a *pedagogia* científica só pode se constituir pelo caminho experimental, isto é, pela aplicação imediata e rigorosa do raciocínio aos fatos que a observação e a experimentação nos fornecem. O método experimental, considerado em si, nada mais é que um **raciocínio** mediante o qual submetemos metodicamente nossas ideias à experiência dos **fatos**.

O raciocínio é sempre o mesmo, tanto nas ciências que estudam os seres vivos como nas que cuidam dos corpos brutos. Mas em cada gênero de ciência os fenômenos variam e apresentam uma complexidade e dificuldades de investigação que lhes são próprias. É o que faz que os princípios da experimentação, conforme veremos mais tarde, sejam incomparavelmente mais difíceis de aplicar à *pedagogia* e aos fenômenos dos corpos vivos do que à física e aos fenômenos dos corpos brutos.

O raciocínio será sempre justo quando se exercer sobre noções exatas e sobre fatos precisos; mas levará necessariamente ao erro todas as vezes que as noções ou os fatos sobre os quais se apoia forem primitivamente maculados de erro ou inexatidão. É por isso que a experimentação, ou a arte de obter experiências rigorosas e bem determinadas, é a base prática e, de certo modo, a parte executiva do método experimental aplicado à *pedagogia*.

Se quisermos constituir as ciências *pedagógicas* e estudar proveitosamente os fenômenos tão complexos que ocorrem nos seres vivos, seja no estado fisiológico, seja no estado patológico – *(sobretudo nesse período tão rico que é a infância)* –, é necessário antes de mais nada estabelecer os princípios da experimentação e, em seguida, aplicá-los à *biologia*, à *psicologia* e à *didática*.

A experimentação é incontestavelmente mais difícil em *pedagogia* do que em qualquer outra ciência. Mas, por isso mesmo, em nenhuma outra ela nunca foi mais necessária e mais indispensável. Quanto mais complexa uma ciência, mais é importante, de fato, estabelecer uma boa crítica experimental sua, a fim de obter fatos comparáveis e isentos de causas de erro.

É hoje, a nosso ver, o que mais importa para o progresso da *didática*.

Para ser digno desse nome, o experimentador deve ser ao mesmo tempo teórico e prático. Ele deve possuir de modo completo a arte de instituir os fatos experimentais, que são a matéria-prima da ciência, mas deve também se dar claramente conta dos princípios científicos que dirigem nosso raciocínio no meio do estudo experimental tão variado dos fenômenos da natureza. Seria impossível separar estas duas coisas: a cabeça e a mão. Uma mão hábil sem a cabeça que a dirige é um instrumento cego; a cabeça sem a mão que realiza é impotente.

As ideias que vamos expor aqui não têm certamente nada de novo. O método experimental e a experimentação foram desde há muito introduzidos nas ciências físico-químicas e até *biopsicológicas* – que devem a elas todo o seu brilho.

Em diversas épocas, homens eminentes trataram das questões de método nas ciências, e em nossos dias… a *metodologia* das ciências experimentais *parece bem estabelecida*. Depois disso, não poderíamos portanto ter nenhuma pretensão. Nosso único objetivo é e sempre foi contribuir para fazer os princípios bem conhecidos do método experimental penetrarem nas ciências *pedagógicas*. É por isso que vamos resumir aqui esses princípios, indicando particularmente as precauções que convém observar em sua aplicação, em razão da complexidade muito especial dos fenômenos *estudados*. Consideraremos essas dificuldades primeiro no emprego do raciocínio experimental, depois na prática da experimentação."

Podemos fazer aqui as mesmas observações que apresentamos a propósito do qualificativo "científico". Medicina *experimental*, psicologia *experimental*, didática *experimental*, pedagogia *experimental*. Naquela época, e por alguns anos ainda depois da última guerra, o qualificativo "experimental" tem o sentido de "científico" para bem mostrar que as disciplinas em questão superaram a era das opiniões para chegar à era da objetividade e da prova "científica". Parece-nos ouvir a afirmação de Binet no início do século: "Em pedagogia tudo foi dito mas nada foi provado!"

Do fim da última guerra até hoje

Uma nova sociedade nacional e internacional

A última guerra, com todos os problemas humanos que gerou, provocou uma ruptura na evolução social, tanto nacional como internacional. As comunicações que se limitavam à comunicação direta (verbal, mímica...) e às trocas epistolares se transformam qualitativa e quantitativamente. O telefone (apesar do atraso que a França teve nesse domínio em 1945) se torna de uso corrente, para não falar nos telefones celulares de hoje em dia, que multiplicam por um número elevadíssimo a quantidade de comunicações entre os seres humanos. A transmissão sem fio de outrora, que se tornou o rádio, se desenvolve e, rapidamente, é acompanhada pela televisão que, de preto e branco, adquiriu cores. Com esses meios modernos estamos a par de tudo o que acontece no mundo. As relações entre os pesquisadores não são mais limitadas às trocas epistolares, mas também se dão por contato direto. Tudo isso é favorecido pela simplicidade cada vez maior e cada vez mais rápida dos meios de locomoção: o avião muda todas as modalidades das nossas relações com os outros pesquisadores. Uma nova técnica aparece e vai ter um desenvolvimento fulminante: o computador. A pesquisa científica, em todos os domínios, muda de escala; as pesquisas pedagógicas, que se limitavam a considerar apenas duas ou três variáveis, seja independentes, seja dependentes, podem atacar problemas e situações muito mais complexos, já que o computador vai permitir não só recolher rapidamente resultados em grande número, como principalmente fazer deles uma análise estatística bastante avançada (análise das correspondências, para dar um exemplo). Novas formas de experimentação tornam-se possíveis (ver mais adiante, capítulo 5). Não basta conhecer as regras do método de pesquisa científica, é preciso também saber utilizar os instrumentos postos à disposição do pesquisador pelo progresso da técnica.

No pós-guerra constituem-se as grandes organizações internacionais, como a Unesco, a OCDE, o Conselho Europeu. Essas grandes organizações vão desempenhar um papel importante no desenvolvimento das relações entre os pesquisadores e, sobretudo, vão pôr à disposição destes uma massa de informações que os esforços precedentes não podiam obter: estatísticas variadas sobre o estado do ensino, sobre a população dos diversos países e sobre o peso da população escolarizada, sobre o estado dos recursos e as verbas consagrados à educação. Essas grandes organizações internacionais, com o orçamento relativamente vultoso de que dispõem, permitem organizar reuniões internacionais entre os pesquisadores e os tomadores de decisão, com todas as consequências positivas que podem ter essas reuniões, que antes da guerra ninguém podia imaginar. Os intercâmbios são feitos de forma cada vez mais fácil, os "professores convidados" são cada vez mais numerosos, pesquisas em comum podem ser levadas a cabo[15]. De certo modo, uma comunidade científica internacional se constitui. Grandes associações de educação aparecem. Lembremos apenas a Associação Mundial das Ciências da Educação (AMSE) e a Associação Internacional de Pedagogia Experimental de Língua Francesa (AIPELF).

O quarto de século que se segue ao fim da última guerra mundial conhece uma efervescência em muitos campos científicos. A psicologia passa de "ciência da alma" a "ciência das condutas", a matemática vira matemática moderna (expressão infeliz a nosso ver), a linguística se desenvolve e dela são extraídas aplicações para o ensino de línguas estrangeiras e do francês como língua materna, a sociologia, a fisiologia, a medicina... Todo o campo científico, qualquer que seja a disciplina considerada, conhece seja uma enorme evolução, seja uma reestruturação, seja o aparecimento de novos campos de pesquisa.

A pedagogia experimental e a pesquisa científica em educação

Sob a Ocupação e a Resistência, temos de reconhecer que os problemas de pesquisa sobre a educação não estavam em primeiro lugar na ordem das preocupações. Mas a chama não havia sido extinta. Dois centros no exterior (Bélgica e Suíça) mantêm acesa a chama; a França só despertará alguns anos mais tarde.

Uma equipe de professores da École Normale de Morlanwelz (Bélgica) merece nossa atenção. Quatro professores muito astuciosos tiveram a ideia de organizar pesquisas e sondagens a fim

---

[15] Ver, por exemplo, as pesquisas feitas pela AIPELF sobre a leitura ou a matemática em três países: Bélgica, França e Suíça. Note-se também a grande sondagem feita pelos americanos depois do sucesso dos soviéticos com o primeiro Sputnik, que se tornará a grande empresa IEA (International Education Achievement), que será animada com muita eficiência por Torsten, professor da Universidade de Estocolmo.

de terem uma justificativa para suas viagens e reuniões. Era de fato um verdadeiro grupo de resistência. Mas seus trabalhos, realizados aliás de forma rigorosa, deram à pesquisa científica em pedagogia uma importante contribuição e serviram de modelo a muitos jovens pesquisadores da época. O nome de Fernand Hotyat ficará ligado a essa equipe que sobreviverá até a criação da Universidade de Mons. A faculdade de psicologia e das ciências da educação dessa jovem universidade retomará a bandeira da pesquisa científica sobre a educação. Seria evidentemente injusto esquecer outros centros belgas menos importantes, mas cuja contribuição à pedagogia experimental não é desprezível: Louvain (com R. Buyse, Gilles, Frankard e depois A. Bonboir), Liège (com Clausse e, posteriormente, com Landsheere, Bayer, Crahay), Gand (com Verbist, depois M. L. Van Herreweghe), Bruxelas (com Jonckheere[16], depois Vandevelde), Andréa Jadoule em Angleur, Gérard Goossens em Forest-Bruxelas. Essa lista certamente não é exaustiva, mas atesta a efervescência da pesquisa pedagógica nesse país. Acrescente-se a essa lista o nome de Planchard, belga, professor de pedagogia na Universidade de Coimbra, em Portugal.

Em Genebra, a tradição da pesquisa pedagógica tem um aspecto mais contínuo. Claparède morre em 1944, mas seus discípulos são numerosos. No plano da pesquisa pedagógica experimental, quem vai empunhar sua bandeira são Robert Dottrens, professor da Universidade de Genebra e codiretor do Instituto de Ciências da Educação, e Samuel Roller, diretor do laboratório de pedagogia experimental. Robert Dottrens (ver abaixo) é que estará na origem da criação da Associação Internacional de Pedagogia Experimental de Língua Francesa (AIPELF). Ele assume, por

---

[16] O leitor encontrará em T. Jonckheere, *La méthode scientifique de l'éducation*, algumas indicações históricas, pontuais mas preciosas, sobre a evolução das ideias pedagógicas a partir do século XVII.

outro lado, a direção dos *Cahiers de pédagogie expérimentale et de psychologie de l'enfant* (publicados por Delachaux e Niestlé), que haviam sido criados em 1934 por Pierre Bovet e Édouard Claparède e cuja publicação havia sido interrompida durante a guerra.

Na França, a situação é um pouco diferente. Depois da Primeira Guerra despertaram os movimentos da educação nova. Em Calais, em 1922, foi realizado o primeiro congresso da *Liga internacional por uma educação nova*. Vai ser preciso esperar 1946 para que se organize, em Nice, o segundo congresso internacional da educação nova. Assiste-se a uma efervescência no plano das ideias pedagógicas, e numerosos projetos de reforma do ensino aparecem. Mas as preocupações relativas à pesquisa científica em pedagogia permanecem em segundo plano[17]. O Plano Langevin-Wallon (1947) não consagra um só capítulo à pesquisa em educação; encontramos apenas algumas alusões a ela no capítulo "Órgãos de controle e de aperfeiçoamento"[18]. No entanto, a ideia da pesquisa científica em pedagogia segue lentamente seu caminho. Em 1956, o Museu Pedagógico[19] da nossa juventude é transformado em Instituto Pedagógico Nacional. Um serviço de pesquisa que, de acordo com os autores do *Dictionnaire encyclopédique de l'education et de la formation*, "terá um papel importante no acompanhamento das reformas que vão se suceder no sistema escolar"[20]. Em 1976, o Instituto Pedagógico Nacional se torna, depois de uma série de reestruturações, o INRP, Instituto Nacional da Pesquisa Pedagógica. Roger Gal será o diretor do seu serviço de pesquisa pedagógica até falecer. O texto seguinte

---

[17] Em 1948 apresentei uma comunicação ao congresso do GFEN sobre "a medida em pedagogia". Perguntaram se eu estava fazendo uma provocação, se era um utopista perigoso ou se era um pobre de espírito!
[18] Ver G. Mialaret, *Le Plan Langevin-Wallon*.
[19] Criado em 1879.
[20] *Op. cit.*, p. 540.

(escrito por Jean Hassenforder) destaca muito bem a importância e a extensão desse organismo que constitui um dos polos principais da pesquisa pedagógica oficial na França:

> "No decorrer dos anos de 1980, o INRP fica numa encruzilhada. Tem de responder às necessidades dos tomadores de decisão. Trabalha para os professores. Exige-se dele que corresponda às normas da comunidade científica. O confronto com meios diferentes não se dá sem tensões. O INRP às vezes é uma aposta. Progressivamente, a vocação científica do INRP se impõe e ele ganha independência. Dotado de mais de vinte unidades de pesquisa (cerca de 120 pesquisadores ao todo), o INRP oferece um potencial que se revela um fator favorável para o desenvolvimento dos recursos documentais destinados ao conjunto da comunidade científica. O contato com as práticas de ensino que constituem uma das características do INRP se mantém através dos anos. As equipes de pesquisa trabalham com numerosos professores associados (mais de mil). Essa colaboração permite levar em conta realidades de campo e dá às pesquisas uma maior pertinência para lançar luz sobre as realidades pedagógicas. A última década também é assinalada pela ênfase dada à formação contínua dos professores, com a criação dos MAFPEN e, hoje, a formação inicial com a criação dos IUFM. O INRP irriga essas formações com seus trabalhos. Pesquisa e formação são termos complementares que dão lugar a múltiplas colaborações.
>
> Hoje[21], o INRP é composto por cinco departamentos que podemos descrever em linhas gerais. O departamento *Memória da educação* desempenha ao mesmo tempo uma função patrimonial (biblioteca e museu) e uma função de pesquisa em história da educação. Os instrumentos de trabalho produzidos por esse departamento têm um papel importante na comunidade dos historiadores.

---

[21] 1993.

O departamento *Recursos e comunicação* agrupa um certo número de serviços postos à disposição dos pesquisadores (centro de documentação especializado e pesquisas sobre a comunicação). Aí também as ferramentas produzidas (revistas, índices, bancos de dados) contribuem, de forma notável, para a vida das ciências da educação. O departamento *Didáticas das disciplinas* tem um papel significativo no desenvolvimento desse setor, cobrindo o conjunto das disciplinas de ensino. Os saberes correspondentes vão instruir as práticas de ensino. O departamento *Novas tecnologias e educação* é o herdeiro de uma longa história e corresponde às necessidades geradas pelas mutações tecnológicas. O departamento *Políticas, práticas e atores da educação* reúne pesquisadores que usam as ciências humanas para examinar os problemas do ensino. Ele se caracteriza pela diversidade das suas contribuições e pela realização de uma pesquisa sociológica inovadora, publicação de uma revista sobre a formação dos professores, enfoque multidisciplinar das práticas pedagógicas no CRESAS, etc.

'O INRP tem um papel importante na vida da pesquisa em educação. Ele produz assim cerca de um quinto das pesquisas francesas correspondentes, mas, além disso, sua função de centro de recursos lhe assegura um lugar notável na comunidade científica. Como o texto que registrava o INRP tinha mais de vinte anos, um decreto datado de 5 de março de 1993 veio precisar e renovar a definição das missões do Instituto, levando em conta a evolução de suas atividades desde a sua criação. O INRP tem por missão efetuar pesquisas, mas é encarregado também de um papel de observação e de capitalização da pesquisa. Ele participa da análise da conjuntura e da prospectiva.' É encarregado de 'reunir, administrar e manter à disposição os resultados da pesquisa em educação.' Assim, sua função de 'centro de recursos' é fortemente afirmada. Nesse âmbito, as riquezas do acervo histórico (biblioteca e museu) são igualmente valorizadas. A partir de 1991, o INRP se tornou Centro de Aquisição e de Difusão da Informação Científica e Técnica (CADIST) em ciências da educação. Enfim, a competência que resulta dos trabalhos do INRP é valorizada por uma missão de formação e, notadamente, por uma participação na formação de doutores."

Imediatamente depois da Libertação, o laboratório de psicologia da criança, dirigido por Henri Wallon, organiza, sob a direção técnica e científica de René Zazzo[22], a formação dos *psicólogos escolares* franceses. Nessa época, só havia, em matéria de instrumentos de medida (testes), a *escala de medida da inteligência* de Binet e alguns testes de controle de conhecimentos, as célebres tabelas de Vaney. René Zazzo se dá conta de que a primeira tarefa dos psicólogos escolares é atualizar (nova padronização e redação de novas questões) escalas já existentes e criar testes objetivos de avaliação. Foram assim desenvolvidos, primeiro, os diversos testes para apreciar o nível alcançado pelos alunos em leitura, cálculo e ortografia. Foi assim que nasceu, sob a direção de René Zazzo, o que poderíamos chamar de "pedagometria"[23]. O texto seguinte, de Michel Gilly, oferece um rápido resumo da amplitude do trabalho empreendido:

"Os segundos temas de pesquisas impulsionados na época por René Zazzo dizem respeito à psicopedagogia das matérias de ensino. Foi preciso primeiro ajudar a pedagogia a dispor de critérios de avaliação objetivos. Donde um trabalho importante de construção de técnicas ou de aprimoramento de técnicas existentes, em leitura, cálculo e ortografia. Mas, como já dissemos, as medidas quantitativas globais não eram as que mais interessavam Zazzo. Donde um segundo trabalho centrado na análise dos tipos de dificuldades

---

[22] Consultar *Hommages à René Zazzo*.
[23] Não temos tempo de lembrar a oposição ao método dos testes desenvolvidos por R. Zazzo e, também, a oposição tanto do Partido Comunista (que via nas ciências humanas apenas o qualitativo e não o quantitativo), quanto da educação nova, que não aceitava introduzir a medida no estudo da relação educacional.

encontradas pelos alunos, a pesquisa das suas causas e das condições pedagógicas a aplicar para evitá-las ou reduzi-las. Esses trabalhos deram lugar, na época, a um conjunto de publicações: em cálculo, com os trabalhos de Dabout, Gifle, Joly, Lepez e Vinc, e os de Bouilly (1953), a quem devemos dois testes de avaliação; em ortografia, com os trabalhos de Simon e, em leitura, com vários tipos de trabalho que merecem uma breve exposição. De fato, os psicólogos escolares da época não só contribuíram para as pesquisas sobre as crianças disléxicas (Simon), mas também deixaram uma comparação interessante entre o rendimento de três métodos de aprendizado da leitura, estudo publicado em 1959 por Merlet e Simon. Devemos a eles, enfim, a primeira bateria francesa de testes psicológicos para a previsão do aprendizado da leitura (Simon)."

Em 1945, a École Normale Supérieure de Saint-Cloud[24], em conformidade com as indicações do plano Langevin-Wallon, cria em 1946 o primeiro laboratório de psicopedagogia, cuja organização e direção são confiadas a Gaston Mialaret. As funções desse laboratório são nitidamente definidas: "participar da formação psicopedagógica dos alunos-inspetores e realizar pesquisas de pedagogia experimental". O laboratório de psicopedagogia exercerá também o papel de consultor-perito junto a dois outros centros de pesquisa: o Centre audiovisuel (Lefranc, Nozet, sr. e sra. Leboutet) e o CREDIF (Centre de recherche, d'enseignement et de diffusion de la langue française), estimulado por Gougenheim e Rivenc. Note-se também, nessa época, o início de centros de pesquisa pedagógica em Lyon (Delchet), Bordeaux (Château) e Toulouse (Malrieu).

Um *esforço de agrupamento* dos pesquisadores da época é empreendido por Robert Dottrens em 1953. Os extratos dos tex-

---

[24] A ENS de Saint-Cloud tinha por missão preparar os quadros dirigentes do ensino primário: professores das escolas normais primárias, diretores de escola normal, inspetores do ensino primário.

tos que seguem resumem a primeira reunião em Lyon. No preâmbulo do *Cahier de psychologie expérimentale et de psychologie de l'enfant* (nº 11), R. Dottrens apresenta-a assim:

> "O presente volume dá a conhecer um colóquio de pedagogia experimental realizado nos dias 27 e 28 de março de 1953 na École pratique de psychologie et de pédagogie da Universidade de Lyon.
>
> O projeto era modesto. Não se tratava de um congresso que visasse reunir o maior número possível de especialistas dessa disciplina, mas simplesmente de uma reunião amistosa de algumas pessoas que tinham o desejo de estabelecer um contato pessoal entre si.
>
> Por isso mesmo, não foi estipulado nenhum programa, nenhum tema geral. Combinou-se que cada um exporia familiarmente aos outros o que faz, os resultados que já obteve, as dificuldades que encontra, as questões que se coloca, as necessidades que sente. Uma troca de ideias sobre essas exposições devia permitir confrontar as concepções que se tem aqui e ali da pedagogia experimental, comparar os métodos e também encetar uma colaboração.
>
> As informações assim reunidas e a conversa instaurada nessa ocasião nos pareceram suficientemente instrutivas, merecendo ser comunicadas não apenas aos colegas convidados que não puderam comparecer, mas também a todos aqueles, conhecidos ou desconhecidos por nós e muitas vezes eminentes, que o caráter íntimo do nosso encontro não nos permitiu convidar."

O programa dessa reunião quase íntima é referido no texto seguinte:

> "Na tarde de sexta-feira, o sr. Nelis, presidente do conselho acadêmico do instituto superior de pedagogia de Morlanwelz (Bélgica), expôs a organização e as atividades desse instituto. Depois o sr. Mialaret, assistente de pedagogia na École Normale Supérieure do

ensino de primeiro grau de Saint-Cloud, apresentou os trabalhos do laboratório dessa escola.

No sábado de manhã, depois de a sra. Gratiot-Alphandery, mestre de conferências de pedagogia experimental do Instituto de Psicologia da Universidade de Paris, tratar das relações entre a psicologia escolar e a psicologia experimental, foi dada a palavra aos representantes da Universidade de Genebra: o sr. Dottrens, professor dessa universidade e codiretor do Instituto das Ciências da Educação, tratou da definição da pedagogia experimental; e o sr. Roller, diretor do laboratório de pedagogia experimental do mesmo instituto, do problema da orientação escolar em Genebra. Por sua vez, o sr. Goossens, doutor em ciências pedagógicas da Universidade Livre de Bruxelas, deu a conhecer as atividades do serviço municipal de observação médico-psicopedagógica dos alunos e do Centro de Informação e de Orientação Escolar e Profissional da Juventude de Forest-Bruxelas, de que é diretor.

O sr. Debesse, professor da faculdade de letras da Universidade de Estrasburgo e diretor pedagógico do centro psicopedagógico dessa cidade, fez uma comunicação intitulada *Pedagogia curativa e pedagogia experimental*. Enfim, o sr. Verel, inspetor do ensino de primeiro grau em Estrasburgo, deu a conhecer uma experiência simples relativa à aplicação parcial do programa de educação física na escola primária.

A tarde começou com uma exposição do sr. Gal sobre o serviço de pesquisa pedagógica do Centro Nacional de Documentação Pedagógica, de que é diretor. Os srs. Goossens e Roller expuseram então em conjunto os resultados de uma sondagem belgo-suíça acerca do conhecimento da concordância do particípio passado. Enfim, depois que o sr. Husson apresentou a Escola Prática de Psicologia e de Pedagogia a seus anfitriões, o sr. Delchet, secretário-geral dessa escola, em que é encarregado dos trabalhos práticos de pedagogia experimental, resumiu as pesquisas a que se dedicou sobre o grau comparado de aquisição de certos homônimos gramaticais no primeiro ano dos centros de aprendizado e nos últimos anos do curso primário.

O colóquio se encerrou com uma discussão geral."

Desde essa reunião, colóquios anuais análogos reuniram um número cada vez maior de pesquisadores. Em 1958, quando da reunião do grupo em Lyon, os membros presentes decidiram fundar uma Associação Internacional de Pedagogia Experimental de Língua Francesa (AIPELF), cuja presidência foi confiada a Gaston Mialaret. Após algumas peripécias de que voltaremos a falar, essa associação continua a existir, organizando anualmente um ou dois colóquios conforme os anos (um internacional e outro nacional). Parece-nos importante dizer algumas palavras sobre a vida dessa associação e, sobretudo, sobre o papel que ela desempenhou na evolução dos nossos métodos de pesquisa pedagógica. Em 1953, éramos quase todos iniciantes no domínio da pesquisa científica em pedagogia. Não nos conhecíamos e não dominávamos suficientemente bem os métodos e técnicas de pesquisa. Nossas discussões sobre nossos resultados eram pouco numerosas. Numa palavra, vivíamos cada um em nossa atmosfera particular, um pouco isolados de todos os outros pesquisadores. A criação da AIPELF teve como primeiro mérito permitir uma reunião regular de todos os que se interessavam, naquela época, pela pesquisa científica em pedagogia. Imediatamente todos nós decidimos que, em nossos colóquios, um de nós apresentaria uma das técnicas que utilizava em suas pesquisas e que assim íamos poder nos enriquecer mutuamente e criar um verdadeiro foco de pesquisa científica em pedagogia. A AIPELF foi para todos nós um lugar de formação contínua; a comparação dos relatórios dos colóquios do início e dos colóquios de uns vinte anos depois põe bem em evidência o progresso dos nossos métodos e técnicas de pesquisa. O número de pesquisadores começava a crescer. Rapidamente o problema de uma publicação dos trabalhos é posta. É preciso lembrar que nessa época (em torno de 1960) não existia em língua francesa revista consagrada às pesquisas científicas em pedagogia. A Universidade de Gand (dirigida por Verbist e Van Herreweghe) publicava uma revista mensal, *Pedagogica experimentalis*, mas era mais reservada aos trabalhos da Bélgica de língua flamenga, apesar de publicada em francês. Feitos alguns acertos, em cujo detalhe não podemos entrar aqui, a revista do GFEN, *Pour l'ère nouvelle*, se tornou *Les sciences de l'Éducation – Pour l'ère nouvelle* (revista da Ligue internationale pour l'éducation nouvelle e do GFEN) e serviu, por alguns anos, de órgão da AIPELF. Foi nessa época também que o INRP criou a *Revue française de pédagogie*, que começou a publicar com sucesso trabalhos de pesquisa científica em educação. Mas o título contendo "pedagogia experimental" logo se mostrou inadequado. Em consequência do aumento do número de trabalhos e de pesquisas, em consequência da evolução das técnicas, em consequência da evolução das ideias relativas à metodologia das ciências humanas em geral, logo se percebeu que muitos trabalhos de pesquisa em pedagogia não podiam, *stricto sensu*, ser classificados como "pedagogia experimental". Em consequência de uma tomada de consciência da quantidade e da variedade das variáveis independentes e dependentes, a quantidade de trabalhos que podiam ser realmente chamados de pedagogia experimental se tornava cada vez menos numerosa, ao passo que os trabalhos de pesquisa científica que utilizavam diferentes e diversas técnicas de coleta de fatos e de análise dos resultados adquiriam uma extensão cada vez maior. No congresso de Alençon (1990), o nome AIPELF foi abandonado e substituído pelo de AFIRSE, Associação Internacional de Pesquisa Científica em Educação. Na verdade, ela se tornou uma Associação de Pesquisa em Ciências da Educação[25]. O mundo do ensino, em todos os níveis, se preparava pouco a pouco para aceitar a ideia de um ciclo universitário de estudos orientados para os problemas da educação.

A criação das ciências da educação na França

Reproduzimos aqui o texto da conferência pronunciada em Bordeaux por ocasião das cerimônias organizadas para o 25º aniversário da criação das ciências da educação.

"Dei a esta conferência o seguinte título: 'Lembranças de algumas batalhas pelo estabelecimento de um curso universitário de ciências da educação'. É normal portanto que as fontes da minha exposição sejam minhas lembranças pessoais, donde certa falta de objetividade, e não se espantem se vou dar a nós – os 'pais fundadores' (como os estudantes às vezes nos chamam!) – o papel principal!

Devo desde já fazer um esclarecimento: em 1967, três universidades foram encarregadas de organizar uma licenciatura de ciências da educação. Em geral, lembra-se de Paris, Bordeaux e Caen, o que é verdade. Mas é bom acrescentar que os três mosqueteiros cujos nomes eram associados a essas três universidades – Debesse, Château e Mialaret – eram, como na história, 4 e se tornaram 5 a partir de outubro de 1968: de fato, em Bordeaux, Wittwer já estava ombro a ombro com Château e, a partir do segundo ano de existência das ciências da educação, Jean Vial chegava a Caen para me ajudar e dar início a uma colaboração amistosa. Depois foi a vez da Universidade de Nanterre, com J.-C. Filloux, J. Beillerot e G. Ferry, que em 1969 inscreveu as ciências da educação entre os cursos organizados. Os 5 deram nascimento a numerosos filhotes, pois no

---

[25] O leitor pode encontrar em G. Mialaret, *Histoire de l'AIPELF-AFIRSE*, a lista dos colóquios com o tema principal das comunicações e da discussão, assim como alguns problemas epistemológicos que a transformação da AIPELF em AFIRSE colocou.

último censo da AECSE haveria mais de 400 professores e pesquisadores em ciências da educação. Aproveito esta oportunidade para dizer que foi aqui, em Bordeaux, em 1968, que nos reunimos: Château, Debesse, Wittwer, que acabava de chegar, e eu mesmo, e que realizamos a primeira sessão do que virá a ser a AECSE (Associação de professores e pesquisadores em ciências da educação).

Se é verdade, como disse Augusto Comte, que só se compreende bem um fenômeno por sua história e, como fiel discípulo de Wallon e do seu método genético, se compreenderá que, para bem esboçar a situação atual das ciências da educação, as críticas de que são objeto, as promessas do futuro, temos de recordar o que foi seu surgimento na França.

'Naquele tempo', é assim que começam as histórias, qual era o pensamento francês nesse domínio? Antes de chegar diretamente à criação das ciências da educação, é necessário bosquejar rapidamente um quadro da situação, tanto da pedagogia como dos bastiões de resistência que tínhamos de vencer.

Como se apresentavam então os velhos bastiões da pedagogia?
– as EN que haviam sofrido duramente com o regime de Vichy, pois haviam sido suprimidas e se reconstruíam pouco a pouco;
– os inspetores de todo tipo: primários, de academia, gerais;
– os movimentos pedagógicos: havia, de fato, várias grandes tendências ocupando o terreno: Freinet (Vence), o GFEN, Cousinet (La Source), a sra. Hagnauer em Sèvres, a sra. François-Unger em Montmorency, a escola alsaciana em Paris;
– a sociedade francesa de pedagogia, que realizava uma reunião mensal no museu pedagógico e publicava um boletim;
– os cadernos pedagógicos (sobretudo como lugar de publicação das tendências dos movimentos das classes novas);
– o centro de estudos pedagógicos de Sèvres e seus grupos de discussões pedagógicas;
– a AIPELF, que havia sido criada oficialmente em 1958;

- lembremos também que em 1966 Jean Vial havia sido chamado à direção dos estudos pedagógicos do ministério para organizar o primeiro plano nacional de pesquisas pedagógicas;
- no nível universitário, recordo as aulas de Compayré em Toulouse e a publicação da sua obra que se tornou um dos clássicos do assunto: *Histoire critique des doctrines de l'éducation en France depuis le XVIe siècle*, publicado em 1883, de Cabot e por fim de Bourjade em Lyon;
- fazia-se um pouco de pedagogia no certificado de *psicologia da criança e pedagogia* da Sorbonne, onde o ensino da parte psicológica era dado no início por Le Senne, depois por Piaget e, em seguida, por Merleau-Ponty[26]; a parte pedagógica era confiada a Cousinet ; em 1957 Debesse foi nomeado para a cátedra de pedagogia (criada em 1887 e ocupada por Marion, Buisson e, depois, por Durkheim), que foi suprimida entre 1917 e 1957, sendo recriada em 1956 e ocupada por Maurice Debesse;
- em Bordeaux, Château havia sido nomeado, em 1953, mestre de conferências, depois professor da cátedra de psicologia e pedagogia. Havia portanto nessa universidade uma longa tradição de ensino pedagógico, já que Durkheim havia sido um dos seus professores. Jacques Wittwer acabava de chegar para secundar J. Château;
- em Lyon, terra fértil para o ensino da psicologia da criança e da pedagogia, G. Avanzini lembrou o papel desempenhado por Chabot e Bourjade, professores cuja sucessão ele soube assegurar à perfeição;
- em Caen, havíamos conseguido obter a criação de um diploma universitário de psicopedagogia e inscrever a pedagogia na lista dos doutorados da universidade (regime antigo). Reatávamos assim com uma tradição que havia levado, em 1911, à criação por

---

[26] Apresentei nessa época meu tema de tese de doutorado. O professor Merleau-Ponty, homem muito inteligente e muito aberto, teve esta admirável e simpática reação: "Não entendo nada de pedagogia, mas trabalhe e veremos!"

Lebonnois, professor da Universidade de Caen, de um Instituto Pedagógico Internacional de Caen, instituto que não teve futuro por causa da declaração de guerra em 1914.

Seria portanto equivocado dizer que não havia nada antes de 1967. Mas todo esse ensino era, de certo modo, uma via sem saída, pois não desembocava em nada no plano universitário. Só sendo louco, naquela época, para se lançar em estudos de pedagogia!

Em face desses pequenos grupos que se obstinavam a querer fazer pedagogia, tínhamos um exército que se opunha à criação e ao desenvolvimento de um ensino universitário das ciências da educação. Temos de falar aqui sobre isso. Por mais curioso que possa parecer hoje em dia, os diretores das escolas normais primárias, reunidos em Dijon em 1966, expressaram, após uma conferência que eu havia sido convidado a pronunciar, seu descontentamento, sua hostilidade, quando não sua oposição à criação de um ciclo de estudos pedagógicos de nível universitário. A agressividade de alguns era muito explícita (L. Cros, a sra. Hattinguais); somente Joseph Majault, do INRP, compartilhava meu ponto de vista.

Sabe-se também que nessa época a maioria dos colegas do segundo grau (e sua hierarquia) não acreditava na pedagogia, que só devia interessar aos professores primários. Para eles, a posse do saber basta para saber ensinar.

Qual era a situação no nível universitário? Mal começávamos a sair das difíceis discussões com os filósofos para chegar à criação da licenciatura de psicologia. Na mentalidade de muitos colegas, o "pedagogo" continuava a ser o escravo de outrora, aquele que não sabia nada e que queria ensinar tudo. Relembraram-me muitas vezes a afirmação de Herriot, homem político eminente e de grande cultura, para quem o grande mérito da École Normale Supérieure (a da rua d'Ulm) era não ensinar pedagogia. Poderíamos ter respondido com a citação de Compayré: "a pedagogia teve alguma dificuldade para tornar seu nome aceito, pelo menos na França, porque no exterior ela é importante há muito tempo... Mesmo hoje (no fim do século) dir-se-ia que ela soa mal aos ouvidos franceses. Não é empregada sem certa repugnância..." (verbete "pedagogia" de *La grande encyclopédie, inventaire raisonné des sciences, des lettres et des arts*). Éramos aliás poucos os que sabíamos defender uma tese de psicologia ou de pedagogia. Poderíamos classificar na primeira geração: Debesse, em 1937, sobre a crise de originalidade juvenil e tese secundária sobre os métodos de estudo do adolescente; Marc-André Bloch havia defendido em 1946 (ou 47) uma tese secundária sobre a filosofia da nova educação; J. Château, em 1947, sobre "O imaginário e o real na brincadeira da criança"; Michaud, em 1948-49, sobre "Ensaio sobre a organização do conhecimento entre 10 e 14 anos"; Galichet, "Ensaio de gramática psicológica" no limite entre a linguística e a pedagogia. Uma segunda geração surge: Mialaret, em 1957, com suas duas teses sobre o aprendizado da matemática e a seleção e recrutamento dos professores de matemática[27]; J. Wittwer, em 1959, cuja tese secundária se refere às funções gramaticais na criança; Vial, em 1967, uma tese de sociologia e uma tese secundária sobre a educação social na escola elementar.

Gostaria de notar aqui a grande confusão que existia então entre psicologia e pedagogia, seja porque confundem as duas, seja porque opõem uma à outra como incompatíveis (começava-se então a falar de psicologia científica). Eis alguns exemplos significativos:
– Merleau-Ponty afirma, em suas aulas, que a pedagogia nada mais é que a psicologia;
– outra confusão: o prêmio de educação atribuído a J. Piaget pelo sindicato nacional dos professores primários, quando o próprio Piaget afirmava que não era pedagogo;
– quando fiz o exame oral da inspeção primária, em 1951, um dos membros da banca, inspetor geral do Ministério da Educação, se

---

[27] Recordo aqui a afirmação de um dos membros da banca no dia da minha defesa de tese: "A pedagogia não me interessa... só li dois capítulos do seu trabalho."

espantava com que "um psicólogo estivesse tão bem informado a respeito dos problemas da pedagogia!" (*dixit*).

Para muitos a pedagogia se reduzia à filosofia e à história das ideias e doutrinas. Mas apareciam os trabalhos de sociologia, de economia da educação, e a maionese começava a ficar no ponto.

Éramos portanto um certo número a pedir um curso universitário de pedagogia e, em particular, os que já haviam começado a ensinar pedagogia e queriam dar um estatuto universitário a esse ensino: Paris (Debesse), Bordeaux (Château) e Caen (Mialaret). Lyon, se bem me lembro, via o movimento com simpatia, mas o sr. Husson nunca havia participado das nossas reuniões mais ou menos clandestinas para preparar o dia D da criação, apesar de ter sido muito ativo no nascimento da AIPELF. Em Paris, realizávamos reuniões mais ou menos clandestinas com Debesse, Stoetzel, Fraisse e Mialaret. A ideia de "ciências da educação" ainda não era muito precisa em nossas mentes. Tivéramos, no entanto, exemplos estrangeiros que puderam nos guiar. Um dos nossos mestres em literatura pedagógica, Compayré, podia escrever já no fim do século passado: "É justo reconhecer que as universidades se interessaram pelo ensino da pedagogia desde o fim do século passado; ela é ensinada em quase todos os países do mundo." Ele cita os cursos de pedagogia da universidade imperial do Japão, os departamentos de educação das universidades americanas, os cursos de pedagogia da Universidade Livre de Bruxelas, as universidades alemãs...

A Universidade de Genebra tinha, desde 1891, uma cátedra extraordinária de pedagogia, de que Dottrens foi um dos titulares. Depois, o Institut Jean-Jacques Rousseau se transformou em "instituto das ciências da educação" em 1912, sob a influência de P. Bovet e É. Claparède (ver acima), e a Espanha, desde a República, tinha um ensino universitário de ciências da educação. Em 1967 havia se reunido em Sherbrooke o segundo congresso internacional da AIPELF nas dependências da faculdade de ciências da educação.

A bomba de 30 de novembro de 1966

Louis Marmoz descreve bem a situação[28]:

> "Todos os projetos teriam permanecido letra morta se o Ministério da Educação não houvesse assumido a responsabilidade do processo de criação. Em 30 de novembro de 1966, Henri Rachou, diretor de ensino superior do ministério, faz chegar a vários professores uma convocação:
> 'Peço para assistirem a uma reunião que ocorrerá na quarta-feira 7 de dezembro de 1966 às 15 h no Ministério da Educação Nacional, 110, rua de Grenelle (sala das comissões da administração geral). Essa reunião será consagrada ao estudo do projeto de um mestrado de ciências da educação no âmbito do segundo ciclo das faculdades de letras e ciências humanas.'
> A reunião foi realizada portanto no dia 7 de dezembro. Dela participaram H. Rachou, M. Debesse, P. Fraisse, G. Mialaret, R. Poignant e a sra. Corraz. Os professores presentes compareceram unicamente a título pessoal, não representando portanto suas respectivas faculdades."

No início da reunião, já levantei duas questões que me pareciam fundamentais:

1. quais serão nossas relações com nossas faculdades? Devemos informá-las? Perguntar sua opinião? Provocar uma reunião do conselho da faculdade para uma posição oficial?

2. quais serão as perspectivas profissionais desses estudos, além dos diplomas universitários: professorado de psicopedagogia nas escolas normais primárias, inspeção de ensino primário, preparação dos diferentes atores das situações educacionais (documentalistas, conselheiros pedagógicos, conselheiros de educa-

---

[28] L. Marmoz, *Les sciences de l'éducation en France. Histoire et réalités*, pp. 28-33.

ção...)? Especialistas nos problemas da infância inadaptada? Formação dos fonoaudiólogos, dos animadores culturais? Reciclagem dos professores? A essas questões essenciais, o representante do ministério se contentou em responder: veremos depois"! (*dixit*).

"Num ambiente que ainda espanta alguns[29], o marco proposto pelo ministério havia sido apresentado: só se podia pensar num segundo ciclo, pois um primeiro ciclo em ciências da educação parecia ter objetivos demasiado limitados; esse segundo ciclo deveria assumir a forma de um mestrado com quatro certificados, um mestrado que não seria de ensino, pois o conteúdo das licenciaturas de ensino era considerado mais técnico. Sua função havia sido esclarecida por Pierre Aigrain, diretor dos ensinos superiores: preparar para os problemas da educação, para o empreendimento educacional, inclusive fora do ensino direto, por exemplo, no planejamento da educação; tratava-se de empreender a formação científica, já existente no estrangeiro, de especialistas de psicologia da educação, de sociologia da educação, de comparatistas, e de responder a necessidades identificadas de formação, nas profissões da animação e da educação da infância inadaptada particularmente.

Restavam a precisar apenas as condições de ingresso no ano de licenciatura e o conteúdo da formação. Eram os únicos espaços de liberdade para os consultados, que deviam ser preenchidos naquela tarde. 'Era pegar ou largar', disse um dos representantes do ministério, afirmação relatada por um dos participantes.

Chegou-se rapidamente a um acordo sobre o título do novo ciclo: "ciências da educação", considerado menos restritivo do que

---

[29] Gaston Mialaret, por exemplo, relata as palavras pronunciadas no início da reunião pelo representante do ministério: "Senhores, temos duas horas para decidir sobre a criação ou não de uma licenciatura e de um mestrado em ciências da educação. Se não fizermos isso até as cinco da tarde, os senhores vão perder o bonde e, na série de decretos que vão ser editados, as ciências da educação não estarão presentes."

"pedagogia". Esse título parecia respeitar melhor a necessidade de uma utilização de certas disciplinas, tais como a psicologia, a psicossociologia, a sociologia, a filosofia ou a história da educação, que não pertencem estritamente à pedagogia.

No que concerne às condições de ingresso na licenciatura, a escolha a fazer, uma vez afastada a possibilidade de um primeiro ciclo específico, era entre a especificação dos diplomas prévios necessários, por exemplo, DUEL (diploma de estudos literários) de certas disciplinas apenas, ou abertura mais ampla do recrutamento, mesmo que para depois complementá-lo com a exigência de uma formação pedagógica. A comissão foi no sentido de uma abertura ampla. O decreto de 2 de fevereiro, em que é suprimida a referência a uma formação pedagógica, exprime essa opção:

'...São admitidos para se inscrever tendo em vista o mestrado em ciências da educação os candidatos portadores de um diploma universitário de estudos científicos, do diploma de estudos jurídicos gerais, do diploma de estudos econômicos gerais ou de admissão no terceiro ano de estudos de medicina' (título IV, art. 9).

A tentativa de concepção dos cursos, que viria a ser publicada, não acrescenta nada às reflexões anteriores: ela não pôde ser feita no que concerne às perspectivas dos novos diplomas, que não haviam sido precisadas; tampouco se fez no que concerne ao quadro de pessoal existente, às suas capacidades, nos centros em que podiam ter sido criados estudos em ciências da educação. Esses centros, essas primeiras implantações, só foram conhecidos bem mais tarde.

Essa reunião, importante para o destino da educação nacional mas pouco satisfatória para seus atores – um deles fala do "aspecto inverossímil dessa reunião" –, tanto por sua improvisação aparente, como pela rapidez das decisões a tomar sobre um tema tão importante quanto a educação, foi a única. O decreto de 2 de fevereiro de 1967 retomava os conteúdos especificados nessa reunião por meio da organização de quatro certificados, assim ordenados:

PRIMEIRO ANO:
Certificado de pedagogia geral
Provas escritas
1. Composição sobre os problemas da educação no mundo atual (duração: quatro horas; coeficiente 1).
2. Composição sobre a história das doutrinas e das instituições no domínio da educação (duração: quatro horas; coeficiente 1).

Provas orais
1. Interrogação sobre a educação comparada (coeficiente 1).
2. Explicação de um texto pedagógico escrito numa língua estrangeira antiga ou viva (coeficiente 1). – NB.: A língua estrangeira é escolhida pelo candidato numa lista de línguas estabelecida pela assembleia da faculdade.

Certificado de psicossociologia da educação
Provas escritas
1. Prova de psicologia ou de sociologia (duração: quatro horas; coeficiente 2). (A natureza da prova é determinada por sorteio, cujo resultado não é levado ao conhecimento dos candidatos antes do exame.)
2. Prova técnica de metodologia e de estatística educacional (duração: três horas; coeficiente 1).

Provas orais
1. Interrogação sobre a biologia do desenvolvimento (coeficiente 1).
2. Prova prática sobre psicossociologia (se a primeira prova escrita tiver sido sobre sociologia) ou sobre sociologia (se a primeira prova tiver sido sobre a psicologia) (coeficiente 1).

SEGUNDO ANO:
Certificado de pedagogia aplicada
Provas escritas
1. Composição sobre os métodos e técnicas pedagógicos (duração: quatro horas; coeficiente 2).

2. Prova técnica de pedagogia experimental (duração: três horas; coeficiente 1).

Provas orais

1. Prova sobre a psicopedagogia de uma matéria de ensino (conforme o programa estabelecido pela faculdade) (coeficiente 1).
2. Prova de pedagogia curativa (coeficiente 1).

Certificado opcional de segundo ano C4 (ver abaixo lista de certificados)

Provas escritas

1. Redação de uma nota de 25 a 50 páginas e discussão da nota (coeficiente 2).
2. Composição sobre o programa (duração: três horas; coeficiente 1).

Prova oral (coeficiente 1) e *prova prática* (coeficiente 1).

Os mestrados em ciências da educação aparecim portanto no lote dos mestrados com quatro certificados, cuja organização estava prevista no artigo 19 do decreto 66-412 de 22 de junho de 1966, com os mestrados de linguística, de geografia física, de geografia humana, de lógica, de psicologia e de sociologia.

Lista dos certificados válidos para o C4: um certificado escolhido pelo candidato entre os seguintes certificados de estudos superiores que a faculdade está autorizada a conferir:

1. História e filosofia da educação
2. Educação comparada
3. Psicopedagogia das crianças inadaptadas
4. Psicopedagogia dos adultos
5. Socioeconomia da educação
6. Novas técnicas pedagógicas
7. Pedagogia experimental
8. Psicologia experimental
9. Psicologia patológica

10. Psicologia social
11. Psicologia genética
12. Psicologia diferencial
13. Demografia
14. Linguística aplicada I (ensino de línguas)
15. Etnologia
16. História das ciências e das técnicas
17. Economia política e social (certificado conferido pelas faculdades de direito e de ciências econômicas)
18. Lista de certificados conferidos por outras faculdades estabelecida pelo Ministério da Educação por proposta da assembleia da faculdade de letras e ciências humanas

Na volta das férias de verão de 1967, ficamos sabendo que três universidades foram encarregadas de organizar um ciclo de estudos de ciências da educação. Por que essa escolha? Debesse era titular da cátedra de pedagogia da Sorbonne, Château havia sido muito atento na preparação dos projetos. Eu era o único que, de fato, tinha uma tese de pedagogia (Guy Avanzini defenderá a dele um pouco depois), e já tínhamos organizado em Caen um primeiro ciclo de estudos de psicopedagogia. Em Toulouse, Malrieu e Simon estavam mais voltados para a psicologia. Em Estrasburgo, a sra. Favez-Boutonniere e D. Anzieu também eram nitidamente voltados para a psicologia. Mesmo assim causou surpresa a escolha dessas três universidades e o esquecimento da universidade de Lyon, que tinha no entanto um longo e prestigioso passado pedagógico.

No plano administrativo, essa criação é seguida pela criação de uma seção de "ciências da educação" no conselho nacional das universidades, CNU. O que foi muito importante para o acompanhamento das carreiras de todos os que se orientavam para esse novo campo científico.

Essa criação limitada explode rapidamente. Em 1968, Filloux e J. Beillerot criam, na nova Universidade de Nanterre, um ciclo de ciências da educação. Depois, em 1969, foi a vez das universidades de Lyon e Toulouse acolherem esse novo ciclo de estudos superiores. Em janeiro de 1969 é inaugurado, com base num projeto cujo autor original foi Edgar Faure, então ministro da Educação, o Centro experimental de Vincennes. Em 1970, após numerosas peripécias ligadas ao fato de que a cidade possuía várias universidades, Grenoble organiza um ensino de ciências da educação. São as universidades da "primeira onda". Vai ser preciso esperar muitos anos para ver se desenvolverem realmente os departamentos de ciências da educação. Atualmente, em 2006, esses departamentos existem nas seguintes universidades: Aix-en-Provence, Amiens, Angers, Antilhas e Guiana, Bordeaux 2, Caen, Grenoble, La Réunion, Lille 1, Lille 2, Lille 3, Limoges, Lyon 2, Montpellier 3, Nancy 2, Nanterre, Nantes, Paris Dauphine, Paris V, Paris VIII, Paris X, Paris XIII, Rennes 1, Rouen, Estrasburgo, Toulouse 2, Tours.

A generalidade do decreto e a imprecisão (para não dizer a ausência) dos programas no texto ministerial que criava as ciências da educação nas universidades teve um duplo aspecto, um positivo, outro negativo. Cada centro dispôs de uma grande liberdade na organização do curso: uns se orientaram para os aspectos psicológicos (Bordeaux), outros para os aspectos históricos (Paris), outros para a psicossociologia (Nanterre), outros para a psicopedagogia (Lyon), outros para os didáticos (Aix-en-Provence), outros para a filosofia da educação (Paris V, Lyon, Estrasburgo), outros para a economia da educação (Dijon), outros para a pedagogia (Toulouse). Essa variedade nas orientações enriqueceu o conceito de ciências da educação. Em termos de filosofia, o conceito ganhou em extensão e em compreensão. O domínio geral das ciências da educação, por sua variedade, ganhou em riqueza, e todos os centros puderam tirar proveito das contribuições de uns e outros, mantendo no entanto sua originalidade. E hoje estamos longe da concepção das ciências da educação reduzidas à psicopedagogia e ao estudo das crianças anormais. Mas essa liberdade também teve um aspecto negativo. Diante da possibilidade de ter um cargo, houve quem apresentasse sua candidatura e ensinasse o que bem entendesse... às vezes passando longe das autênticas ciências da educação. Voltaremos a essa questão ao tratar da unidade das ciências da educação (ver capítulo 3).

O trem está agora nos trilhos. O que vão se tornar as ciências da educação, cujo nascimento foi tão laborioso? Será esse o objeto dos capítulos seguintes. Mas examinemos, primeiro, o que se entende por "ciências da educação".

Capítulo 3

Da pedagogia e da psicopedagogia às ciências da educação, passando pela pedagogia experimental

Breves considerações sobre uma evolução

Para bem compreender o que são as ciências da educação (estrutura e problemas associados) e a "virada" epistemológica em que insistimos, parece-nos importante lembrar a que estava reduzido o ensino da pedagogia no início do século. É, evidentemente, para as instituições de formação dos professores que devemos nos voltar.

No nível elementar: as escolas normais do ensino primário de outrora

Pode-se afirmar sem temer que, até a última guerra, o ensino da pedagogia só podia ser encontrado nas escolas normais de ensino primário. A obra de referência que melhor traduz (a nosso ver) esse ensino é o excelente manual de Hubert e Gouhier, *Pédagogie générale et pédagogie spéciale*[1]. Encontramos nele, na primeira parte, alguns capítulos sobre a história da educação e alguns princípios gerais; na segunda parte (o que se chamava na época de "pedagogia especial"), um estudo pedagógico das diferentes disciplinas escolares.

---
[1] R. Hubert e H. Gouhier, *Manuel élémentaire de pédagogie générale*.

As escolas normais passaram por períodos difíceis no Estado francês nos anos que se seguiram à guerra de 39-40; elas foram inclusive oficialmente suprimidas por Pétain. Só depois da Libertação é que nasceu a ideia da necessidade de estender a formação pedagógica a todos os futuros professores. As escolas normais ressuscitaram, e o ensino de segundo grau viu surgir os IPES (institutos pedagógicos para o ensino do segundo grau), os CPR (centros pedagógicos regionais) e, mais tarde, os IUFM (institutos universitários de formação dos professores[2]).

Na *Encyclopédie pratique de l'éducation en France*, que data de 1960, encontramos o programa de pedagogia das escolas normais primárias daquela época: "A formação pedagógica se subdivide em teoria e formação pedagógica prática. Onze horas são consagradas ao ensino teórico e a suas aplicações. Os normalistas têm aulas de moral profissional, administração escolar, legislação (1 hora), doutrina da educação e história da escola francesa (1 hora). Uma importância particular é dada ao ensino da psicologia da criança (3 horas), da pedagogia geral e da pedagogia especial (6 horas) e a suas aplicações."[3]

No nível do ensino de segundo grau: os CPR (centros pedagógicos regionais)

A lista das conferências previstas para a formação pedagógica dos futuros professores é a seguinte[4]:

Iniciação à vida das escolas, confiada aos diretores das escolas nas quais os estagiários efetuam sua formação pedagógica.

---
[2] O leitor encontrará em A. Robert e H. Terral, *Les IUFM et la formation des enseignants aujourd'hui*, um estudo detalhado dessa questão.
[3] CDEP, *L'éncyclopédie pratique de l'éducation en France*.
[4] G. Mialaret, *Étude sur la formation des professeurs de mathématiques*.

Participação nas conferências. O programa prevê, além de conferências de "especialidade" e de "cultura geral", conferências de "psicopedagogia". O número é limitado a sete por ano, e os títulos são especificados.
– Métodos gerais de psicologia da criança e do adolescente.
– As diferentes idades mentais de 10 a 20 anos.
– Noções médicas sobre o desenvolvimento e as crises psicológicas da criança durante a sua escolaridade.
– Noções de caracterologia sobre a criança e o adolescente.
– A criança e o meio familiar.
– A criança e o meio escolar (professores e alunos).
– A escola preparando para a vida.
– A psicologia do interno.

No nível do ensino técnico

Depois da Libertação, o ensino técnico se reorganiza e cria suas estruturas próprias de formação dos professores: as ENNA (escolas normais nacionais de aprendizado), para os centros de aprendizado criados recentemente, e a ENSET (escola normal superior do ensino técnico).

Nas ENNA se desenvolve uma verdadeira cultura pedagógica no seio de todo o corpo docente (recrutado após um concurso de alto nível científico e pedagógico).

Panorama geral da formação pedagógica nas ENNA

Essa formação se divide em três partes conduzidas pelos membros da equipe de professores:
a) uma formação teórica de psicologia e de pedagogia geral, com carga horária de três horas por semana, ministrada pelo professor de psicopedagogia. Um papel importante é atribuído aos problemas originais do ensino técnico, à psicologia do adoles-

cente e do aprendiz, aos problemas da integração do jovem na vida profissional;

b) uma formação em pedagogia especial, dada pelo professor da especialidade (conforme as seções): estudo e discussão dos programas, composição e redação de lições-tipo...;

c) contatos reais com a vida escolar, de duas maneiras: lições experimentais feitas várias vezes por semana ao longo do ano nas classes do centro de aprendizagem anexo à ENNA e um estágio de algumas semanas nos outros centros para descobrir os diversos aspectos da realidade escolar; no decorrer desses estágios, o diretor e os professores da ENNA supervisionam o trabalho.

Breves comentários gerais sobre esse ensino da pedagogia

Impressiona a pobreza dos programas desse ensino de pedagogia. Com exceção das ENNA, o tempo consagrado a ele é reduzido ao mínimo. Nos CPR dizia-se inclusive que somente algumas das sete conferências eram certas.

Em nenhum momento dos programas vê-se aparecer uma só palavra sobre a pesquisa científica em educação. A pedagogia é sem dúvida uma disciplina normativa.

– Os futuros professores podem continuar suas carreira sem saber quem é Claparède, Piaget, Gesell, Piéron, Wallon. A psicologia contemporânea parece pertencer a outro universo que não o da formação pedagógica!

As primeiras evoluções[5]

As primeiras modificações aparecem com a existência da medicina escolar, a consideração dos fatores psicológicos, as contri-

---

[5] O leitor encontrará explanações mais amplas no livro de G. Landsheere, *La recherche en éducation dans le monde*.

buições da sociologia e os trabalhos dos economistas. A medicina escolar, apesar da insuficiência do número de médicos e das dificuldades materiais, introduz um novo ponto de vista pedagógico – a consideração das realidades fisiológicas – e recorda que o aluno, qualquer que seja sua idade, é um ser vivo submetido às regras da evolução fisiológica tanto no plano das semelhanças como no das diferenças[6]. Esse interesse pela saúde dos alunos vai ao encontro da preocupação fundamental da nova educação: a atenção necessária do educador aos problemas fisiológicos. As contribuições de Piaget e de H. Wallon, para citar apenas esses dois prestigiosos nomes, são consideráveis. Ainda se fala, naquela época, de "pesquisa em psicopedagogia"[7].

Duas outras disciplinas científicas fazem sua aparição no campo da pesquisa em pedagogia: a sociologia e a economia[8]. Os trabalhos da escola de P. Bordieu e J.-C. Passeron[9] vão constituir um conjunto destoante no campo da pesquisa pedagógica de antes de 68. A atenção dada aos aspectos psicológicos da educação não é suficiente se são esquecidos os componentes sociais da vida dos alunos; o conceito de "reprodução" leva muitos educadores a se questionar sobre as finalidades da sua ação educativa.

A existência das grandes organizações internacionais (ver acima) põe em primeiro plano as preocupações dos planejadores e as questões econômicas: orçamento da educação nacional (tanto na França como nos países estrangeiros), os preços de custo da educação do aluno: com que orçamento podemos desenvolver a "alfabetização"? Essas duas disciplinas científicas que se inserem no

---

[6] O leitor encontrará a longa história da higiene escolar (iniciada em 1793 com o decreto de Lakanal), que se tornou em 1955, por proposta de Deixonne, serviço de saúde escolar e universitária, na *Encyclopédie pratique de l'éducation en France*, pp. 405-30.
[7] G. Mialaret, *La recherche en psycho-pédagogie*.
[8] Eicher e Garboua, *Économique de l'éducation*.
[9] Bourdieu e Passeron, *Les héritiers*.

campo científico da pedagogia são acompanhadas pela demografia escolar que, nesse momento, decola. As possibilidades oferecidas pelas grandes organizações internacionais provocam uma renovação, em particular, com os trabalhos de P. Rossello[10], da "pedagogia comparada", que havia permanecido inativa desde a sua primeira aparição em 1817, com *Esquisse et vues préliminaires d'un ouvrage sur l'éducation comparée*, de Marc-Antoine Jullien.

O desenvolvimento da pedagogia experimental[11]

Já indicamos acima que o termo "experimental" tinha, em 1950, um sentido particular: ele significava, de fato, "pesquisa científica". Desde o fim da última guerra, os trabalhos de "pedagogia experimental" (logo de pesquisa científica em pedagogia) desenvolveram-se pouco a pouco: a Suíça e a Bélgica continuam avançando; a França começa a se interessar pelas pesquisas em educação[12]. Ainda vão ser necessários uns vinte anos (1968) para ser oficialmente reconhecida a existência desse novo campo de investigação científica. Mas todos os trabalhos já existentes preparam a reviravolta epistemológica de que vamos falar agora. Já indicamos o papel representado pela AIPELF no agrupamento e na formação contínua dos jovens pesquisadores.

A reviravolta epistemológica

Para bem entender o que aconteceu nessa época no plano científico com as ciências da educação, é bom lembrar a reviravolta epistemológica que a psicologia acabava de dar no início do século XX. A psicologia foi definida, nos séculos precedentes,

---

[10] P. Rossello, *Les précurseurs du Bureau international d'éducation*.
[11] Pode-se consultar G. Mialaret, *La pédagogie expérimentale*.
[12] Defendi em 1957, não sem certa dificuldade, minhas duas teses visando o doutorado, as quais, segundo me disseram, eram as primeiras do gênero: *Recherches sur la psycho-pédagogie des mathématiques* e *Sélection et formation des professeurs de mathématiques*.

como "a ciência da alma" (Maine de Biran, por exemplo). Com os psicólogos contemporâneos, ela se torna a ciência das condutas[13]. H. Piéron desenvolvia, em sua cátedra do Collège de France, o estudo dos comportamentos; P. Guillaume, na Sorbonne, ensinava uma psicologia já bastante marcada por uma orientação científica; H. Wallon, também no Collège de France, afirmava que o comportamento de uma criança não podia se dar corretamente sem conhecer suas condições de existência. J. Piaget, em Genebra, aplica ao estudo da criança os métodos do naturalista... A lista seria longa, se quiséssemos citar todos esses peregrinos da nova psicologia. O monumental *Tratado de psicologia*, organizado por G. Dumas, traduz as novas orientações. Em 1946, uma licenciatura de psicologia é criada, na França, no nível universitário.

O exemplo da psicologia mostrava o caminho. Pouco a pouco, a pedagogia, disciplina essencialmente "normativa", era substituída pelas "ciências da educação", disciplinas essencialmente descritivas e explicativas. A ruptura foi difícil, porque a educação é uma realidade humana. A separação entre "o que deve ser feito" (pedagogia e juízo de valor) e o que realmente existe, "ciências da educação" (juízo de realidade), requer um esforço real para distinguir os dois planos de apreensão do real. É o combate contínuo da opinião e do fato científico estabelecido, da "compreensão" (no sentido de Dilthey) e da "explicação". Essa ruptura epistemológica é muito difícil no domínio da educação, porque vivemos todos com as lembranças da educação que recebemos e da que demos a nossos filhos, por um lado, das nossas opiniões morais, políticas, sociais, religiosas, por outro. É preciso portanto fazer um esforço particular para tomar recuo e ter a coragem de questionar todas

---

[13] Tive o privilégio de ter como professores na universidade renomados mestres da época: Guillaume, Piéron, Wallon, Zazzo, Lagache, Grassé, Fessard..., e seu ensino teve, para mim, um papel indireto importantíssimo na elaboração do conceito de "ciências da educação".

as opiniões e juízos relativos à educação, para adotar uma atitude científica, tal como a descreveremos a seguir.

Os diferentes significados da palavra "educação"

Originalmente, como já indicamos, as ciências da educação se reduziam a poucas coisas. Falava-se de "pesquisas pedagógicas" e, fora os estudos sobre as crianças, ainda chamadas de "anormais", poucas pesquisas científicas são dignas de nota. Os psicólogos escolares aperfeiçoam seus instrumentos de medida (os testes) e são organizadas algumas sondagens sobre os resultados escolares[14], os erros cometidos pelos alunos, algumas pesquisas sobre o que acontece verbalmente nas classes. O decreto sobre a criação das ciências da educação no nível universitário vai possibilitar uma reestruturação do campo científico, após uma reflexão sobre o conceito de educação. É efetivamente necessário examinar o que se entende por "educação" antes de querer falar das ciências que vão analisar esse fenômeno social[15], em outras palavras, estudar sua extensão e sua compreensão. O termo é polivalente. Ele pode receber pelo menos quatro significados[16].

Falar em educação é, antes de mais nada, evocar uma *instituição* social, um sistema educacional. Opõe-se assim a educação chinesa à educação americana ou a educação moderna à educação antiga. A educação como instituição possui suas estruturas, suas regras de funcionamento, mesmo que essas sejam pouco precisas ou pouco explicitadas, como ainda podemos observar em certos grupos ou tribos. A educação francesa é um conjunto que tem à sua frente um ministro; ela possui imóveis, um corpo

---

[14] G. Mialaret, *Quelques résultats bruts (enquête 1953-1954 relative aux difficultés éprouvées par les élèves des cours élémentaires en présence de problèmes simples)*.
[15] Viviane Isambert-Jamati teve uma formulação feliz: "A educação é consubstancial à vida social."
[16] Extraído de G. Mialaret, *Les sciences de l'éducation*.

docente, alunos; um conjunto de leis e de regulamentos estabelecem seu funcionamento, seu orçamento. Mas, nessa perspectiva, seria restringir o sentido da palavra "educação" querer reduzi-la ao aspecto puramente institucional e/ou oficial. Há sistemas mais ou menos difusos de educação (rádio, imprensa, televisão, internet, por exemplo), um conjunto de estruturas ou de organismos que complementam a ação do Ministério da Educação e que pertencem ao que podemos chamar, de uma maneira geral, de educação francesa (formação e reciclagem dos adultos, animação cultural, ensino privado, religioso...).

É possível estudar a história e a dinâmica desses conjuntos para tentar conhecer seu estado atual; as comparações entre os diferentes sistemas não carecem de interesse teórico e prático. Todos os projetos de reforma que vêm à luz num grande número de países têm por objeto melhorar o sistema em relação a normas que não são sempre unanimemente aceitas e que muitas vezes levam em conta a experiência dos países cujas condições sociais, geográficas, políticas, econômicas, técnicas são análogas.

A linguagem corrente utiliza o termo "educação" num outro sentido: o do *resultado de uma ação*. Recebemos uma boa ou má educação; somos produto de uma educação clássica por oposição ao que recebeu uma educação técnica. Na verdade, nós nos situamos assim no plano do indivíduo, que é de certo modo o resultado, o produto, diriam os economistas, desta ou daquela parte do sistema educacional. Não recordaremos aqui o *Admirável mundo novo* de Aldous Huxley, no qual os produtos da educação são nitidamente definidos tendo em vista certo equilíbrio social.

Mas é em geral sobre esses "produtos" que se avalia o sistema educacional ou a *educação* tomada no primeiro sentido do termo. Dirão que a educação prepara os jovens e os adapta à vida atual ou que, ao contrário, os alunos que saem do sistema educacional não têm bastante imaginação, criatividade, iniciativa. Dirão que "o nível está baixando" porque os filhos não terão exatamente os mesmos comportamentos que foram adquiridos por seus pais nos bancos escolares. Donde os projetos de reforma da *educação--sistema* para melhorar a *educação-produto*. Donde as discussões e as contestações porque não se pode conhecer, sem uma série de longas pré-experimentações, o que será a *educação-produto* resultante da reforma da *educação-sistema*.

O terceiro sentido do termo "educação" se refere ao próprio *processo*, que liga de uma forma prevista ou imprevista dois ou vários seres humanos e que os põe em comunicação, em situação de trocas e de modificações recíprocas. Assim compreendida (e antes mesmo de explicitar sua definição), vemos que a educação vai muito além do âmbito escolar no qual se tinha o costume de considerá-la, e que a *educação-processo* é um fato muito geral que se observa em todas as eras da vida e em todas as circunstâncias da vida humana.

Mas esse processo, e abordamos aqui o quarto sentido do termo "educação", está relacionado com o "conteúdo", quer dizer, com os programas (o *curriculum* dos anglo-saxões). De fato, uma educação se caracteriza também pelo tipo de atividades que ela propõe (e com base na qual se desenvolve), pelo conjunto dos conhecimentos, informações que ela apresenta aos alunos. Esse conjunto pode ser de dominante literária (as *humanidades* de outrora), de dominante científica, técnica, artística... A variedade atual dos bacharelados franceses de segundo grau é uma ilustração disso. Querer dar aos filhos uma "educação científica" significa que o termo "educação" se refere quase unicamente ao conteúdo.

A *extensão do termo "educação"* também se fez numa outra direção. A definição que A. Furetière dava em seu dicionário de 1690 não é mais aceitável nos dias de hoje. Ela se limita por demais estritamente às crianças e não considera a educação em todas as suas dimensões e modalidades. A noção de educação ampliou-se consideravelmente no decorrer do último século, e é necessário examinar suas principais extensões para melhor esboçar em seguida o panorama geral das ciências da educação.

A primeira extensão se refere à *idade* do sujeito a quem a educação se dirige. Assistimos a um duplo prolongamento, para o início e para o fim, da vida do homem, no decorrer da qual ele pode ser educado. Por muito tempo a "idade da razão" era a do início da educação e na maioria dos países a escola obrigatória começava por volta dos 6 anos. O último meio século viu aparecer e se desenvolver, sob influências diversas que não podemos examinar aqui, um interesse pelas crianças pequenas, isto é, as que têm menos de 6 anos. A educação pré-escolar, muito bem representada na França, se instala agora em vários países. As contribuições dos trabalhos dos psicólogos (psicanalistas em particular), dos biólogos, e agora dos sociólogos nos estimulam a nos interessar pela criança cada vez menor, e mais ninguém se escandaliza atualmente quando se afirma que a educação começa ao nascer. Sabe-se também qual a importância dos primeiros anos de vida e a importância da ação do meio familiar no desenvolvimento posterior da personalidade.

A educação não pode mais se reduzir à educação familiar ou da comunidade próxima. A educação dada pela escola se estende por um número de anos cada vez maior. A idade do fim da obrigação escolar aumentou consideravelmente e oscila agora entre 16 e 18 anos nos países desenvolvidos. Mas sempre se trata, qualquer que sejam as modificações trazidas à prática da educação, de uma educação escolar, seja geral, seja profissional.

As últimas décadas viram se desenvolver a educação permanente ou educação continuada, de que as universidades populares foram o prelúdio no início do século XX. Agora sim, trata-se de uma nova forma de educação que se dirige a adultos já pertencentes à vida profissional e que nem sempre teve por objetivos principais a obtenção de diplomas suplementares.

Essa *formação dos adultos* se desenvolveu consideravelmente, seja no seio das empresas, seja no seio de outros organismos. Esse campo de atividades adquiriu tamanho impulso que alguns desejariam até que se falasse hoje de *ciências da educação e da formação*. Essa mudança ainda não nos parece atualmente necessária, se dermos, como fizemos acima, uma extensão suficiente ao conceito de educação.

Assiste-se agora ao nascimento das universidades da terceira idade, e as pesquisas gerontológicas começam a constituir alguns fundamentos da educação reservada aos que encerraram sua atividade profissional.

Não é exagerado dizer, portanto, que a educação se dirige a todas as idades da vida do homem, do nascimento à morte. Ela se apresenta sob formas variadas e com objetivos diferentes, mas incontestavelmente se trata sempre de educação, pelo menos num dos quatro sentidos que analisamos acima.

Uma segunda extensão provém do fato de que a educação de um sujeito não é mais resultado unicamente da instituição escolar. Os sociólogos (Friedmann) puseram em evidência a importância da *escola paralela*, e costuma-se afirmar que as aquisições e as informações possuídas por uma criança ao sair da escola provêm, numa porcentagem considerável, dessa escola paralela. Fora da escola, que muitas vezes constitui um domínio bastante isolado do mundo, a criança recebe, do meio em que vive, um conjunto de estímulos que podem ser (nem sempre é o caso) muito enriquecedores: imprensa, rádio, televisão, internet, experiência do dia a dia. Por sua atividade pessoal, a criança explora o meio, aprende muitas coisas, descobre relações de ordem casual; o meio a "educa", de certo modo. Não se pode recusar a esse conjunto de ações a expressão geral de "ações educativas", na medida em que elas transformam o sujeito e imprimem nele certas características da sua personalidade posterior. Vale dizer que a educação se estende a toda a vida do sujeito, mesmo quando se pensa que se trata de uma extensão demasiado ampla do sentido do termo "educação". Basta considerar, por trás dos estímulos psicológicos do meio – que são cada vez mais numerosos em relação ao meio estritamente natural –, a ação do homem para ver que essa escola paralela é um intermediário entre a sociedade, os homens e as crianças. As *mass media* são dirigidas por homens e a ação exercida por eles é, indiretamente, a de um grupo ou de um indivíduo. Donde os importantes e difíceis problemas que a animação, a utilização e a exploração de todas essas formas educacionais colocam para os educadores. De uma maneira mais geral, trata-se aqui do problema das relações entre a escola e o ambiente.

É numa outra perspectiva que se situa a terceira extensão da educação. Pode-se afirmar sem receio que, por muito tempo e para muita gente, a educação só dizia respeito à inteligência ou apenas à memória. Sabe-se, no entanto, que a educação do cavaleiro pretendia ser física e moral, que a do homem de bem do século XVII não desconhecia certos valores sociais. Nosso século quis *estender a educação a todos os domínios* humanos, sem desdenhar nenhum. A educação da sensibilidade é considerada ao mesmo título que a educação da inteligência, e a educação do corpo não é mais relegada ao último lugar. Caminhou-se portanto em direção a uma *formação total do indivíduo*, e a educação atual não é mais comparável à instrução ou à formação do espírito de outrora. A educação atual não tem mais como objetivo único fazer da criança um homem inteligente, cujo raciocínio lógico não tenha falha, e sim desenvolver uma personalidade equilibrada, rica de todas as potencialidades congênitas desabrochadas, melhorada pela criação de novas aptidões. Essa personalidade deverá ser capaz de se adaptar, de se transformar, de melhorar em contato com as novas situações encontradas, escolhidas ou suportadas por ela.

Poderíamos também falar de uma outra extensão ligada aos próprios *processos de educação* e aos *níveis* em que se situam. O esquema de Sócrates ensinando ao escravo de Menon como modelo da situação educativa foi implicitamente conservado por muito tempo. As situações educativas não podem mais se reduzir, agora, nem unicamente a um mestre diante do aluno, nem a um professor diante de um grupo. Vale dizer que as situações educativas (ver mais adiante) são numerosas e variadas. Pode-se exercer uma ação educativa em níveis bem diferentes, e os educadores também pertencem, portanto, a categorias bem diferentes. O professor, o diretor de escola, o responsável ministerial pelo ensino exercem todos, a seu modo, uma ação educativa. Essas ações não são todas de mesma natureza. O professor age sobre um grupo de alunos, o diretor exerce sua ação educativa sobre uma equipe de colaboradores e sobre o conjunto dos alunos, o responsável ministerial sobre o conjunto do sistema. Todas essas ações têm, no entanto, um denominador comum: seja diretamente, seja indiretamente, elas buscam agir sobre os alunos para que eles recebam uma "boa" educação. Pode-se portanto compreender a afirmação de um burocrata que, sem nunca lidar com alunos reais, afirma estar a serviço da educação. Em outras palavras, pode-se estar seja a serviço da educação-ação (professor em sua classe), seja a serviço da educação-instituição (responsáveis ministeriais de todos os níveis), seja a serviço da educação-animação numa casa da juventude.

A noção de "situação de educação"

Todos os *fatos* de educação se inscrevem num contexto histórico-social que chamaremos de uma *situação de educação*, de que é indispensável conhecer as características principais para interpretar e compreender fatos educativos que se desenrolam em seu seio.

Uma situação de educação pode ser permanente (caso das instituições escolares) ou ocasional. É portanto de duração variável: um breve encontro pode dar origem a um fato educativo importante. Ela pode existir em lugares muito diversos (locais da instituição, dentro da família, ao ar livre...) e supõe a presença de duas pessoas, pelo menos. Uma situação de educação pode ser definida *a priori*, mas também pode ser considerada, de uma maneira geral, como o suporte dos fatos educativos e muitas vezes só existe em relação a eles.

Uma situação de educação influencia os parceiros em presença e se estrutura, em parte, em função deles. O mesmo educador não se comporta da mesma maneira em todas as latitudes, e o fator (M) – ver esquema a seguir – também sofre a influência da situação (exemplo característico da utilização dos meios audiovisuais na selva africana). Vale dizer, em outras palavras, que os fatos de educação não são independentes das situações de educação e não podem ser analisados e explicados a não ser em relação a elas.

Podemos agora apresentar um esquema geral de uma situação de educação em que são representados os parceiros em presença e os três tipos de ações exercidas: (A) professor(es), (E) grupo(s) de alunos, (M_1 e M'_1) ações recíprocas do meio e da situação de educação, (M_2) ação do ou dos fator(es) educador(es). Essa ação pode ser dividida em três categorias: ação do professor sobre os alunos (R_1), ação dos alunos de volta sobre o professor (R_2), método e técnicas pedagógicas utilizados (T), (M_3) e reações dos próprios alunos no interior do grupo.

As situações de educação são determinadas por um número muito grande de fatores[17] e constituem um conjunto muito complexo, tanto no espaço como no tempo.

Um primeiro esquema simples de uma situação de educação poderia ser o seguinte:

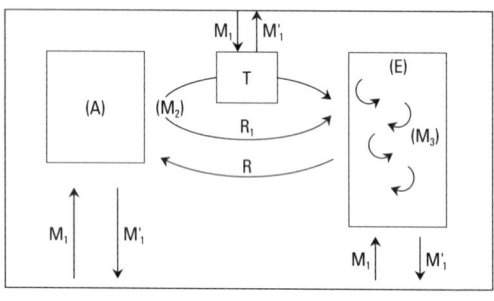

Fig. 1

Rapidamente, a situação de educação se enriquece e se torna mais complexa, como mostra o esquema seguinte:

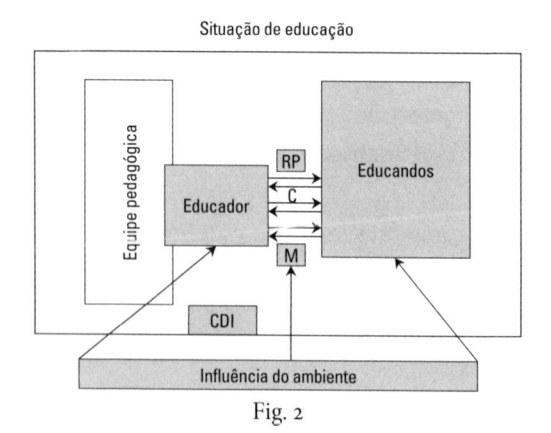

Fig. 2

---

[17] Ver, sobre esse ponto, G. Mialaret, *Les sciences de l'éducation*, cap. II.

O fator "professor" não se reduz mais a um só indivíduo: aparecem as equipes de professores, seja constituídas por indivíduos reais, seja constituídas por meios audiovisuais ou de informática. O CDI (centro de documentação e de informação) se torna um elemento essencial da situação de educação[18]. Depois, outros serviços aparecem.

Atualmente, podemos descrever as situações de educação como compostas por vários serviços que deveriam cooperar entre si (o que às vezes acontece): os serviços de saúde escolar, os serviços psicológicos, os serviços de orientação escolar e profissional, os serviços de reeducação ou de readaptação.

As ciências da educação *são constituídas pelo conjunto das disciplinas que estudam, em perspectivas diferentes mas complementares e coordenadas, as condições de existência, de funcionamento e de evolução das situações e dos fatos de educação*. Elas estudam as situações de educação em todas as suas perspectivas correspondentes a seus determinismos – filosóficos (problemas

Uma situação de educação

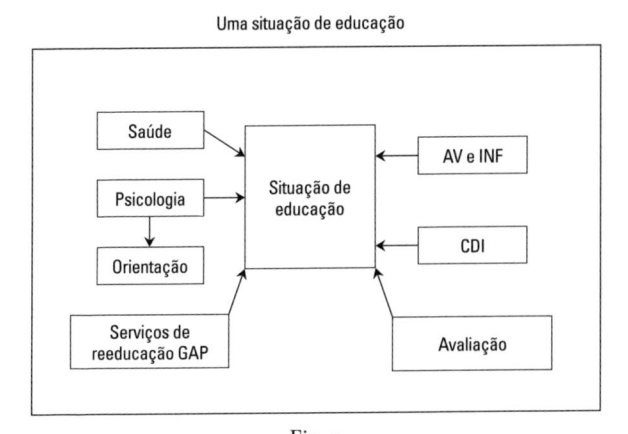

Fig. 3

---

[18] O inspetor-geral Sire chegava a dizer, com humor: "Um liceu é um CDI rodeado por algumas salas de aula."

das finalidades), políticos, econômicos, demográficos, sociológicos, técnicos – e a seus componentes fisiológicos (problema do cansaço e da alimentação, por exemplo), psicológicos, psicossociológicos, pedagógicos. Elas são numerosas, portanto, pelo que se impõe uma tentativa de classificação.

Um panorama geral das ciências da educação

Não há uma classificação única para o conjunto das ciências da educação. Conforme o ponto de vista que se adote (em função do tempo: disciplinas do passado, disciplinas do presente, disciplinas do futuro) ou as "disciplinas-mãe" (filosofia, psicologia...), ou as funções principais de toda situação de educação, podemos estabelecer diferentes panoramas das ciências da educação. Adotamos o ponto de vista que leva em conta as três funções fundamentais de todo ato de educação: tomada de decisão, organização e gestão das situações, ação educativa exercida. Em todo ato educativo, quer ele se situe no nível mais elevado (decisão ministerial, escolha dos objetivos a alcançar, por exemplo), ou no nível da classe, podemos encontrar sempre esses três constituintes da ação educativa: o que se quer fazer, quais as finalidades adotadas, quais os objetivos a alcançar?; que decisão tomar para assegurar sua execução (problemas da administração) e como organizar e gerenciar as situações que permitirão alcançar os objetivos estabelecidos?; como organizar a ação educativa propriamente dita (aspectos pedagógicos)? Parece-nos que podemos agrupar as disciplinas científicas que constituem as ciências da educação em torno dessas três funções fundamentais.

Uma classificação das ciências da educação é possível levando em conta o que acabamos de dizer e, em particular, o fato de que as três funções indicadas se encontram nos diferentes níveis da ação educativa.

As disciplinas e ciências que se interessam pelo conjunto da educação (instituição, ação, conteúdo, produto) e pelos diferentes parceiros (decididores, gestores, atores)

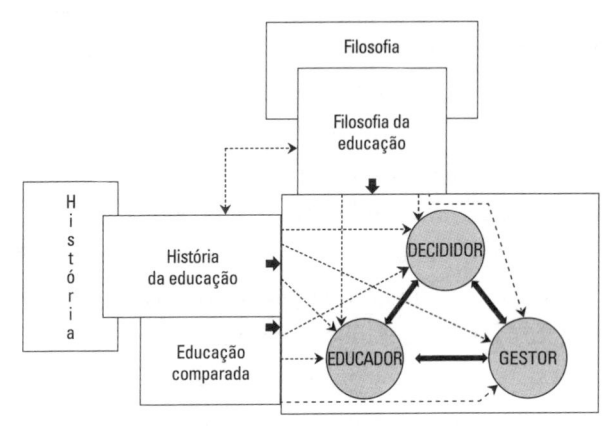

Fig. 4. O ponto de vista geral

A filosofia da educação[19]

A filosofia da educação e a história da educação foram por muito tempo as duas únicas disciplinas universitárias ensinadas. Pode-se afirmar sem temor que elas perderam sua importância em relação ao desenvolvimento das outras disciplinas. No entanto, não se pode esboçar um panorama das ciências da educação sem atribuir um lugar importante à filosofia da educação.

Ao apresentar o esquema geral de uma situação de educação, indicamos que as ações exercidas por (A) eram conscientes e dotadas de uma finalidade. Não se pode falar de educação sem defi-

---

[19] A filosofia da educação não é, no sentido estrito do termo, uma disciplina científica, já que conduz seja a uma análise reflexiva dos problemas, seja a emitir juízos de valor. Nós a classificamos de uma forma abusiva, dirão alguns, no conjunto das "ciências" da educação. Mas, como veremos adiante, ela se torna indispensável no momento da interpretação dos resultados científicos.

nir os "fins" que ela deve atingir, os objetivos a curto ou longo prazo, os fins gerais e particulares. No interior do marco geral definido para a ação educativa, são possíveis várias opções. É aqui que intervém um dos aspectos importantes da filosofia da educação: a escolha de um conjunto coerente de objetivos, na dupla perspectiva de uma coerência interna (dos objetivos entre si) e da coerência externa (coerência com outras posições filosóficas mais gerais). E, ao contrário do que pensam alguns de nossos colegas americanos, não são os estudos de taxonomia que fornecem uma solução para esse problema. A taxonomia nos possibilita classificar melhor, analisar melhor os objetivos gerais atribuídos à educação, mas em hipótese alguma possibilita fazer uma escolha de valores, estabelecer uma hierarquia.

Vários sistemas educacionais podem satisfazer às leis psicológicas e se apresentar como sistemas diferentes, às vezes opostos. É a análise dos fundamentos filosóficos que permite determinar o caráter exato de uma situação de educação e dar ao conjunto das características observáveis seu verdadeiro significado.

A filosofia da educação não se limita unicamente à análise das finalidades da educação. Ela tem igualmente como tarefa "elucidar problemas, esclarecer as antinomias que residem no cerne do ato de educar (cultura e natureza, liberdade e condicionamento, etc.), mas também buscar as condições de possibilidade da educação, logo afirmar um certo número de princípios além dos quais a análise não pode ir e sem os quais a educação não pode ser". A análise filosófica nos conduz portanto a uma forma de análise e de compreensão das situações de educação diferente da das outras ciências da educação[20].

---

[20] No que concerne à filosofia da educação, pode-se consultar, para um aprofundamento: R. Levêque e F. Best, *Traité des sciences pédagogiques*, e O. Reboul, *La philosophie de l'éducation*.

As disciplinas voltadas para o futuro

Diremos pouca coisa da prospectiva, essa "busca que tem por finalidade prever a longo prazo, a partir dos dados atuais, mas levando em conta a aceleração das mudanças, as condições da vida social, em particular no domínio econômico e educacional". Na sua forma mais geral, a prospectiva não procura traçar planos precisos, mas analisar as tendências e definir perspectivas futuras. A verdadeira ciência que corresponde a ela (a prospectiva sendo mais uma atitude do que um conjunto de pesquisas científicas) é o *planejamento da educação*[21]. No início, ela era uma simples previsão das necessidades em termos de local, material e pessoal, e de suas consequências financeiras. Ela superou essa etapa e passou a abordar os problemas postos pelo estabelecimento das políticas educacionais e participar assim da tomada de decisões políticas no que diz respeito às soluções a serem dadas à educação num país. Mas, no momento em que as técnicas parecem estar mais ou menos no ponto, o planejamento da educação se vê diante de um novo desafio, conforme explicam os dirigentes do Instituto Internacional de Planejamento da Educação da Unesco. Enquanto anteriormente parecia bastar que o planejador recorresse aos métodos racionais e sistemáticos da extrapolação e da previsão, atualmente tudo leva a crer que ele deve, além disso, dar provas de imaginação e de qualidades criadoras para prever e planejar as relações entre o ensino e todo um conjunto de problemas tão prenhes de consequências quanto complexos.

A *história da educação e da pedagogia*[22]

Dentre todas as ciências da educação, ela é uma das mais antigas e, por isso, das mais desenvolvidas. Respondendo à afirma-

---

[21] Le Thanh Khoi, in *Traité des sciences pédagogiques*.
[22] A. Léon, *L'histoire de l'éducation aujourd'hui*, in M. Debesse e G. Mialaret, *Traité des sciences pédagogiques*, t. 2.

ção de Augusto Comte de que um processo só pode ser compreendido por sua história, é possível afirmar que uma tentativa de explicação dos sistemas e dos métodos que negligenciasse completamente as dimensões históricas estaria destinado ao fracasso. A história da educação responde a várias necessidades: "Ela permite, antes de mais nada, tornar mais inteligível a pedagogia atual pelo conhecimento do passado. Descobrimos, graças a ela, as origens muitas vezes distantes das nossas tradições educacionais. Por exemplo, o sistema do mandarinato da China antiga; a arte de questionar o aluno, de que a maiêutica de Sócrates nos oferece o mais célebre modelo; a escola organizada como estabelecimento fechado, já nas escolas de escribas da Antiguidade e sobretudo nas escolas monásticas da Idade Média; a prática generalizada dos trabalhos escritos dos alunos a partir da pedagogia dos jesuítas; o ensino mútuo prestado por monitores, como existia em particular na Índia e como Ch. Bell difundiu primeiramente na Inglaterra no início do século passado, etc. Esse legado do passado às vezes ainda pesa muito sobre a prática educacional nos países de civilização antiga."

A história da educação permite então compreender a evolução, os processos de mudança, as etapas, as acelerações, as desacelerações, e permite fazer um balanço mais claro e, sobretudo, mais inteligível das situações de educação atuais. Ela também fornece, pelas comparações que permite, elementos de reflexão e de compreensão indispensáveis à cultura geral do educador.

A história da educação comporta vários ramos que, evidentemente, se completam, mas que não alcançaram todos o mesmo nível de desenvolvimento. Há primeiramente a história do pensamento pedagógico, das ideias em educação, das concepções gerais. Muitas vezes é preciso distingui-la do que chamaremos de história dos fatos e das instituições educacionais. R. Hubert já observava que "as doutrinas não aderem necessariamente aos fatos, pois sempre tendem a transformá-los"; e M. Debesse acrescenta: "Elas representam uma potência de invenção do gênero humano ao mesmo tempo que um fermento de transformação." É claro que a tese da educação que encontramos na *República* de Platão não é a da educação ateniense da época e, mais perto de nós, a teoria contida no *Emílio* de Rousseau não corresponde à prática da educação no século XVIII. Apesar disso, essa história das ideias pedagógicas (inseparável da história geral das ideias) tem um grande interesse para compreender melhor a educação real de uma época, mesmo que pela visão em negativo da realidade que ela muitas vezes representa.

Uma segunda orientação é, efetivamente, a história dos métodos e das técnicas pedagógicas. Não se pode dizer que é o aspecto mais desenvolvido da história da educação. Seria no entanto importantíssimo poder analisar a evolução dos materiais pedagógicos, por exemplo, em função da evolução pedagógica, técnica, social, filosófica. A história dos livros de leitura é característica a esse respeito. A influência do racionalismo cartesiano se traduz pelo método silábico de aprendizado da leitura, codificado no século XVII por Ch. Démia. No século XVIII, sob a dupla influência da filosofia sensualista e dos progressos técnicos da impressão, aparecem as "ilustrações". Os textos e as apresentações se modificam posteriormente sob a influência das teorias modernas da filosofia psicológica e, mais particularmente, sob a influência da teoria da forma... Tais análises históricas permitiriam levantar as coerências e as incoerências da prática da educação, o sentido exato a atribuir a esta ou àquela prática, e compreender melhor pelo conhecimento das raízes históricas a ação pedagógica atual.

A terceira orientação é a da história das instituições pedagógicas. É razoável pensar que, em cada etapa da história de uma sociedade, o estabelecimento de determinada instituição ou a modificação de instituições já existentes correspondem a uma necessidade social. O exame dessas necessidades de mudança permite compreender o significado exato desta ou daquela parte do sistema. É útil portanto conhecer esses fatos para, no decorrer de uma análise atual das situações, distinguir o que pertence ao passado, o que pode ser abandonado como não tendo mais razão de ser e o que deve ser conservado.

A história da educação não é portanto um simples olhar lançado ao passado, mas um instrumento poderoso para a compreensão do presente e pertence assim, de direito, à família das ciências da educação.

A educação comparada[23]

Faz muito tempo que o doutor belga O. Decroly afirmava que não se podia compreender direito uma situação ou um fenômeno senão por comparação com outras situações ou outros fenômenos. A variedade de sistemas de educação é tal que uma análise comparativa traz elementos preciosos para o estudo da evolução e para a compreensão da situação atual.

A educação comparada "é a parte da teoria da educação que concerne à análise e às interpretações das diferentes práticas e políticas em matéria de educação nos diferentes países e nas diferentes culturas. Ela se preocupa antes de mais nada com reunir e classificar todas as informações (tanto do ponto de vista descritivo quanto do ponto de vista quantitativo) no que diz respeito aos sistemas escolares, às escolas, à administração e às finanças, aos professores e aos alunos, aos programas e aos métodos de ensino, às disposições legais, etc. Em seguida, a educação comparada

---

[23] Le Thanh Khoi, *L'éducation comparée*; H. van Deale, *L'éducation comparée*; L. Marmoz, *Éducation comparée*.

procura explicar por que as coisas são o que são, analisando os dados reunidos à luz da evolução histórica dos diferentes sistemas ou mostrando qual foi a influência dos fenômenos sociais, econômicos, tecnológicos, religiosos e filosóficos, assim como dos preconceitos raciais ou nacionais. Seu objetivo é proporcionar um conjunto de princípios gerais para ajudar os reformadores a prever as possíveis consequências das medidas que propõem. A educação comparada não é normativa: ela não prescreve regras para o bom funcionamento das escolas e do ensino. Ela não prescreve o que deveria ser feito. Ela apenas procura compreender o que se faz e por que se faz."

Foi em 1817 que Marc-André Jullien utilizou a expressão "educação comparada" propondo a criação de um departamento destinado a reunir e transmitir as diversas informações sobre os sistemas e métodos de educação, o que só será realizado com o BIE e, mais tarde, com a Unesco. Foi sobretudo nesse momento que funcionários internacionais (sem esquecer P. Rossello) se viram em presença de uma massa considerável de documentos vindos de todos os países e que se desenvolveu a *Comparative education*, que respondia, a mais de um século de distância, aos projetos de Marc-André Julien. Os meios financeiros e administrativos de que dispõem os organismos internacionais, BIE, Unesco e OCDE em particular, permitiram um desenvolvimento considerável da educação comparada no último meio século[24].

A essa perspectiva comparativa, M. Debesse[25] propõe um enriquecimento com o que ele chama de "geografia da educação". Esses estudos supõem:

1. "a quantificação das atividades educacionais (estabelecimentos e organizações escolares, serviços socioeducacionais, etc.),

---

[24] M.-A. Jullien, *Esquisse et vues préliminaires d'un ouvrage sur l'éducation comparée*.
[25] M. Debesse, *Traité des sciences pédagogiques*.

que possibilita a elaboração de uma nomenclatura geográfica precisa;
2. sua situação no espaço, representada por mapas e outras ilustrações: é a localização dos fatos educacionais;
3. descrição metódica desses fatos, baseada na observação e na sondagem;
4. sua explicação, por meio da interconexão das relações que mantêm entre si, ali onde são encontrados" (*op. cit.*, p. 403).

Embora esteja relacionada com todas as que estudamos até aqui, essa disciplina tem, diz M. Debesse, "um modo de inteligibilidade particular da realidade educacional". É nessa perspectiva que podemos situar trabalhos como os que o Instituto Internacional de Planejamento consagra ao problema do estabelecimento do "mapa escolar"[26].

Todas essas disciplinas, de nível de desenvolvimento desigual, não abordam diretamente o estudo das situações de educação no que estas têm de concreto. Elas nos possibilitam, entretanto, compreender um aspecto do determinismo dessas situações. A ciência moderna nos mostra que a compreensão de um fenômeno só muito raramente pode ser deduzida de uma relação simples e imediata de causa e efeito. As causas são complexas, e suas ações são muitas vezes indiretas.

A sociologia da educação

Ela é, na realidade, uma das partes da sociologia, mas teve no decorrer do século XX um enorme desenvolvimento. No início desse século, É. Durkheim[27] introduziu em seu ensino (sua obra magistral só será publicada em 1938) a perspectiva histórico-

---
[26] J. Hallak, *À qui profite l'école?* e G. de Landsheere, *Le pilotage des systèmes d'éducation*.
[27] É. Durkheim, *L'évolution pédagogique en France*.

-sociológica. Após um período de atividade relativamente fraca, as questões de sociologia da educação reaparecem no plano científico com a publicação de *Os herdeiros* em 1964 e com as publicações da escola de P. Bourdieu[28]. O marco traçado pela sociologia da educação, o da escola na sociedade e o da escola como sociedade, explode. As transformações políticas e sociais da sociedade, os novos problemas surgidos na cena social e pedagógica (o desemprego dos pais, a delinquência juvenil, o grande número de crianças estrangeiras em algumas turmas...) dão nascimento a numerosos trabalhos de "sociologia da educação". Os trabalhos da escola de P. Bourdieu colocam os problemas da democratização da educação e da desigualdade das possibilidades de aproveitamento em função das origens sociais dos alunos e dos estudantes. Durante cerca de duas décadas, os sociólogos tentaram construir uma teoria global que permitisse dar uma leitura inteligível dos fenômenos da educação. Mas se eles estão *grosso modo* de acordo quanto à existência das desigualdades, a pesquisa etiológica vê se oporem diversas escolas – Bourdieu-Passeron / Baudelot-Establet[29], de um lado, Bourdieu / Boudon[30], de outro, os primeiros classificados entre os "conflitualistas", o último entre os "externalistas".

Em todas essas discussões estão inscritos os problemas da democratização, do acesso ao saber, das desigualdades na progressão dos alunos em função da sua origem familiar, bem como os problemas postos pelo fracasso escolar. Nessa perspectiva, encontramos o processo de escolarização prolongada das alunas, que se amplifica nas últimas décadas.

---

[28] P. Bourdieu e J.-C. Passeron, *La reproduction: éléments pour une théorie du système d'enseignement*.
[29] Ch. Baudelot, R. Establet, *L'école primaire divise*.
[30] R. Boudon, *L'inégalité des chances. La mobilité dans les sociétés industrielles* e Cherkaoui, *Les paradoxes de la réussite scolaire*.

As teorias precedentemente evocadas se interessam pelo funcionamento geral do sistema escolar. Uma outra corrente se interessa pelo conteúdo do ensino, pelos programas, pelo *curriculum* (V. Isambert-Jamati[31]). Essa corrente – de que J.-C. Forquin dá um panorama sintético para o público francês[32] – se desenvolve com bastante vigor na Inglaterra.

Outro polo de interesse para os sociólogos da educação é o que se chama de "local": o fator "estabelecimento escolar" é levado em conta tanto para analisar suas relações com as outras variáveis da comunidade, como para analisar seu funcionamento interno como microssociedade. E nos estabelecimentos colocam-se os problemas concretos das trajetórias escolares, das comparações da evolução individual, dos modos de avaliação, de progressão... Também podem ser inscritos nessa perspectiva todos os trabalhos sobre a *socialização escolar* dos alunos (J.-M. de Queiroz fala de uma *sociologia da socialização escolar*[33]).

A etnologia da educação

Não se pode fazer uma análise da educação sem se referir às condições de existência gerais que determinam a estrutura da família, da sociedade, das formas da instituição escolar... Podemos portanto afirmar sem temor que *a etnologia da educação* tem seu lugar no seio das ciências da educação. Tomamos emprestadas de um grande especialista dessas questões as seguintes citações[34]: "A etnologia teve por mérito principal chamar a atenção para uma grande quantidade de aspectos não formais, fracamente institucionalizados, a que o espectador habitual nem sempre está atento.

---

[31] V. Isambert-Jamati, *Les savoirs scolaires. Enjeux sociaux des contenus d'enseignement et leur réforme.*
[32] J.-C. Forquin, *École et Culture. Le point de vue des sociologues britanniques.*
[33] J.-M. de Queiroz, *L'école et ses sociologies.*
[34] P. Erny, *Ethnologie de l'éducation.*

Dois caminhos se abrem aqui à pesquisa... Em primeiro lugar, pode-se estudar a maneira como são concretamente educadas as crianças em meios étnicos e socioculturais diferentes. Causará surpresa a extraordinária diversidade de procedimentos, mas depois se destacará, para lá das divergências, certo número de características comuns a todos os homens, a todas as sociedades... É nesse sentido que falaremos de *etnologia da educação*... Sua finalidade é estudar os fatos tais como aparecem, por si mesmos, procurando descrevê-los, compreendê-los, compará-los, explicá-los, sem pronunciar sobre eles juízo normativo e sem pensar necessariamente na aplicação.

"Podemos, em segundo lugar, nos perguntar por que caminhos e em que domínios precisos a etnologia se revela útil aos que têm por função estudar os problemas da educação... Uma disciplina fundamental se põe a serviço de uma disciplina aplicada... Por referência à psicopedagogia, falaremos nesse caso em *etnopedagogia*." Como É. Durkheim assinalou faz tempo, é evidente que "a educação é a ação exercida sobre as crianças pelos pais e os mestres. Essa ação é de todos os instantes, e é geral. Não há período na vida social, não há nem mesmo, por assim dizer, momento do dia em que as jovens gerações não estejam em contato com os mais velhos e em que, por conseguinte, não recebam destes a influência educativa... Existe uma educação inconsciente que não cessa nunca"[35].

É indispensável portanto, para bem analisar e bem compreender os processos que constituem a educação, conhecer as condições sociais, e a etnologia da educação nos oferece assim um dos modos de abordagem da educação.

Um novo campo de pesquisas se desenvolveu faz algumas décadas: o da *etnometodologia*. A. Coulon[36] especifica: "Muito mais

---

[35] É. Durkheim, *Éducation et sociologie*.
[36] A. Coulon, *Ethnométodologie et éducation*.

que uma teoria constituída, ela é uma perspectiva de pesquisa, uma nova postura intelectual." Ela interessa ao educador na medida em que "a etnometodologia é a busca empírica dos métodos que os indivíduos utilizam para dar sentido e, ao mesmo tempo, consumar suas ações de todos os dias: comunicar, tomar decisões, raciocinar". A análise do que acontece no seio de uma situação de educação, o levantamento de todas as interações que surgem, as comunicações de mensagens podem pertencer à etnometodologia.

Essas disciplinas (uma das quais, a filosofia da educação, pertence ao domínio reflexivo e as outras ao domínio científico) podem se interessar, de fato, por todos os níveis do processo educacional: história das ideias pedagógicas, história das instituições, história dos programas, história dos métodos, por exemplo. Pode-se também estudar filosoficamente as políticas de educação, os métodos e as técnicas pedagógicas (fig. 1).

As ciências que se interessam pelos métodos e técnicas pedagógicos. Problemas da avaliação (pontos de vista do ator)

Ciências dos métodos e das técnicas pedagógicos[37]

A metodologia geral e as metodologias particulares a cada disciplina científica constituem domínios muito importantes das ciências da educação, apesar dos poucos estudos sistemáticos e científicos que lhes são consagrados. Possuímos algumas obras notáveis sobre certos métodos (método decrolyano, método montessoriano, por exemplo), sobre certas técnicas (ensino individualizado, trabalho em equipe...), mas não dispomos ainda de um trabalho de síntese sobre a metodologia educacional. Sabe-

---

[37] M. Bru, *Les méthodes en pédagogie*, e G. Mialaret, Les méthodes éducatives, in *Traité de psychologie appliquée*.

mos muito bem que esta evolui constantemente e que a tarefa talvez seja difícil, mas nenhuma obra, até agora, proporcionou um panorama geral coerente, estabeleceu critérios científicos nitidamente explicitados.

É preciso reconhecer que a diversidade dos métodos e das técnicas torna árduo esse empreendimento. Na falta de uma teoria geral, enumeraremos os diferentes pontos de vista em que é possível situar-se para tentar ordenar um pouco uma apresentação que se pretenda inteligível.

Podemos considerar o grau de generalidade dos métodos e classificá-los por esse ângulo. Os métodos "novos" são opostos aos métodos "tradicionais" como dois conjuntos bastante gerais que correspondem a dois momentos da história da educação. Já o método Cuisenaire para o ensino de matemática só é válido num campo particular de conhecimentos. Somos levados assim a distinguir um método de uma técnica pedagógica.

Os métodos às vezes são definidos em relação a seus fundamentos psicológicos ou filosóficos. Assim, o método de Ovide Decroly se refere principalmente às teorias da forma, enquanto o método de M. Montessori só pode ser compreendido se relacionado à psicologia sensualista de Condillac. Os métodos de Skinner são a consequência da teoria $S \rightarrow R$, enquanto o método de Makarenko é o reflexo das suas posições marxistas. Pode-se dizer também que os novos métodos se baseiam numa epistemologia construtivista, enquanto os métodos tradicionais se justificam por uma epistemologia da transmissão.

A perspectiva do educador pode ser escolhida para distinguir uns dos outros os métodos educacionais. Desde o método magistral, em que o educador é a fonte do saber único, aos métodos ditos não diretivos, que levam o educador a se negar a si mesmo, há espaço para toda uma série de graus em que o papel do educador pode ser, em particular, o de um animador. É nessa orientação que se situam os célebres trabalhos de Lewin, Lippitt e White, que estudaram as consequências do comportamento despótico, liberal ou anárquico do educador sobre os alunos.

Algumas vezes é o aluno a base da classificação. Aos métodos coletivos opõem-se os métodos que procuram individualizar o trabalho do aluno, às vezes o trabalho pessoal se opõe ao trabalho em equipe. As técnicas audiovisuais muitas vezes tomaram o lugar dos métodos coletivos, enquanto o ensino assistido por computador tomou o dos métodos de individualização.

Os modos de transmissão, e com eles os materiais utilizados, podem, por sua vez, servir de princípio de classificação. Os métodos verbais são distinguidos dos métodos livrescos. Passou-se em seguida aos métodos "imagéticos", prelúdio dos métodos audiovisuais, quando o progresso das técnicas de impressão barateou a ilustração dos livros. Depois, o ensino "pelas coisas" substituiu o ensino "pelas palavras". O ensino dito "concreto", com todas as suas modalidades, preparou todos os métodos facultativos baseados no estudo do meio pelos métodos ativos.

O progresso técnico permitiu que os métodos técnicos audiovisuais se difundissem, enquanto o desenvolvimento atual da informática dá nascimento à era dos softwares.

Os modos de transmissão podem portanto ser a palavra, a imagem ou o objeto, e o agente da transmissão pode ser o educador ou a máquina.

Os métodos educacionais se classificam também em relação ao tipo de trabalho que se dá para o aluno fazer. Os métodos tradicionais são criticados por apelarem para a imitação, a repetição, e a eles se opõem os métodos que levam os alunos a formular e resolver problemas, os métodos ditos de "redescoberta" e, enfim, os métodos que procuram provocar a criatividade dos alunos.

Pode-se enfim classificar os métodos educacionais pelo ângulo institucional. Conhecemos os métodos que agrupavam alunos em classes, classes de idade geralmente. Depois apareceram os métodos por equipe, o trabalho por grupo. Indo um pouco mais longe, chegou-se à escola sem classes e à universidade sem muros. As experiências das escolas centrais da Revolução são hoje retomadas em certas escolas modernas (ver o exemplo das escolas polivalentes no Quebec); o método dos grupos de nível tende a se generalizar nas escolas atuais. Um esquema geral de todas essas possibilidades pode ser encontrado no capítulo sobre o estudo das situações de educação. É evidente que não indicamos no esquema da página 135 todas as interações possíveis que vêm matizar, colorir as realizações provenientes de princípios gerais idênticos. É essa também a razão pela qual nos é impossível dar um nome a cada uma das casas do esquema: seria preciso utilizar uma reprodução num espaço de n dimensões para poder caracterizar os métodos e técnicas a que está vinculado o nome do inventor. Notemos enfim que essa apresentação não pretende ser a única possível.

É possível estudar cientificamente os métodos de educação? Uma posição pessimista e um tanto dura seria: nesse domínio resta tudo por fazer. É verdade que a atitude científica em pedagogia se desenvolve lentamente e que os pesquisadores, nesse domínio, têm de lutar contra séculos de afirmações, disputas, declarações, teorias. Basta reler a admirável obra de A. Binet para se dar conta do caminho a percorrer. Um estudo mais preciso, no entanto, mostra que o estudo científico dos métodos em educação já começou e que, apesar do estado inicial em que se encontra, promete desenvolvimentos fecundíssimos. Vimos nas últimas décadas se desenvolverem métodos de enfoque das situações de educação pelo ângulo do "estilo pedagógico" do educador e dos tipos de relações ensinador-ensinando: G. de Landsheere[38], M. Postic[39], M. Altet[40]... Os trabalhos de J. Drevillon[41] levaram-no a classificar os métodos, após uma rigorosa análise científica e o agrupamento de muitas informações, em cinco categorias: os métodos ativos-flexíveis, ativos-sistemáticos, mistos, impositivos-rígidos, impositivos-flexíveis (ver adiante o capítulo sobre as situações de educação).

As ciências da avaliação[42]

Nascida com um nome de batismo curioso, a docimologia é a ciência dos exames (de *dokimé*, prova, e *lógos*, ciência). Ela nasceu em 1922, num momento em que H. Piéron[43], a sra. Piéron e H. Laugier põem em evidência as consideráveis defasagens existentes entre as notas atribuídas por dois ou mais corretores a uma mesma prova de conclusão do segundo grau. Limitada no início à análise sistemática dos exames, ela se estende agora ao estudo "dos sistemas de notas e do comportamento de examinadores e examinados". G. de Landsheere[44] acrescenta aliás que, se no início tinha um caráter essencialmente negativo (crítica dos modos de dar nota), a docimologia "entrou numa fase construtiva, procurando propor métodos e técnicas de medida mais objetivos ou, pelo menos, mais rigorosos e criando meios para tornar as notas comparáveis, de forma a assegurar uma maior justiça escolar".

Distingue-se também hoje em dia a *docismática*, que é a técnica dos exames, e a *doxologia*, que é o estudo sistemático do

---

[38] G. de Landsheere, *Comment les maîtres enseignent*.
[39] M. Postic, *Observation et formation des enseignants*.
[40] M. Altet, *Micro-enseignement et formation des enseignants*.
[41] J. Drevillon, *Pratiques éducatives et développement de la pensée opératoire*.
[42] Pode-se consultar Ch. Hadji, *L'évaluation des actions éducatives*; G. Noizet e J.-P. Caverni, *Psychologie de l'évaluation scolaire*.
[43] H. Piéron, *Examens et concours*.
[44] G. de Landsheere, *Évaluation continue et examens. Précis de docimologie*.

papel que a avaliação desempenha na educação escolar. De fato, os exames se multiplicaram. Certos países sentiram a necessidade de criar serviços de avaliação tanto no nível de uma circunscrição administrativa, como no nível dos estabelecimentos mais importantes. Assim, um esforço é feito em toda parte para eliminar os defeitos levantados pelos primeiros estudos docimológicos e para emitir juízos mais objetivos sobre os resultados obtidos pelos alunos. Nessa direção, analisou-se com muito cuidado quais eram os objetivos da educação e que pontos as medidas deviam contemplar. Os trabalhos de B. Bloom, de Chicago, tiveram grande sucesso[45], e as avaliações ganharam não somente em precisão mas também em validade: sabe-se um pouco melhor, agora, o que se quer medir e o que realmente se avalia.

O desenvolvimento dos estudos docimológicos teve duas consequências principais. A primeira é a tomada de consciência dos fatores que entram em jogo em toda avaliação; a segunda corresponde a um esforço para integrar o processo de avaliação no processo de educação. Deu-se então a substituição de uma *avaliação somativa* por uma *avaliação formativa*. A avaliação objetiva e bem concebida permite que o professor e os alunos façam o balanço da situação, estabeleçam balizamentos para o futuro e tenham um panorama mais preciso do desenrolar dos processos de aprendizado.

Ciências ligadas à ação educacional, na dupla qualidade de fundamento dessa ação e de modo de apreensão das situações de educação

Elas se reduzem a pelo menos cinco disciplinas científicas principais: a fisiologia da educação, a psicologia da educação, a

---

[45] B. Bloom, *Taxonomy of Educational Objectives*.

análise das relações educacionais, a psicossociologia dos pequenos grupos, as ciências da comunicação.

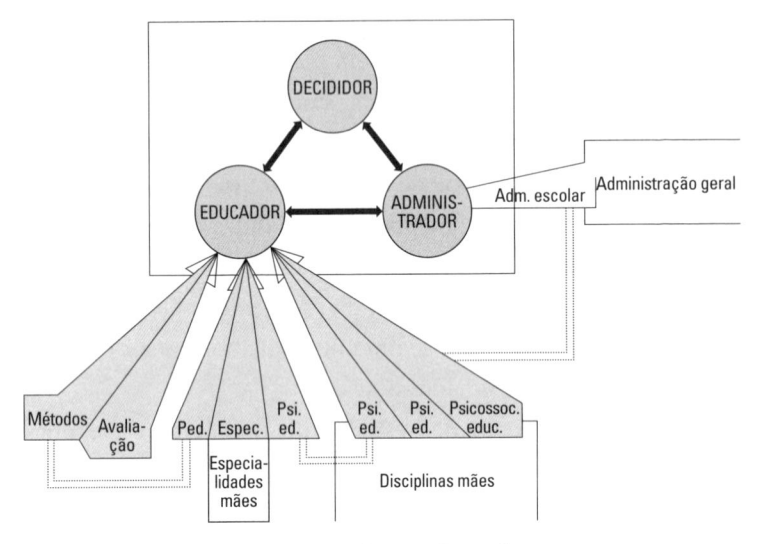

Fig. 6. O ponto de vista do professor

A fisiologia da educação[46]

Uma das características da situação de educação é a de ser essencialmente uma situação humana. Seres vivos estão portanto envolvidos nela, donde a necessidade de estudar as *condições fisiológicas* de todo ato educacional. Os sujeitos devem estar gozando de boa saúde, ter uma alimentação equilibrada e um sono suficiente. Essas três primeiras condições já deram lugar a importantes trabalhos, e alguns laboratórios de pesquisa se interessam pela influência da alimentação (quantidade e qualidade) na conduta e na evolução escolar da criança para determinar quais são os elementos químicos indispensáveis à atenção, à memória, à

---
[46] J. Caston, *L'enfant et l'école: approches psychophysiologiques.*

assimilação dos conhecimentos. Quais são as regras de vida que garantem à criança e ao adolescente em idade escolar o equilíbrio máximo? Um sujeito em idade escolar é, geralmente, um sujeito em período de crescimento. Quais são as leis desse crescimento? Coloca-se então todo o problema do cansaço, da estafa, do ritmo da vida escolar.

Essas condições gerais de vida e de crescimento da criança em período escolar não constituem o único domínio de estudo da fisiologia da educação. Uma análise mais precisa das condições da vida escolar é indispensável: ambiente, espaço, iluminação, cores, ventilação, acústica... Estamos, aqui, na fronteira entre a fisiologia e a arquitetura, mas o fato é que o nível de decibéis numa classe tem influência direta sobre as relações humanas, seja beneficiando-as no caso do silêncio, seja perturbando-as no caso do barulho. A análise dessas condições leva o especialista a se voltar para os instrumentos que põem a criança em relação com o mundo: seus órgãos sensoriais. A percepção no quadro-negro, a percepção das imagens numa tela são processos que têm um componente fisiológico importante.

O fisiologista da educação pode até penetrar mais fundo no processo educacional e analisar alguns componentes do comportamento da criança: a psicomotricidade no aprendizado da leitura, os movimentos oculares na leitura, o ajuste ouvido-voz no aprendizado da música ou das línguas estrangeiras, o funcionamento muscular na educação física...

Um conhecimento bastante preciso das condições fisiológicas da situação de educação é indispensável ao educador, qualquer que seja o nível em que se situa sua ação: crianças, adolescentes, adultos.

A psicologia da educação[47]

Se você se referir aos quatro significados principais que demos ao termo "educação" (educação-instituição, educação-produto, educação-processo, educação-conteúdo), não se espante por se encontrar em presença de várias direções para a psicologia da educação.

A psicologia da educação é, antes de mais nada, o conjunto das análises, feitas pelo ângulo psicológico, das instituições, dos métodos e das estruturas de um sistema escolar. Um exemplo dessa análise nos é dado por J. Chobaux[48], que põe em evidência os seguintes fatos: "O ensino é decupado e graduado em função do que o espírito adulto concebe ser a ordem lógica, e não em função das operações mentais de que as crianças de uma idade dada são capazes." E constata que as instrução oficiais são bastante incoerentes no plano psicológico: "elas apelam para teorias psicológicas diferentes, sem as definir nitidamente nem situar umas em relação a outras: teoria associacionista, teoria 'intuitiva-empirista', teoria funcionalista".

A psicologia do educando constitui outra orientação da psicologia da educação. Assim como os psicogeneticistas desenham o retrato da criança de 3 anos, de 7 anos..., o psicólogo da educação pode procurar estabelecer os perfis característicos dos indivíduos que receberam, conforme sua idade, determinado tipo de educação.

Resta enfim o domínio mais importante: o do estudo, pelo ângulo psicológico, das situações de educação. A psicologia da educação se interessa pelo conjunto das condutas e dos processos (individuais e coletivos) utilizados ou provocados pelo ato e pela

---
[47] G. Mialaret, *La psychologie de l'éducation*.
[48] J. Chobeaux, *Un système de normes pédagogiques. Les IO dans l'enseignement élémentaire français*.

situação de educação. Em outras palavras, ela se interessa pelo estado dos sujeitos antes (os pré-requisitos, dizem os quebequenses), por seu funcionamento, por sua transformação durante e depois do ato educacional.

Já tivemos a oportunidade de distinguir também duas formas de psicologia da educação: uma forma estatística que é a da constatação (3ª etapa acima: depois), uma forma dinâmica que é a da ação (2ª etapa: durante). A psicologia da educação dita estática estabelece balanços os mais objetivos possível dos estados psicológicos resultantes da ação educacional e procura estudar a influência de determinadas variáveis da situação de educação. A psicologia da educação dinâmica é intimamente ligada às próprias situações de educação em tudo o que elas têm de concreto, de vivo, de movediço: ela é o estudo dos sujeitos e das numerosas interações que se estabelecem entre eles nas situações de educação reais.

Os domínios da psicologia da educação são numerosos. Vamos procurar dar um elenco desses domínios, que não pode ser exaustivo na medida em que, como novas situações de educação podem se criar, novas questões se colocarão para a psicologia da educação.

O conjunto dos processos psicológicos que põe o sujeito em relação com o mundo que o rodeia constitui um primeiro e importante capítulo da psicologia da educação. A educação não pode existir sem uma comunicação entre os seres humanos em presença. O problema da linguagem, em particular, preocupa os psicólogos da educação, já que sem ele é impossível estabelecer uma parte considerável das comunicações. Também é importante conhecer as condições do contato com o mundo exterior, com o meio social, se quisermos que o sujeito aproveite as mensagens (M) indicadas em nosso esquema geral (fig. 1).

Depois vêm todos os problemas do aprendizado, que são o pilar central de toda ação de educação, "aprendizado" esse que deve ser entendido aqui no sentido mais geral do termo, e não deve ser relacionado unicamente nem à aquisição de conhecimentos nem à formação profissional. O estudo do aprendizado é inseparável do estudo das motivações, dos interesses, das necessidades e da atenção.

O aprendizado de certas matérias, para ser levado a bom termo, supõe um estado de desenvolvimento das estruturas psicológicas sem as quais nenhuma assimilação é possível: nível lógico para a matemática; maturidade afetiva para o estudo de certos textos; marcos temporais para a história...

As relações educacionais no interior de um grupo[49]

O ato educacional em si pode ser analisado cientificamente. Os pesquisadores em ciências da educação não se contentam mais, hoje em dia, com analisar suas condições de existência. Eles se esforçam por "penetrar" nas situações de educação para melhor observar, analisar, compreender o que acontece nelas: conduta dos professores, dos alunos, trocas, atividades... Retomando os trabalhos do laboratório da universidade de Caen e dando prosseguimento às pesquisas de M. Postic, M. Altet desenvolveu uma técnica de análise das mensagens trocadas numa situação de educação, seja entre o professor e o(s) aluno(s), seja entre os alunos. Ela pôde, assim, com suas pesquisas e com as de seus alunos, precisar melhor o que acontece nos diferentes momentos da ação pedagógica, caracterizar os estilos de ensino, ter elementos objetivos de comparação de situações de educação, enriquecer os processos de formação dos professores[50].

---

[49] M. Postic, *La relation éducative*; M. Ciafali, *Le lien éducatif: contre-jour psychanalytique*.
[50] M. Altet, *La formation professionnelle des enseignants*.

Uma orientação em relação mais direta com as teorias psicanalíticas é representada pelos trabalhos de M. Cifali[51] sobre o vínculo educacional, e pelos trabalhos da universidade de Nanterre (o livro de Cl. Blanchard-Laville, *Les enseignants entre plaisir et souffrance*, é exemplar sob esse aspecto).

Assinalemos também que, nos estabelecimentos de todo tipo, se desenvolvem cada vez mais os serviços de psicologia escolar (que dão seguimento aos serviços já antigos da orientação escolar e profissional) e que contribuem ao mesmo tempo para a melhoria dos processos educacionais e para a adaptação recíproca dos sujeitos e da instituição educacional.

Psicossociologia dos pequenos grupos[52]

O modelo da relação educacional ilustrado por Sócrates interrogando o escravo de Menon foi abandonado atualmente. O preceptorado não existe mais, só excepcionalmente, nos dias de hoje. O educador (ou o grupo de educadores) se relaciona com um grupo (ou vários) de educandos. A análise de uma situação supõe portanto a análise dos fenômenos que regem a vida dos pequenos grupos. Mesmo que apenas no plano das mensagens, como indica J.-C. Filloux, "ele *se* comunica sobre alguma coisa e a gente *se* comunica de uma certa maneira uns com os outros; a *classe* é o instrumento institucionalizado em que os parceiros desse processo complexo de comunicação estão diretamente em presença e interagem". É inútil insistir agora sobre o fato de que uma classe não é a justaposição de indivíduos e de que as relações pedagógicas não são constituídas apenas pelas relações entre um mestre e um aluno, reproduzidas *n* vezes (sendo *n* o número de alunos da classe).

---

[51] M. Cifali, *Le lien éducatif*.
[52] J.-C. Filloux, *Psychosociologie des petits groupes et étude de la classe*.

O estudo da psicossociologia dos pequenos grupos renovou nossas concepções sobre as situações de educação e sobre os métodos de análise dos processos de educação. Sabemos que as mensagens que nascem e circulam no interior do grupo constituem elementos educacionais de primeira importância. É indispensável portanto, para o pesquisador – e para o educador –, conhecer todas as leis de funcionamento, de evolução, de estruturação de um pequeno grupo, isto é, da classe. Assim, Bany e Johnson[53], entre outros, distinguem uma lista de variáveis que J.-C. Filloux resume assim:

– *as normas*: regras que regem as interações, as maneiras de se comportar, admitidas ou excluídas...;
– *os objetivos do grupo*: podem ser explícitos ou implícitos, postos como fim ou como meio, pertinentes ou não...;
– *as comunicações*, que podem se realizar conforme várias dimensões: interpessoal (quem fala com quem?), estrutural (como se constitui a rede de interações), instrumental (ligação com as tarefas do grupo), expressiva (responder à necessidade de expressão);
– *os papéis* e os tipos de comportamentos ligados à divisão do trabalho e à estruturação do grupo: papel de autoridade, papel de participantes...;
– *coesão* do grupo, "moral do grupo", espírito de equipe...

Nesses grupos, o educador tem uma posição privilegiada (relações assimétricas entre o ensinador e o ensinando), e as relações entre os dois grupos constituídos pelos educadores, de um lado (A), e os educandos, de outro (E), são outro elemento importante da situação de educação. A simples constatação da situação atual mostra claramente que a percepção do estatuto do

---

[53] M.-A. Bany e L. V. Johnson, *Conduite et animation de la classe*.

grupo (A) pelos elementos (E) não é mais, de modo algum, a mesma que se podia observar há uns cinquenta anos (problema da autoridade, por exemplo).

Numa perspectiva mais concreta ainda, e descendo ao nível da prática pedagógica, devemos acrescentar que a utilização do trabalho de equipe supõe um conhecimento bastante preciso dos processos psicossociais, se se quiser dar às técnicas pedagógicas toda a sua eficácia e a sua fecundidade. Assim, a psicossociologia dos pequenos grupos encontra nas situações de educação um domínio particularmente rico para analisar e participa diretamente da análise, da compreensão e da organização dessas situações.

Ciências da comunicação e da informação[54]

Situado na junção da psicologia, da psicossociologia e das neurociências, esse conjunto de disciplinas procura estudar as diferentes condições do estabelecimento e do funcionamento das comunicações dentro de uma situação de educação.

Tomando como referência o modelo da teoria das comunicações[55], é possível estudar quais são as condições para que uma mensagem possa ser transmitida e recebida em boas condições: características da emissão, dificuldades da transmissão, estado dos receptores... Se aceitamos que não há educação sem comunicação, parece indispensável conhecer em detalhe esse processo e responder de uma maneira precisa às perguntas: o que é comunicar? o que é a comunicação?

Essas perguntas adquiriram maior importância ainda com o aparecimento de técnicas pedagógicas modernas: audiovisual, ensino programado e, em particular, a internet. Portanto, se qui-

---

[54] J. Lazar, *La science de la communication*; C. Bissey e J.-L. Moreau, *TIC et NET. Nouvelles voies pour la formation*.
[55] G. Mialaret, *La psychopédagogie*.

sermos que se estabeleça correta e eficazmente o "diálogo" com a máquina, é indispensável que as condições de transmissão e de recepção das mensagens sejam conhecidas com bastante precisão. Donde as análises que procuram descobrir os diferentes componentes da mensagem, sua estrutura específica, a fim de determinar as melhores condições para a sua transmissão e a sua recepção.

Estamos portanto em presença, hoje, de um conjunto de disciplinas que passam por um grande desenvolvimento e que, numa sociedade em rápida evolução, assumirão um papel cada vez maior na análise das situações de educação. É a razão pela qual nos parece correto integrar essas disciplinas, *as ciências da comunicação e a informática*, no âmbito das ciências da educação.

Ciências que só podem se desenvolver graças a um trabalho interdisciplinar: as didáticas (o especialista da disciplina, um psicólogo para analisar as dificuldades que os alunos podem encontrar, os problemas de aprendizado, um pedagogo para a aplicação da situação de educação)

Para muitas pessoas, a pedagogia e, agora, as ciências da educação se reduzem, de fato, ao ensino desta ou daquela matéria. Quantas vezes somos levados a explicar que nem as ciências da educação, nem mesmo a pedagogia se reduzem à pedagogia das disciplinas, qualquer que seja a importância dessa família das ciências da educação.

O problema geral das didáticas não é simples e, para estudá-lo, é preciso estabelecer relações com muitos outros domínios de estudo. O esquema da fig. 5 resume o essencial do que vamos comentar.

A questão central é a dos objetivos: *por que* se ministra determinado ensino? As respostas são diferentes conforme a disciplina,

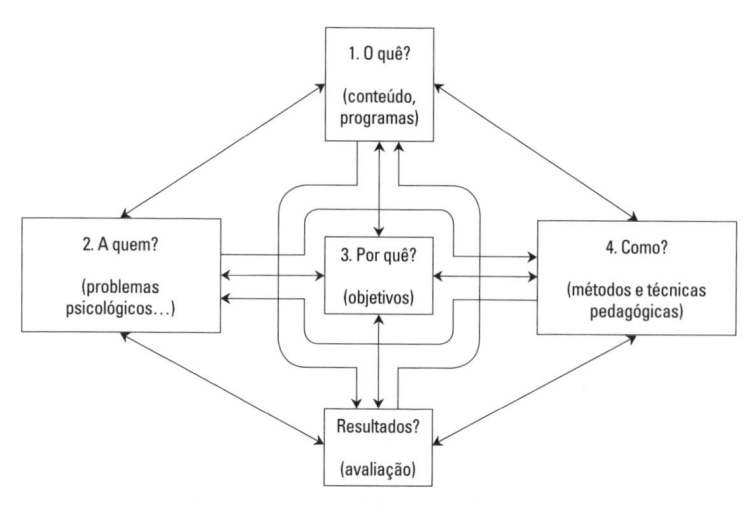

Fig. 5. Esquema válido para toda didática

o nível, o tipo de estudos e o tipo de sociedade. A análise desses objetivos deve ser feita em relação a outros domínios de reflexão: finalidades gerais da educação, finalidades próprias da disciplina, lugar dessa disciplina no conjunto da obra educacional, necessidades da sociedade, estado da ciência e da tecnologia, problemas econômicos...

Pergunta: o quê? O conteúdo do ensino não pode ser definido de forma absoluta. É necessário considerar aqui pelo menos quatro tipos de relação: uma relação privilegiada com os especialistas da disciplina considerada; outra com os psicólogos; outra com os pedagogos e, de um modo mais geral, uma relação com o conjunto do mundo científico da época. Os especialistas de cada disciplina é que são os mais competentes para definir o saber pertinente a transmitir. O conteúdo dos programas deve, de um lado, estar em relação com as expectativas da sociedade e, de outro, permitir que as necessidades individuais sejam satisfeitas (seja no plano dos interesses, seja no plano da criatividade) e constituir uma ajuda fértil e eficaz para o conjunto do desenvolvimento.

Pergunta: a quem? Trata-se aqui do conjunto dos problemas psicológicos implicados pelo aprendizado de uma disciplina científica e do conhecimento dos sujeitos que devem adquiri-lo.

Trata-se de conhecer, antes de mais nada, de uma maneira geral, os tipos de aluno a que é dirigido o ensino considerado e os processos gerais de aquisição[56]. Depois, é indispensável conhecer quais são as funções e atitudes psicológicas necessárias à aquisição da disciplina proposta, assim como os processos psicológicos deflagrados por essa disciplina, a fim de poder localizar e resolver as dificuldades encontradas pelos alunos no decorrer desse aprendizado, tanto no plano intelectual como no plano afetivo e social. Um conhecimento dos meios sociais de onde provêm os alunos, das condições de vida destes não deve ser desprezado.

Pergunta: como? É todo o problema da pedagogia no sentido comum do termo. É necessário conhecer as técnicas de cada disciplina. Cada disciplina, em função das suas características próprias e do nível para o qual é ensinada, lança mão de técnicas que lhe são próprias, respeitando porém as leis gerais da ação educacional. O surgimento de novas técnicas (computador, em particular) traz novas respostas a essa pergunta.

Pergunta: avaliação? Quais são os resultados obtidos e em que medida eles permitem saber se os objetivos atribuídos foram alcançados.

Essas questões não são independentes: é o que expressam as flechas do esquema da fig. 5.

As pesquisas em didática se desenvolveram consideravelmente no decorrer das últimas décadas. Hoje, não se hesita em falar de *didatologia*. Novos conceitos foram introduzidos, como os de *situação didática*, de *contrato didático* (G. Brousseau[57]), de *trans-*

---

[56] G. Mialaret, *La psychologie de l'éducation*.
[57] G. Brousseau, *L'observation des activités didactiques*.

posição didática (Y. Chevallard[58]). G. Brousseau distingue três tipos de situação didática: aquelas "cuja meta é a ação e o êxito, aquelas cuja meta é a formulação não ambígua de uma mensagem ou de um conhecimento, aquelas cuja meta é a validação de um juízo ou de um raciocínio". Por sua vez, Y. Chevallard analisa as etapas que vão da fonte produtora do saber à assimilação pelo aluno dos conceitos, dos conhecimentos produzidos pelos pesquisadores. Outro pesquisador, L. Martinand[59], mostra que as fontes do saber não devem ser buscadas apenas no âmbito do saber, mas também no âmbito das experiências e práticas sociais.

A ciência dos programas[60]

Ligada à questão da didática, temos a da teoria dos programas (considerados no sentido de conteúdo do ensino programado). As preocupações relativas à construção dos programas nasceram depois da última guerra, em organismos como a Unesco, que queriam ajudar os países que acabavam de obter a independência a organizar seu sistema de educação. É verdade que a elaboração de um programa (seja para uma disciplina, seja para o conjunto da educação) é uma atividade complexa e difícil. Deve-se de início considerar os objetivos gerais e particulares que foram estabelecidos pelo sistema político e determinar as matérias científicas que possibilitam alcançar esses objetivos. Cada matéria científica tem sua organização própria; a iniciação dos sujeitos deve ser feita de acordo com uma ordem própria. Donde uma organização temporal da apresentação dos conceitos, noções, conhecimentos e práticas, de acordo com uma lógica que é a da disciplina considerada. Portanto, uma dupla articulação deve ser feita para esta-

---

[58] Y. Chevallard, *La transposition didactique, du savoir savant au savoir enseigné*.
[59] L. Martinand, *L'élève et/ou les connaissances scientifiques, approche didactique de la construction des concepts scientifiques par les élèves*.
[60] S. Rassekh e G. Vaideanu, *Les contenus de l'éducation*.

belecer o programa geral: por um lado, a consideração das possibilidades psicológicas dos sujeitos; por outro, assegurar uma articulação das matérias, umas em relação às outras (por exemplo, a noção de escala ser adquirida em matemática antes que o professor de geografia tenha de utilizá-la).

O ensino de uma disciplina supõe uma reflexão sobre as finalidades dessa disciplina, sobre seu lugar no âmbito do programa geral, sobre as condições do seu ensino (históricas, econômicas…). Em vez de confundir os dois domínios, seria mais fecundo considerar uma divisão do conceito de *ciências da educação* entre o que poderíamos chamar de *ciências da educação geral*, que cuidam dos problemas gerais colocados pela educação em seu conjunto, e *ciências da educação próprias de cada disciplina*. É nesse sentido que se desenvolveram as "ciências da educação da música"[61], que outros desenvolveram "as ciências da educação da matemática", as "ciências da educação da educação física"… A evolução das pesquisas e do ensino dirá qual será o lugar da *didatologia* no vasto campo das ciências da educação.

Em relação com o gestor e com o administrador (fig. 5)

A demografia escolar[62]

A instituição escolar é povoada de alunos, e o estudo dessas populações é de enorme importância para compreender como funciona o sistema por esse ângulo. P. Clerc[63] distingue vários pontos de vista:

---

[61] J.-P. Mialaret, *Explorations musicales instrumentales chez le jeune enfant*, e publicações do Observatório Musical francês (OMS).
[62] Pode-se consultar o anuário de estatística da Unesco.
[63] P. Clerc, *Démographie scolaire*.

- "fornecer o estado da *população de alunos*: seu efetivo e sua repartição segundo certas variáveis: idade, nível escolar, tipo de estabelecimento, sexo, circunscrição administrativa, categoria profissional, etc. Essa descrição estatística, repetida em intervalos regulares, mostra a evolução no tempo;
- "mas a população escolar é uma subpopulação de uma população maior: sempre existem, às vezes em pequena proporção, efetivos não escolarizados na idade em que outros o são. A demografia fornece uma *medida desses comportamentos de escolarização* (frequência escolar desigual num momento dado e variável no tempo);
- "em si, isolada do seu ambiente demográfico, a população escolar é submetida a *movimentos internos* (repetência, evasão, orientações, etc.) que a demografia pode ajudar a medir;
- "em seus efeitos, a escolarização aparece estudando-se o *nível cultural das gerações mais velhas*;
- "*as perspectivas de demografia escolar* se valem das análises feitas segundo os prismas precedentes e principalmente da constância de certos resultados e das tendências, para esboçar o que provavelmente será a população escolar alguns anos depois."

Não se pode compreender a evolução da educação-instituição e dos problemas que seu funcionamento coloca se os fenômenos demográficos são ignorados. Basta lembrar as consequências escolares da explosão demográfica francesa nos poucos anos que se seguiram à última guerra e as dificuldades de recrutamento de professores nas classes etárias correspondentes a um ponto baixo da curva demográfica. Vale dizer que os fenômenos demográficos influem sobre as situações de educação, pois determinam a relação entre a quantidade de alunos e a quantidade de educadores. Não se podem examinar as relações humanas no interior de uma situação de educação se se desprezarem os aspectos quantitativos dessa situação.

A economia da educação

Uma instituição, qualquer que seja, não pode funcionar se não lhe é atribuída uma verba. Foi nessa perspectiva que se desenvolveu inicialmente a economia da educação, a saber, o estudo dos orçamentos, dos custos da educação, das previsões a fazer nesse domínio. Mas seria restringir consideravelmente o campo de estudo dessa disciplina se a condenássemos a estudar os problemas tão só sob esse aspecto. O capítulo de síntese de J.-C. Eicher[64] abre outras perspectivas para as relações da educação com a economia geral de uma nação. Como esse autor observa, "deu-se faz alguns anos uma transformação da ideia que se tem do papel da escola em relação à vida econômica. A atitude do mundo econômico em relação à educação se transformou muito rapidamente a partir da Segunda Guerra Mundial... A ideia segundo a qual o nível de formação determina em grande parte o nível de produtividade fez portanto seu caminho, tanto mais que parecia ser confirmada pelos resultados de estudos econômicos sobre os fatores de crescimento". A pesquisa dos custos, dos preços de custo, se inscreve portanto num contexto econômico muito mais geral e permite, assim, considerar a escola como um dos fatores que atuam sobre a evolução econômica da sociedade.

Superando o âmbito estritamente econômico, mas apoiando-se fortemente nele, outros trabalhos, como os de J. Hallak[65], abordam curiosamente problemas de justiça social. Conclui assim sua obra: "Para sair do impasse, a economia da educação deve deixar de ser exclusivamente econômica e teórica – isto é,

---

[64] J.-C. Eicher e L. L. Garboua, *Économique de l'éducation*.
[65] J. Hallak, *À qui profite l'École?*

dependente de uma ideologia determinada – e se integrar a outros métodos de abordagem. A análise econômica da desigualdade pelos índices de rendimento foi completada pela dos especialistas em técnicas de desempenho pedagógico e pela análise das relações sociais na escola, na família e na empresa. A interpretação da demanda social pelo fator econômico não será satisfatória, se não for completada pelo estudo dos fatores sociológicos, geográficos e institucionais, de tal sorte que se analise em termos de poderes. Em último lugar, todas as propostas de soluções só têm sentido como experiências sociopolíticas, quaisquer que sejam as opções ideológicas subjacentes."

A administração escolar

A burocratização crescente dos sistemas de educação, por um lado, e a necessidade de assegurar às instituições educacionais seu rendimento máximo, por outro, deram lugar ao desenvolvimento de uma disciplina particular: a *administração escolar* (existe em certos países da América do Norte uma "licenciatura em administração escolar").

A administração escolar corresponde a um domínio de estudos particularmente extenso. Numa das suas fronteiras extremas, ela encontra a relação educacional direta, pelas condições de existência que dá a esta e, na outra, todos os problemas sociopolíticos da organização do sistema educacional. Ela pode se dirigir a domínios bem limitados (a escola como sistema relativamente fechado no âmbito do sistema educacional) ou a vastos domínios que permitem ressaltar certas leis gerais (estudo comparativo dos modos de administração escolar no mundo). Na medida em que, por um lado, os administrados são bastante particulares e em que, por outro, "o colégio se diferencia de uma empresa pelo fato de não ser orientado para o lucro ou para a produção, mas para o desenvolvimento intelectual e afetivo do aluno"[66], é evidente que, ao mesmo tempo que se refere a teorias administrativas gerais, a administração escolar tem suas características próprias e não pode ignorar ou não pode deixar de levar em conta as situações de educação, os métodos e as técnicas pedagógicas. Como G. Arguin mostrou, os modos de abordagem são bastante diversos: eles podem ser jurídico, "clássico" (Taylor e seus discípulos), psicológico, sociológico, psicossociológico.

Em relação com o decididor (fig. 6)

Além das disciplinas gerais (parágrafo acima), o "decididor" deve ser capaz de tirar partido de duas séries de ciências da educação:

– as que constituem uma espécie de informação (e de cultura) geral sobre o conjunto do sistema educacional: filosofia da edu-

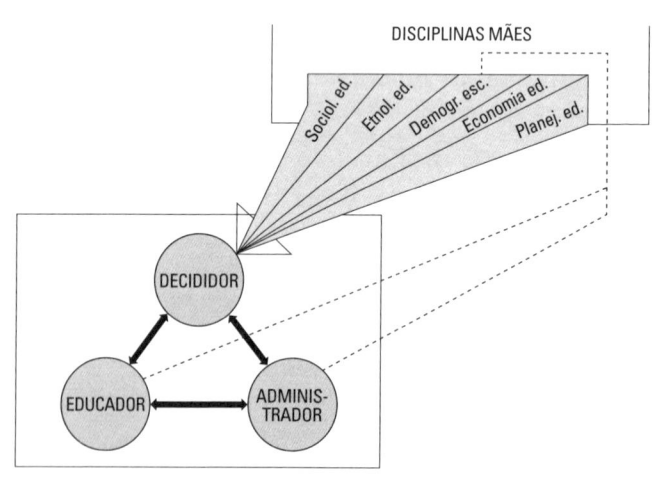

Fig. 6

---

[66] G. Arguin, *Une théorie de l'organisation scolaire (les nouveaux collèges québécois)*.

cação, história da educação, sociologia da educação, demografia escolar, etnologia da educação;
– as que fornecem informações precisas sobre o funcionamento presente e futuro da instituição: demografia escolar, economia e planejamento da educação.

Pode-se falar de unidade das ciências da educação? Unidade ou diversidade? As ciências da educação existem?

Assistimos, durante a curta evolução das ciências da educação, a um duplo fenômeno cujas consequências se manifestam ainda hoje.

Em muitas esferas ministeriais e universitárias, não é necessário ser especialista para ensinar as ciências da educação. Basta aplicar os conhecimentos adquiridos em sua especialidade e aplicá-los ao domínio da educação. Donde uma invasão das ciências da educação por não especialistas dessas disciplinas, invasão ligada ao fato de que, com a criação das ciências da educação no nível universitário, novos cargos foram criados. Donde uma necessária e difícil reação dos especialistas em ciências da educação que assistem, impotentes, a ensinos que, às vezes, não carecem de interesse, mas que não têm nada a ver com as ciências da educação. Donde um efeito secundário: o questionamento do interesse e da "seriedade" das pesquisas em ciências da educação.

Inversamente, especialistas de certas disciplinas científicas chegam a questionar a unidade e a própria existência das ciências da educação. Desde o início, as ciências da educação se viram confrontadas com esse problema epistemológico: as ciências da educação existem? Ou não passam de apêndices das outras disciplinas científicas? Os próprios nomes delas nos convidam a dar uma certa resposta: psicologia *da* educação, sociologia *da* educação, história *da* educação, filosofia *da* educação... As ciências da educação não são constituídas apenas pela utilização de determinada disciplina aplicada ao domínio da educação. Trata-se de outra posição epistemológica: elas partem das realidades educacionais, fazem sua análise a partir de pontos de vista diferentes e complementares; adotam uma atitude "multirreferencial" (o que não as impede de utilizar, de passagem, os métodos e técnicas de determinada disciplina científica). Logo, não se deve confundir o fato de utilizarem determinado método ou técnica com o fato de as ciências da educação pertencerem necessariamente à disciplina a que se refere o método ou a técnica utilizada. Se a psicologia da educação se reduzisse unicamente à aplicação dos resultados da psicologia à educação, ignoraria as novas situações criadas, por exemplo, pelo audiovisual (percepção do espaço e do tempo num filme), pelos problemas levantados atualmente pela informática e todos os seus derivados. Para nós, a situação é clara: as ciências da educação são constituídas pelo conjunto das disciplinas que observam, estudam, analisam cientificamente, em perspectivas diferentes mas complementares e coordenadas, as situações educacionais, suas condições de existência, sua estrutura e seu funcionamento, sua evolução, utilizando, entre outras coisas, os métodos e as técnicas atuais das ciências humanas. Afirmar sua unidade não é rejeitar os contatos e as colaborações indispensáveis que elas têm com as outras disciplinas do campo científico atual.

Capítulo 4

Fatos e situações de educação, "objetos" da pesquisa científica em ciências da educação

Toda ciência se caracteriza por seu domínio e pelo tipo de fenômenos que apreende, pelos gêneros de hipóteses que procura confirmar ou infirmar, pelos métodos que utiliza e pelo conjunto dos procedimentos intelectuais que aplica em suas análises, raciocínios, exploração dos resultados e explicitação das conclusões. As ciências da educação não são exceção à regra, mas surgem algumas dificuldades assim que nos interessamos por elas.

O próprio plural remete à diversidade de objetos estudados e à sua complexidade. O fenômeno "educação" não pode ser definido de forma simples e numa só perspectiva[1]. Os métodos de abordagem e de análise variam de acordo com o ponto de vista em que se coloca quem os utiliza. Os métodos da *história da educação* têm pouca relação com os métodos da *fisiologia da educação*. Os modos de aplicação do teste não são os mesmos, conforme as disciplinas. Uma reflexão do tipo epistemológico se impõe. Não podemos mais nos contentar com analisar os "fatos" que são objeto da análise científica sem situá-los no âmbito de um procedimento científico mais geral.

No nível 1 de leitura, a definição das ciências da educação, "conjunto de disciplinas científicas que, em perspectivas diferen-

---
[1] Ver, em particular, G. Mialaret, *Les sciences de l'éducation*.

tes mas complementares e coordenadas, analisam, estudam, procuram explicar os fatos e as situações de educação", pode parecer clara. Mal aprofundamos essa definição, tropeçamos em várias dificuldades. O estudo dos fatos e das situações de educação, objeto das nossas preocupações científicas – e que pretendem fundar a unidade das ciências da educação –, não é tão simples como parece à primeira vista.

Lembremos brevemente primeiro, e de uma maneira bem geral, que apesar da sua simplicidade aparente "o fato científico", em geral, resulta de uma construção psicológica que depende de um grande número de fatores psicológicos, históricos, sociológicos, epistemológicos. Em 1930[2], depois mais explicitamente em seu livro sobre *As origens do caráter na criança*, H. Wallon nos prevenia contra as simplificações excessivas:

> "Pode-se constatar com frequência nesta obra a tendência a não estudar os fatos em série fechada, e sim a encará-los em vários conjuntos diferentes dos quais podem participar... os do comportamento histórico da espécie humana, do comportamento animal, das gêneses e regressões funcionais, dos ciclos psicofisiológicos etc.
>
> [...] a coleta dos fatos não pode ser puramente mecânica, ela sempre tem um significado mais ou menos explícito. Não há fato em si, um fato é sempre mais ou menos moldado por quem o constata. Mas ele pode assim corresponder muito mais a estereótipos, a rotinas, do que à individualização clarividente das características fornecidas pela experiência. Assim, coleções infinitas de fatos podem não valer um fato único mas significativo. Na realidade, um fato só tem interesse na medida em que é determinado, e não o pode ser senão por suas relações com algo que vai além dele, isto é, com um conjunto ao qual ele possa ser incorporado de alguma maneira. Mas ele próprio é um conjunto com sua fisionomia, sua defi-

---

[2] H. Wallon, *Principes de psychologie appliquée*.

nição, e que se vincula, pelos traços que o compõem, a outros conjuntos mais elementares. Daí resulta não apenas que confrontar um fato com todos os sistemas a que ele pode ser relacionado é tratá-lo em conformidade com a sua natureza, mas também que o melhor observador é aquele que saberá utilizar o maior número de sistemas, sucessivamente, para individualizá-lo e explicá-lo."

É evidente portanto que os "fatos" que seremos levados a observar não nos são "dados" imediatamente. Pelo menos três procedimentos fundamentais do pesquisador devem ser assinalados:

a) A delimitação do objeto das nossas pesquisas depende, inclusive no primeiro tempo do trabalho, das nossas teorias explícitas ou implícitas. Nossa visão do real depende, na verdade, de toda a nossa personalidade (como os testes projetivos mostram);
b) A reconstrução do fato e suas referências aos outros sistemas de determinação não são feitos de uma forma "mecanicista". Aqui também entram em jogo sistemas de valores mais ou menos inconscientes, conforme a perspicácia e o nível de maturidade do pesquisador. E isso é de grande importância no domínio que estudamos, domínio que é constante e essencialmente atravessado por um ou vários sistemas de finalidades;
c) Referindo-nos agora a G. Bachelard, devemos aceitar que, diante da complexidade dos objetos a observar, é preciso, pelo menos num primeiro tempo, simplificar considerando apenas alguns sistemas de referência (ver H. Wallon, acima). Essas primeiras abordagens possibilitam pôr em evidência as insuficiências da abordagem e, assim, abordar mais uma vez o fato em outro nível, aproveitando os erros ou as insuficiências da abordagem precedente. A reconstrução progressiva se fará portanto de acordo com um processo dialético de análise crítica dos

resultados da etapa precedente, às vezes por tentativas, às vezes por salto qualitativo resultante da análise crítica das etapas precedentes, outras vezes por uma mudança de ponto de vista. A construção do objeto pela pesquisa é portanto o conjunto das primeiras etapas que possibilitam, posteriormente, uma pesquisa pertinente mais aprofundada sobre esse objeto, sabendo que a definição do objeto é, epistemologicamente falando, sempre provisória e sujeita a ser questionada. Estamos longe, portanto, da pureza científica das outras ciências (físicas ou naturais, matemáticas) que podem trabalhar com objetos estáveis, pelo menos num tempo dado e num espaço delimitado.

Por outro lado, já recordamos a polissemia do termo "educação". Não voltaremos a ela: instituição, ação, conteúdo, produto. Numa outra perspectiva assinalamos a complexidade do determinismo e a necessidade de uma abordagem multirreferencial. A classificação das ciências da educação que propomos se apoiava em três funções fundamentais: a tomada de decisão, a gestão e a administração dos processos educacionais, a própria ação educativa. E poderíamos, situando-nos nessa perspectiva, encontrar as grandes categorias de pesquisa: ciências da decisão, ciências da organização, ciências da ação, todas elas ciências aplicadas aos fatos e situações de educação. Tudo isso torna difícil a definição precisa do objeto da pesquisa.

Uma classificação possível dos fatos de educação. – Parece-nos ser possível agrupar os fatos de educação em quatro itens:
– os fatos extraídos dos documentos do passado, fatos que são definitivamente não modificáveis;
– os fatos extraídos dos documentos do presente e da realidade, para os quais ainda podemos obter a interpretação dos diferen-

tes atores (ministros, professores, administradores, pais de alunos, cidadãos, políticos). Falaremos de fatos "relativamente" estáveis;
– os fatos e as situações dinâmicas que se desenrolam diante dos nossos olhos e que, em geral, nunca são perfeitamente reprodutíveis: as situações de educação;
– as situações e os fatos que decorrem da criação de uma situação experimental.

Fatos construídos a partir dos documentos do passado

De certo modo, esses fatos são "congelados", não se pode mais alcançá-los diretamente e eles são essencialmente não modificáveis. Só os conhecemos a partir dos textos, das obras artísticas (pinturas, esculturas) encontradas ou conservadas[3]. Isso é trabalho dos historiadores que, por meio das técnicas da "crítica externa" e da "crítica interna", estabelecem os fatos e procuram sua significação[4].

A educação é um fenômeno que sempre existiu em todas as comunidades e que se perpetuou, transformando-se entretanto sob diversas influências. Vale dizer que o passado permanece mais ou menos presente sob o atual e que o atual nada mais é que a ponta do *iceberg*, a parte viva e dinâmica do fenômeno que se realiza diante dos nossos olhos. É essa situação, de um passado sempre subjacente e de um presente em constante evolução, que constitui uma coexistência de fatos e de situações, de estatutos diferentes, que torna difícil a análise, o estudo e a explicitação científicos dos fatos e das situações de educação. É esse o motivo pelo qual propomos as distinções precedentes para ten-

---
[3] Ver I. Meyerson, *Les fonctions psychologiques et les oeuvres*.
[4] Ver G. Mialaret, *Les méthodes de recherche en sciences de l'éducation*.

tar tornar mais claras nossas análises científicas. A educação é um fenômeno atual, presente, variável no tempo e no espaço. Não se pode separá-la brutalmente do seu passado (cujas influências há que se analisar), mas também é possível, como veremos, estudá-lo *in vivo*.

A educação pertence à classe dos fenômenos sociais, dos fenômenos humanos. Sua abordagem científica é inconcebível sem se referir a um vasto sistema de reflexão sobre as finalidades e as opções de valores que a Educação é levada a fazer para dar sentido à sua ação no terreno. É esse trabalho de reflexão que constitui a *filosofia da educação*: reflexão que também deve entrar em jogo quando da interpretação dos fatos históricos estabelecidos. Essas duas grandes modalidades de pesquisa (histórica e filosófica) também se aplicam ao estudo dos fatos e situações do passado.

Os fatos relativamente estáveis

Entendemos por isso tudo o que, na educação atual, apresenta uma estabilidade, pelo menos por um período relativamente longo: disposições legislativas escolares, estrutura do ensino, modo de recrutamento dos professores, normas de construções escolares, programas, métodos oficialmente preconizados, a organização da formação dos professores e da formação contínua, orçamentos, fluxos escolares... Os métodos de estudo e de pesquisa são os da análise dos documentos da observação objetiva da realidade educacional, da entrevista. Mas, ao contrário do que acontece no caso de estudo dos dados "congelados" (ver acima), o pesquisador pode encontrar os responsáveis pelas decisões, modificações ou reformas. Ele pode entrar em contato com os "atores" que devem aplicar as decisões tomadas. Ele pode analisar as razões conscientes ou inconscientes, confessáveis ou inconfessáveis, explícitas ou implícitas dessas decisões, levando em conta as forças pedagógicas, sociais, políticas, econômicas que levaram a elas. Pode-se notar também que, em certos casos, a análise crítica da situação atual da educação pode ter efeitos sobre a modificação dessa mesma situação. Coloca-se assim, de forma indireta, a responsabilidade social do pesquisador em ciências da educação.

Os fenômenos dinâmicos. As situações de educação

Uma situação de educação se cria a cada encontro de um sujeito com outro sujeito, de um sujeito com um grupo, de um grupo com outro grupo, contanto que estejam presentes, num ou noutro, ou em ambos, os elementos em presença, o desejo de enriquecimento recíproco e o desejo de ação de um sobre o outro. Essas situações podem ser fortuitas ou institucionalizadas (sistema escolar, grupos paraescolares, grupos provisórios que têm em vista uma ação determinada, religiosos...).

Os fatos de educação se desenrolam no seio do que chamaremos de uma situação de educação. Esta não tem obrigatoriamente a estrutura institucional habitual (exemplo: ajudar uma criança a atravessar uma rua explicando o porquê do caminho seguido). Em geral, é por meio das situações de educação consideradas em seu conjunto que podemos estudar os fatos de educação. O estudo das principais características das situações de educação se torna indispensável, portanto.

Características das situações de educação

As condições de existência das situações de educação

Muitas vezes, o pesquisador só se interessa pelo que ocorre na situação de educação esquecendo-se das "condições de existência" dessa situação que determinam seus componentes. No entanto, trata-se de uma característica essencial do conhecimento científico dos fatos humanos: só se pode compreendê-los e explicá-los situando-os em relação às suas "condições de existência". As condições de existência a considerar são numerosas e pertencem a diferentes domínios. Primeiro, há as condições materiais, físicas, de certo modo: dimensões do local, sua instalação, sua insonorização, sua ventilação... Não se dá a mesma aula, não se organizam as mesmas atividades num pequeno local e num grande, num local bem insonorizado ou, ao contrário, num local já ocupado por um número considerável de decibéis. Em relação a esse espaço, o quociente superfície/número de ocupantes deve ser considerado, pois as condições de comunicação não são as mesmas quando se dá uma aula para 10 alunos num local grande ou quando se dá a mesma aula para 25 alunos num local pequeno. A hora em que se desenrola a situação de educação também deve ser levada em conta pelo pesquisador: o mesmo curso dado às 8 da manhã, às 11 da manhã, às 16 horas não encontra os alunos nas mesmas condições fisiológicas: fome, sono, cansaço... O efetivo do grupo é um elemento importante da análise. Todas essas informações, todos esses elementos devem ser levados em conta no momento da observação e da interpretação dos resultados da pesquisa. A interpretação das reações agressivas, tanto de parte do professor como de parte dos alunos, não é a mesma se a situação de educação se desenrolou às 9 ou às 17 horas.

Assim, poderíamos acrescentar que fatores externos e aleatórios entram em jogo no desenrolar de uma aula. Todo professor sensato sabe que, no sul da França, por exemplo, quando o vento sudeste ou o mistral sopram, os alunos, tanto pequenos quanto adolescentes, não reagem da mesma maneira que quando o tempo está calmo. Um acontecimento local (acidente, acontecimento especial, parada militar ou outro) tem repercussões sobre a atitude, a conduta dos professores e dos alunos. Uma interpretação dos resultados não pode deixar de levar em conta esses acontecimentos imprevistos.

O lugar da situação de educação

O lugar de existência de uma situação de educação também é único e constitui um dos elementos do seu determinismo. A mesma aula, o mesmo exercício feito num liceu ou num liceu técnico não tem exatamente as mesmas características. O próprio local, sua situação no estabelecimento, eventualmente no bairro, são elementos que caracterizam uma situação de educação. A análise de uma situação de educação se faz *hic et nunc*, claro, mas não pode deixar de levar em conta as condições históricas e espaciais que constituem o marco geral dessa unicidade no tempo e no espaço, por um lado, do seu lugar na série histórica e na estrutura geral do espaço, por outro.

Uma outra variável deve ser levada cada vez mais em conta: o nível sonoro do lugar em que se desenrola a situação. As reações psicológicas entre todos os parceiros não são as mesmas num lugar calmo e num lugar cujo nível sonoro seja demasiado elevado[5]. Marie-Thérèse Estrella utilizou, para as suas pesquisas sobre a indisciplina escolar, um sonômetro que lhe permitia medir, com grande precisão, o nível sonoro de cada uma das classes em que trabalhava. A correlação entre certas variáveis e o nível sonoro da classe costumava ser significativa.

---

[5] O leitor encontrará facilmente numa obra de fisiologia os inconvenientes, para um indivíduo, de viver num ambiente muito sonoro. O progresso atual da técnica de reprodução das obras musicais, que permite que um adolescente receba horas a fio sons que superam o nível razoável de decibéis, levam a verdadeiras catástrofes no que concerne à audição dos sujeitos. Não é de espantar que eles sejam obrigados a falar tão alto. Já é conhecida a situação da escola maternal situada na ponta da pista do aeroporto de Orly: as crianças ouvem a cada minuto um avião passar a uma altitude de uma centena de metros. Imaginem o que seria estudar numa sala de aula assim!

Estrutura assimétrica das situações de educação

As relações entre os dois elementos humanos lembradas acima são assimétricas e orientadas. São assimétricas porque os dois grupos não têm, em geral, o mesmo estatuto social e as mesmas funções, o mesmo cabedal de conhecimentos e de cultura: o grupo ensinador existe para exercer uma ação sobre o grupo ensinando de acordo com vetores determinados pelas finalidades e objetivos da situação de educação. As reações das duas séries de parceiros, ainda que se manifestem exteriormente da mesma forma, não têm a mesma significação, pois são produzidas por sujeitos que não falam do mesmo lugar simbólico.

Dinâmica de uma situação de educação

Uma situação de educação, por essência, se desenrola no tempo. Não podemos nos contentar com um estudo que só se faria com base em clichês instantâneos. A dinâmica do processo educacional é uma das variáveis a levar em conta para compreender o que acontece no seio de uma situação de educação e quais são seus efeitos. É também uma das dificuldades fundamentais do estudo científico das situações de educação. Se, como vamos mostrar, toda situação de educação se inscreve num processo histórico (ela foi precedida por… e será seguida de…), ela mesma se desenrola no tempo, e nem todas as suas etapas constituem um todo homogêneo. Faz tempo se pede aos professores que reservem um período preliminar, um período de atividade mais intensa, um período de volta à calma: resumo, verificações, aplicações, por exemplo. Um estudo global científico de uma situação de educação não pode evitar o fatiamento em função dos momentos pedagógicos.

Unicidade no tempo e no espaço. A não reprodutibilidade das situações de educação

Como todos os fatos e situações humanas (históricas, sociais...), as situações de educação, consideradas pelo ângulo da sua existência real, são únicas, isto é, não se reproduzem identicamente nem no espaço nem no tempo. Uma vez realizada, todos os atores mudam pelo fato de que viveram a situação, e uma tentativa de repetição, de reprodução não pode encontrar todos os parceiros, nem às vezes as próprias condições de existência, na mesma situação. Donde uma impossibilidade essencial de reprodução. E, acompanhando Aristóteles, afirma-se que, como *só há ciência do geral*, é impossível fazer um estudo científico dos fatos e situações de educação. Assim, são condenadas todas as pesquisas científicas sobre as ciências humanas, pois elas não entram no marco de uma certa concepção da ciência, que é a de Aristóteles e dos cientistas da matéria inerte. Em outras palavras, isso é aceitar como sujeito de pesquisa científica unicamente os fenômenos que correspondem a situações nas quais "as mesmas causas produzem os mesmos efeitos" (ver capítulo seguinte), toda causa produz um só efeito, causa e efeito são separados e não são a mesma natureza... Voltaremos a essa discussão[6].

A não reprodutibilidade das situações de educação coloca um problema particular para o pesquisador. – Será necessário lembrar a afirmação de Heráclito de que "uma pessoa nunca se banha no mesmo rio"? Estamos aqui em presença de um problema análogo ao da observação psicológica ou psicossocial ou micro-histórica. Os fatos se produzem e não podem voltar a se produzir continuando idênticos a si mesmos: as condições não são mais exatamente as mesmas, todos os sujeitos da situação "envelheceram" e

---

[6] Ver G. Mialaret, artigos em *Année de la recherche en sciences de l'éducation*, 1994, 1996, em particular.

fizeram aquisições entre as duas repetições, numa palavra, viveram. Donde os problemas particulares que a observação e a análise das situações de educação levantam.
– A unicidade da situação *hic et nunc* impõe técnicas particulares de observação e de análise, já que não podemos voltar atrás. Antigamente, não tínhamos a possibilidade de apelar para vários observadores e confrontar as observações. Sabe-se dos resultados de todas as experiências que pretenderam comparar as observações feitas por vários operadores numa mesma situação[7]. A técnica atual de registro permite contornar, em parte, esse obstáculo, mas isso não se dá sem levantar novos problemas.
– Qualquer que seja a objetividade aparente de um aparelho de registro, ele decupa, seja por si mesmo, seja por indicação do operador, um campo de observação que não é necessariamente o mais pertinente. Para remediar esse inconveniente utilizam-se várias câmaras e procede-se em seguida a uma montagem das gravações. Já mostramos os perigos e as dificuldades dessas montagens[8].
– Um aparelho, por definição, decupa no conjunto dos estímulos sensoriais um ou dois *corpus* apenas (visão e audição, por exemplo); ainda não se registra o calor, nem os cheiros ou as tensões afetivas, por exemplo. Sob sua aparência de objetividade – que é real em certa medida –, o aparelho de registro fornece uma imagem deformada da realidade, seja pela ausência de dados sensoriais, seja pela limitação de seus pontos de vista de tomada de informação. Aliás, isso também é válido para os sentidos humanos:

---
[7] Ver, em particular, os trabalhos de Chauffard.
[8] Ver G. Mialaret, *Psychopédagogie des moyens audiovisuels dans l'enseignement du premier degré*.

"Se, por exemplo, a retina registrasse os raios infravermelhos de comprimento de onda longa, a natureza se apresentaria a nós com um outro aspecto. Por causa das mudanças de temperatura, a cor da água, das pedras e das árvores variaria com as estações. Os dias claros de verão, quando os menores detalhes da paisagem se destacam sobre sombras duras, seriam escurecidos por uma névoa avermelhada, e os raios caloríficos, visíveis agora, ocultariam todos os objetos. No frio do inverno, a atmosfera clarearia e os contornos das coisas se tornariam precisos. E o aspecto dos homens estaria bastante mudado. Seu perfil seria indeciso. Uma nuvem vermelha, escapando do nariz e da boca, mascararia o rosto deles. Após um exercício violento, o volume do corpo aumentaria, porque o calor desprendido por ele o envolveria com uma aura mais larga. O mundo exterior também se modificaria, embora de outra maneira, se a retina se tornasse sensível aos raios ultravioleta, a pele aos raios luminosos ou se a sensibilidade de cada um dos nossos órgãos sensoriais aumentasse de forma marcante."[9]

A reprodução e a repetição infinita da imagem da situação são uma vantagem indiscutível dos registros. Os psicólogos (Gessel, um dos primeiros, O. Decroly) utilizaram essa técnica para analisar a evolução motora da criança pequena. Pesquisadores em ciências da educação (M. Altet em particular) praticaram vantajosamente essa técnica. Sem eliminar todos os inconvenientes possíveis assinalados acima, a reprodução possibilita uma análise mais fina e mais objetiva das observações.

– A observação pode ser precisada e, em caso de dúvida, pode-se rever a situação. Criamos, no laboratório de psicopedagogia da Universidade de Caen, um método de análise que utiliza os serviços de um computador, o qual, de fato, graças a um sistema

---

[9] A. Carrel, *L'homme, cet inconnu*.

rápido de busca, permite fazer a análise estatística dos fenômenos observados, e medir sua frequência e duração[10].

– essa possibilidade de ver e rever uma situação de educação possibilita, além disso, que numerosos observadores, seja individualmente, seja em grupos, aumentem o coeficiente de concordância entre as observações e por conseguinte obtenham maior objetividade. A discussão é possível (basta parar o aparelho e, se for o caso, voltar atrás para verificação). Pode-se até, como fizeram vários pesquisadores, pedir que o professor e/ou os alunos cuja classe havia sido registrada visualmente venham ver a gravação; pode-se então perguntar quais as suas reações e analisar como reagem a essa visão do seu trabalho e pedir uma justificativa para esta ou aquela conduta. Encontramos aqui o problema fundamental da busca do senso de observação. Mas isso não se dá sem levantar novos problemas. Nós nos demos conta, no decorrer das experiências feitas com um estudante que preparava uma tese sobre a formação dos professores, que a observação de uma classe podia dar lugar ao registro de situações que passaram totalmente despercebidas ao professor[11]. Quer dizer, o professor reage ao que percebe da situação, mas não à situação real da classe[12]. Nesse caso, é preciso distinguir com cuidado o que se pode observar como observador que tem um certo recuo em relação à situação e o que seria a observação se o observador fosse o próprio professor na situação[13]. Os pontos de vista são diferentes; deles podem resultar interpretações diferentes.

---

[10] Ver os trabalhos de M. Altet.
[11] Tivemos o exemplo gravado de duas moças que, durante a aula de história, jogaram baralho sem que o professor percebesse. Que surpresa teve ele ao ver a projeção desse registro!
[12] Num outro caso, uma professora concentrada no que fazia com um grupo não viu um aluno que, várias vezes, chegou perto dela para lhe perguntar alguma coisa.
[13] Ver, a esse respeito, os três principais tipos de situações de observação, como os descrevemos em *La pédagogie expérimentale*.

– aparece então um problema: o do respeito às regras da deontologia. É fácil encontrar uma solução aceita por todos os parceiros. Um registro nunca deve ser feito sem a concordância do professor, sempre, e dos alunos, às vezes. E isso coloca um novo tipo de problema: a presença de estranhos à situação habitual que é o encontro entre o professor e seus alunos. O que observamos ou registramos nunca é exatamente a situação tal como teria se desenrolado na nossa ausência. Essa observação não se aplica apenas às diversas situações humanas: é também o caso do químico que estuda um corpo que nunca é perfeitamente puro ou que está submetido às leis da atração terrestre (é essa a razão de certas experiências serem feitas no espaço, como hoje sabemos); o astrônomo não pode limpar o céu para observar com perfeição as estrelas; a pressão de um doente, tirada pelo médico em seu consultório, não é exatamente a mesma que ele teria medido na casa desse mesmo doente. Poderíamos dar um número enorme de exemplos que ilustram essa velha constatação, a saber, que a REALIDADE (na hipótese de que ela exista) não é essencialmente idêntica à que percebemos. A nossa é a que reconstruímos a partir do nosso passado, da nossa personalidade, dos nossos sentidos, das nossas observações, das nossas medidas. Com outros tipos de sentido, outros tipos de instrumento, teríamos uma outra imagem da realidade (exemplo das imagens do microscópio eletrônico, que nos dão uma visão da realidade diferente da do microscópio corrente).

Alguns aspectos da dinâmica das trocas: as motivações

Indicamos, acima, que só havia "situação de educação" se um dos dois grupos (pelo menos) de parceiros tivesse vontade de agir sobre o outro. É aqui que encontramos o problema geral da mo-

tivação, que é um dos aspectos importantes da relação professor/alunos. Toda situação de educação se apresenta portanto, na maior parte dos casos, sob as modalidades de uma situação dinâmica orientada. E a finalidade imediata da situação de educação é a de satisfazer, qualquer que sejam os níveis de motivação dos diferentes parceiros, esse desejo de ação sobre o outro. Uma análise concreta de numerosos casos de situações permite construir, esquematicamente, um quadro de duas dimensões, no qual são indicados os níveis de motivação do professor, num eixo, e dos alunos, no outro eixo. Para simplificar (e esquematizar), podemos considerar, por exemplo, estes três níveis de motivação para uma primeira (e grosseira) comparação das situações:
– sem motivação, trabalho imposto;
– motivação média;
– fortíssima motivação.

O cruzamento dessas duas séries de variáveis dá um quadro de 9 casas, cujas 4 casas extremas são:
a) motivação fraquíssima, tanto do professor como dos alunos (a situação mais desfavorável), situação 1;
b) motivação fortíssima, tanto do professor como dos alunos (a situação mais favorável), situação 2;
c) duas situações conflituais mas de essências diferentes: forte motivação do professor e fraquíssima motivação dos alunos (o que não é um caso muito comum), situação 4;

Alunos	Professor		
	Sem motivação	Motivação média	Motivação forte
Sem motivação	Situação 1		Situação 4
Motivação média			
Motivação forte	Situação 3		Situação 2

d) motivação fortíssima dos alunos e fraquíssima motivação do professor, o que leva muitas vezes a reações dos alunos como bagunça, greve... situação 3.

Tudo isso supõe, evidentemente, que se disponha de instrumentos de avaliação do nível de motivação[14].

As condições psicológicas de existência de uma situação de educação já atestam uma enorme complexidade, pois os níveis de motivação só se reduzem a três por uma simplificação excessiva a alguns graus (o que fizemos acima): a motivação de uns e outros deve ser encontrada num eixo de valores contínuos que vão da extrema negatividade (a imposição) até a positividade mais forte. A determinação quantitativa da motivação não é nem uma questão simples, nem fácil de resolver. Mas como interpretar corretamente um gesto, um fato, uma situação, se não podemos nos referir a um sistema de valores ligado à situação, no caso a motivação de uns e outros? As comparações entre as diferentes situações que não levam em conta esse fator são necessariamente esquemáticas e só podem ser feitas por uma classificação "grosseira" desse fator. É, devemos recordar, o destino de toda ciência: aproximar-se progressivamente e de maneira cada vez mais precisa de seu objeto, desprezando no início ou só considerando grosseiramente alguns fatores que podem, no entanto, ter enorme influência no conjunto do fenômeno, como diz G. Bachelard[15]:

> "Uma ferramenta especial, por mais elementar que seja, já retifica uma utensilidade demasiado vaga, uma utensilidade demasiado próxima de uma necessidade primitiva que é facilmente denunciada pelo existencialismo. Claro, podemos utilizar qualquer corpo sólido

---

[14] Os testes que possibilitam avaliar o nível de motivação podem ser encontrados nos manuais e revistas de psicologia.
[15] G. Bachelard, *L'activité rationaliste dans la physique contemporaine*.

para realizar uma ação de alavanca e para dar sem maiores consequências uma satisfação à vontade de poder. Mas essa ação de alavanca é mais bem realizada, e a compreendemos logo, se pegarmos uma barra de ferro. Especializou-se uma ferramenta. Se a ferramenta vier a faltar, se arranjará mais inteligentemente um substituto."

A estrutura da situação de educação em função dos parceiros em presença

O esquema simbólico de uma situação de educação simplificada muitas vezes é dado, nas obras de pedagogia, seja por Sócrates e o escravo de Menon, seja pelo preceptor e seu aluno (Rousseau e Emílio).

– essas situações são, hoje em dia, relativamente raras (caso das aulas particulares, por exemplo); a situação mais comum é a de um professor e de um grupo de alunos ou de estudantes (fig. 2)
– o "grupo-turma" pode ser estruturado de pelo menos três formas diferentes: ele constitui um só grupo (fig. 2), é dividido em equipes que fazem o mesmo trabalho (fig. 3), é constituído por vários subgrupos que têm, cada qual, tarefas diferentes a executar (fig. 4).

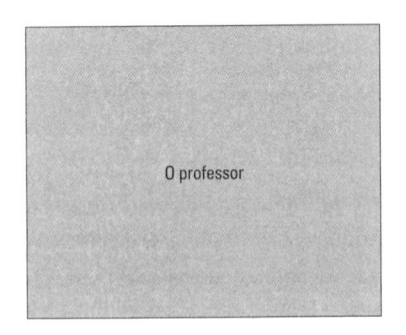

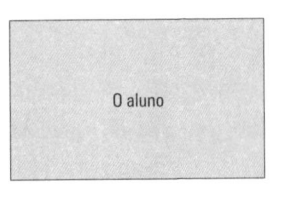

Fig. 1

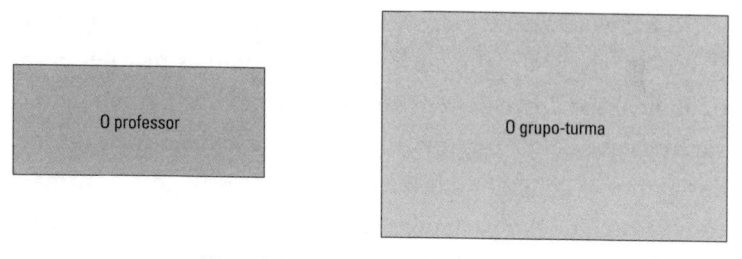

Fig. 2. Um só grupo: o grupo-turma

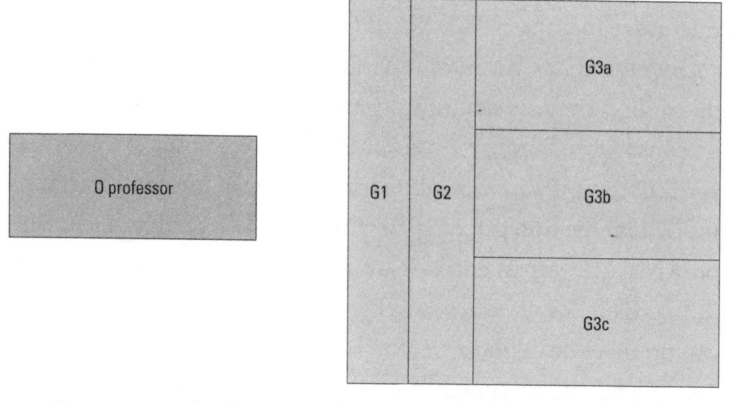

Fig. 3. Turma dividida em equipes com a mesma tarefa a executar

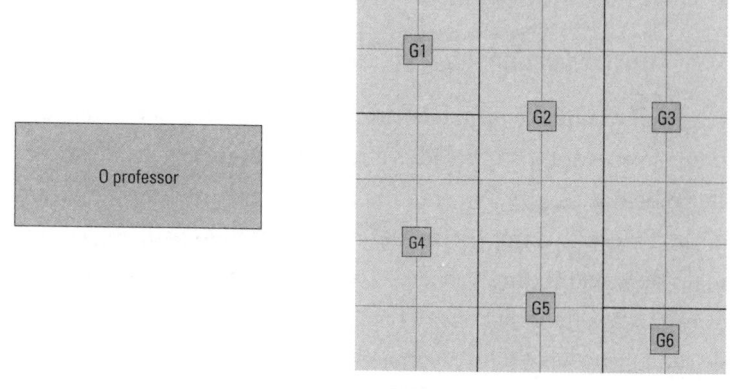

Fig. 4. O grupo-turma é dividido em subgrupos, cada qual com atividades diferentes a executar

É evidente que as relações psicológicas e psicopedagógicas (tanto as relações ensinador-ensinando, como as relações entre os alunos) são diferentes em cada situação. O vasto conjunto das variáveis que define o grupo-turma, a personalidade de cada um dos alunos, o conjunto das relações do professor com a turma e com cada aluno em particular, deve sempre ser particularmente analisado e explorado. A maior parte do tempo, só se levam em conta as variáveis relativamente fáceis de medir: porcentagem de meninos e meninas, idade dos alunos, quociente intelectual, meio sociocultural das famílias, itinerário escolar passado, nível atual de conhecimento, estrutura do meio familiar e lugar da criança na constelação familiar, nível aproximado de formação do professor... O computador nos auxilia, agora, a levar em conta variáveis individuais de tipo psicológico, por exemplo, as redes de relações positivas e negativas entre os alunos... O mesmo se dá com o estudo dos efeitos da educação e com a medida do progresso: variação do nível de conhecimento, progresso na aquisição dos saberes..., mas está-se apenas no início da análise das modificações mais profundas resultantes da ação educacional (modificações das estruturas psicológicas dos alunos, por exemplo).

O método pedagógico utilizado

Aqui também é difícil dar uma definição precisa e objetiva, e muitas vezes somos obrigados a nos contentar com uma classificação bem grosseira. No entanto, muitos pesquisadores tentaram dá-la. Parece-nos impossível definir um método pedagógico por meio de uma ou duas variáveis somente. Todos os estudos nesse domínio resultam na consideração de vários fatores, e a avaliação de cada um deles é feita de uma maneira mais ou menos objetiva. O estudo do método observado deve levar em conta vários pontos de vista: uma análise em função de tabelas de observação manipulada pelo pesquisador, a opinião dos próprios professores sobre o método que contam utilizar, a opinião dos alunos que são submetidos ao método do professor.

O ponto de vista dos pesquisadores. – Sem resultar numa quantificação precisa, propusemos uma análise da situação levando em conta vários fatores. Devemos confessar que esse trabalho não é muito rigoroso do ponto de vista científico:

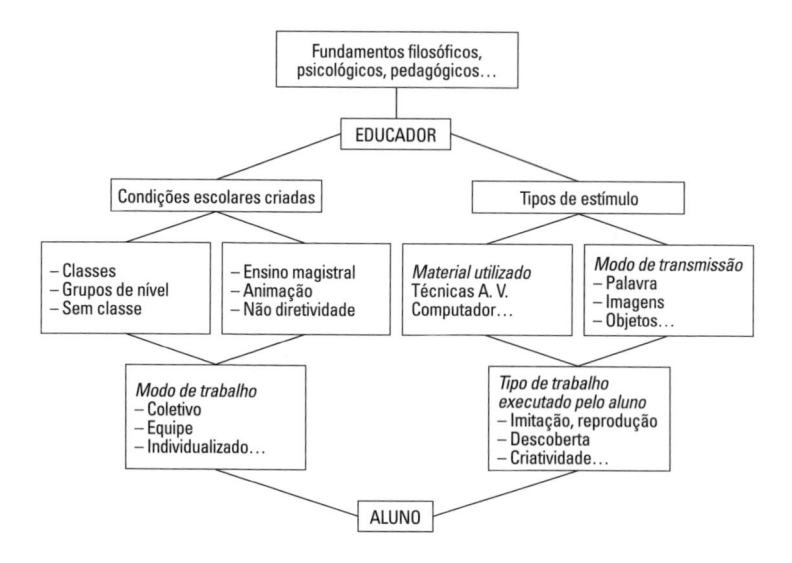

```
                    Fundamentos filosóficos,
                    psicológicos, pedagógicos...
                              |
                          EDUCADOR
                         /         \
        Condições escolares criadas   Tipos de estímulo
        /              \              /              \
  – Classes      – Ensino magistral   Material utilizado   Modo de transmissão
  – Grupos de nível – Animação        Técnicas A. V.       – Palavra
  – Sem classe   – Não diretividade   Computador...        – Imagens
                                                           – Objetos...

        Modo de trabalho              Tipo de trabalho
        – Coletivo                    executado pelo aluno
        – Equipe                      – Imitação, reprodução
        – Individualizado...          – Descoberta
                                      – Criatividade...
                              |
                           ALUNO
```

Seria necessário um *check-list* mais completo para levar em conta todos os aspectos de um método.

No início do século passado, M. Hugues, continuado por G. de Landsheere[16], propôs uma análise a partir das funções observadas nas classes:
– função de controle: 20 a 40%

---

[16] G. de Landsheere, *Comment les maîtres enseignent. Analyse des interactions verbales en classe.*

– imposições: 1 a 3%
– função de facilitação: 5 a 15%
– função de desenvolvimento do conteúdo: 20 a 40%
– funções de respostas pessoais: 8 a 20%
– função de afetividade positiva: 10 a 20%
– funções de afetividade negativa: 3 a 10%

A partir desses dados, G. de Landsheere pôde analisar algumas situações de educação, e os resultados dessa análise são traduzidos pela seguinte figura:

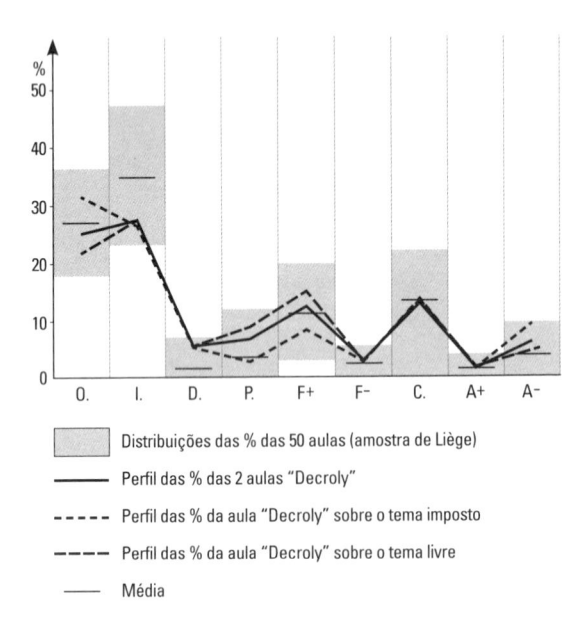

Distribuições das % das 50 aulas (amostra de Liège)
Perfil das % das 2 aulas "Decroly"
Perfil das % da aula "Decroly" sobre o tema imposto
Perfil das % da aula "Decroly" sobre o tema livre
Média

Sempre na mesma perspectiva, M. Postic[17] analisa as ações de educação mediante três funções: função de enquadramento, função de informação, função de despertar. O gráfico seguinte indica as sub-rubricas de cada uma das funções:

---
[17] M. Postic, *Observation et formation des enseignants.*

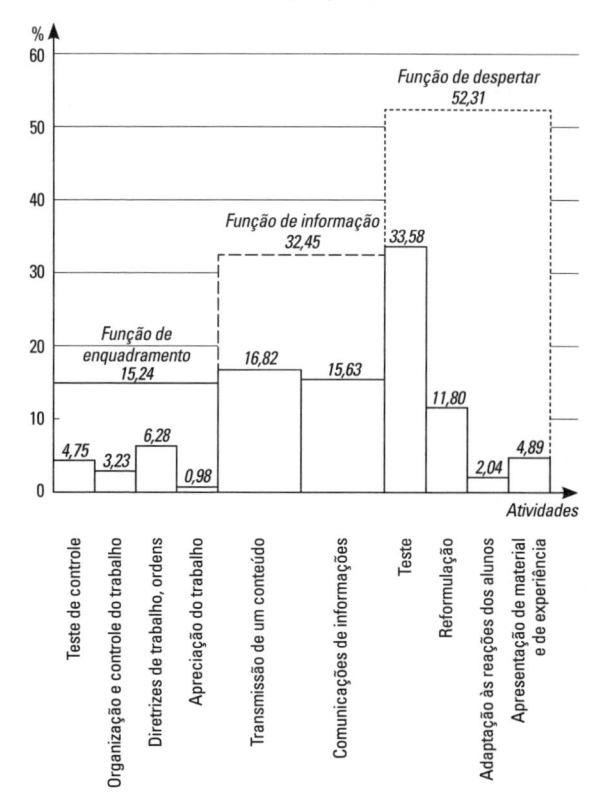

Distribuição dos atos pedagógicos.
Professores estagiários de CET

- Teste de controle: 4,75
- Organização e controle do trabalho: 3,23
- Diretrizes de trabalho, ordens: 6,28
- Apreciação do trabalho: 0,98
- Função de enquadramento: 15,24
- Transmissão de um conteúdo: 16,82
- Comunicações de informações: 15,63
- Função de informação: 32,45
- Teste: 33,58
- Reformulação: 11,80
- Adaptação às reações dos alunos: 2,04
- Apresentação de material e de experiência: 4,89
- Função de despertar: 52,31

J. Drevillon[18] fez um estudo sistemático das diferentes situações de educação e pôde estabelecer uma classificação relativamente objetiva. De fato, os critérios que escolheu para a classificação de cada fator que ele leva em consideração resultam de uma análise aprofundada da "nuvem" de informações recolhidas durante uma observação das situações de educação. Assim, ele distingue dois grandes eixos de classificação:

---

[18] J. Drevillon, *Pratiques éducatives et développement de la pensée opératoire*.

– o eixo dos métodos "não imposição/imposição", não imposição correspondendo a modalidades dos métodos ativos que deixa uma parte da iniciativa para o aluno;
– o coeficiente de flexibilidade dos métodos definidos pelo autor da seguinte forma: "Em cada protocolo, levam-se em consideração as cotações nas variáveis constitutivas do *cluster* da terceira ordem. Cada unidade de ensino é objeto de três séries de investigação: três protocolos podem portanto ser comparados. Pode-se considerar como unidade de variação uma mudança de nível das cotações."

J. Drevillon distingue então cinco tipos de ação pedagógica:
– a modalidade "ativa-flexível" (a);
– a modalidade "não impositiva – sistemática" (b);
– a modalidade "impositiva – rígida" (d);
– a modalidade "impositiva – flexível" (e);
– todos os casos intermediários não característicos são agrupados numa categoria "mista" (c).

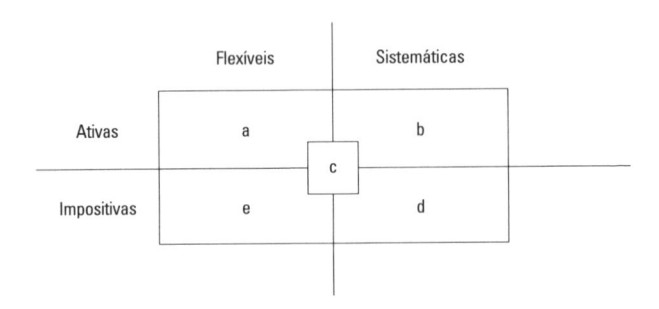

	Flexíveis	Sistemáticas
Ativas	a	b
	c	
Impositivas	e	d

Essa classificação – que pode parecer sumária – se baseia em critérios estabelecidos com certa objetividade, possibilita comparações entre as situações, comparações que abrem caminho para a generalização.

Numa perspectiva diferente, Flanders propõe uma outra maneira de traduzir o que acontece numa situação escolar: ele utiliza uma grade com dez itens de observação (ver página seguinte). A exploração dos resultados é original. A partir de um exemplo, explicamos seu princípio. "Uma vez na sala de aula, o observador anota a cada três segundos o comportamento dominante do professor ou dos adultos. O que, ao fim de uma hora de observação, faz que ele tenha registrado cerca de 1.200 anotações codificadas." Essas observações se apresentam na forma de uma série de números, como 10, 5, 8, 4, 8, 5, 2, 7, 9. Nesse momento, consideram-se os pares de números de tal modo que o primeiro termo de um par seja o último do par precedente (com exceção do primeiro, é claro). Teríamos portanto, no caso precedente, os pares (10, 5) (5, 8) (8, 4) (4, 8) (8, 5) (5, 2) (2, 7) (7, 9)...

	1	2	3	4	5	6	7	8	9	10
1										
2				×						
3										
4								×		
5								×		×
6										
7		×								
8				×	×					
9							×			
10					×					

Esses pares são traduzidos por uma matriz, sendo o primeiro número a abscissa, o segundo a ordenada do ponto figurativo.

O professor fala	Influência direta	1. Aceita a expressão de sentimentos do adulto; esclarece-os de maneira não ameaçadora, prediz, prevê ou lembra sentimentos; esses sentimentos podem se negativos ou positivos.
		2. Incentiva ou elogia a ação ou o comportamento do aluno, como a brincadeira que não magoa ninguém, os sinais com a cabeça ou os "hã-hã" aprovadores, "vai", "continua".
		3. Aceita, esclarece, desenvolve, constrói ou utiliza as ideias dos alunos.
		4. Faz perguntas aos adultos, com a intenção de que estes respondam de fato, seja acerca do conteúdo, seja dos procedimentos.
	Influência indireta	5. Ensina, dá sua aula, cita fatos, apresenta opiniões, exprime ideias (faz perguntas teóricas).
		6. Dirige, dá diretrizes, ordens, tendo em vista obter a obediência ou a execução de certos trabalhos pelos alunos, como: "feche a porta".
		7. Critica, censura o aluno, justifica sua autoridade; tende a tornar o comportamento do aluno mais aceitável para si: autojustificação, extrema referência do professor a si mesmo.
O aluno fala		8. O adulto responde aos dizeres ou às perguntas do professor. Os limites da resposta são traçados pelo professor.
		9. O aluno tem uma iniciativa, aborda uma ideia ou afirmação não introduzidas pelo professor.
Silêncio		10. Momentos de pausa, de silêncio, de confusão em que não há comunicação.

Interpretação da matriz

	1	2	3	4	5	6	7	8	9	10
1	▓									
2		▓								
3			▓							
4				▓						
5					▓					
6						▓				
7							▓			
8								▓		
9									▓	
10										▓
TOTAL										

▓ Estabilidade, compostura   ☐ Transição

Remetendo-nos ao quadro das categorias e à matriz precedente, compreendemos facilmente o significado das letras:
A: palavras do professor: 6
B: palavras dos alunos: 2
C: silêncios: 1
I: indiretividade: 4
D: diretividade: 2

E, por conseguinte, algumas interpretações são relativamente fáceis.

A relação I/D, ou seja, a relação entre a soma dos totais das colunas 1, 2, 3, 4 e a soma dos totais das coluna 5, 6, 7 fornece um índice I/D da indiretividade ou da diretividade do professor. Se estabelecêssemos uma relação semelhante com apenas os totais das colunas 1, 2, 3 e os totais das colunas 6, 7, obteríamos um índice de indiretividade e de diretividade mais refinado, porque despojado da influência da matéria ou do conteúdo do curso.

Marguerite Altet, retomando as listas de Postic e modificando-as ligeiramente, propõe o seguinte *check list*:

Modos pedagógicos de ação em classe

1. *Função didática: informação-nível: conteúdo*
A. P. Produz informação
B. P. Dá exemplos
   C. Dá explicações
   D. Faz perguntas (compreensão; tipo perguntas fechadas)
   E. Confere, aceita as respostas
   F. Reformula, reorganiza as respostas
   G. Utiliza as conquistas anteriores, combina as informações

2. *Função didática: organização-estruturação*
   Nível: situação de aprendizado
H. P. Estabelece um objetivo
   I. Define a tarefa
   J. Formula o problema
   K. Estrutura a situação de aprendizado
   L. Dá orientações
   M. Varia os modos de apresentação
   N. Organiza a classe
   « » Organiza o trabalho

3. *Função didática: estímulo-animação-ativação.*
   Nível: aprendendo
O. P. Solicita, incita
   P. Explicita, repete

* Explora as contribuições dos alunos
Q. Dá um tempo para a reflexão
R. Dá uma pista
S. Fornece uma ajuda
T. Acompanha, orienta
U. Reforça, estimula; U2. Propõe uma situação-problema

4. *Função didática: avaliação. Nível: tarefa*
W. P. Retroage, dá seu *feed-back*
X. P. Verifica a compreensão
Y. P. Confere, corrige
Z. P. Orienta novamente
$. P. Manda outro aluno corrigir
&. P. Manda cotejar
«. P. Avalia
L. P. Manda reinvestir

5. *Função didática: regulação. Nível: clima*
". P. Regula
A. P. Aceita os sentimentos dos alunos
~i. P. Brinca, ri; relaxamento
u. P. Reforça a aula
I. P. Faz uma pausa: silêncio (P = professor)

Foi graças a essa grade de análise que o autor pôde construir os gráficos da página 151 e conduzir rigorosamente suas experiências sobre a formação dos ensinadores.

O ponto de vista dos educadores. – A questão é aqui mais delicada porque se cai rapidamente numa sondagem de opiniões e se torna difícil distinguir os diferentes planos: realidade, desejo do educador, realidade percebida pelo próprio educador. Eis como se pode proceder para estabelecer o retrato geral dos métodos utilizados no ensino.

Conversas individuais, livres no começo, dirigidas em seguida, permitem, após uma análise de conteúdo, evidenciar os elementos principais do método, tal como ele é pensado pelos educadores. Questões indutoras, como:

– você recebe na sua classe um jovem estagiário e lhe apresenta em algumas palavras o método que utiliza na sua turma.

– a administração da sua escola lhe pede para fazer um pedido de material pedagógico, indicando:

- o material atualmente à sua disposição
- o material que você necessitaria em primeira e segunda urgência

Indique o que você vai pedir e justifique pedagogicamente seu pedido.

– dada uma aula (ou uma parte do programa correspondente a determinada turma), diga como você pensa fazer a apresentação no plano pedagógico (método, técnica, material, tipo de trabalho do aluno...).

Uma primeira e sumária avaliação das conversas se faz indo na turma do educador interrogado. Vem depois o período de preparação de um questionário que vai permitir aumentar as fontes de informações e proceder a uma sondagem mais geral e mais precisa. Propõe-se ao professor uma lista de atividades pedagógicas e pede-se que indique em três colunas: o que ele pensa fazer, o que ele pensa que os outros fazem, o que seria preciso fazer idealmente:

1. O trabalho "individual" consiste em que todos os alunos executem individualmente o *mesmo* trabalho ao *mesmo* tempo.

2. O trabalho "individualizado" consiste em que o trabalho é adaptado a cada indivíduo, preparado para ele porque pareceu

necessário fazer que ele o execute em certas condições precisas. Numa palavra, é escolher para cada um o trabalho particular que lhe convém e que é adequado a seu ritmo de atividade.

3. O trabalho "em equipe" é uma forma de atividade escolar que agrupa quatro ou cinco alunos trabalhando um mesmo tema.

4. O ensino magistral agrupa todos os alunos de uma classe que ouvem uma aula ou uma exposição com um mínimo de atividade pessoal (a não ser o esforço interior requerido).

5. O trabalho de grupo animado pelo professor consiste em discussões entre os alunos. O professor desempenha o papel de animador e faz a síntese.

	O que faço	O que fazem os outros	O que se deveria fazer idealmente
1. Trabalho individual			
2. Trabalho individualizado			
3. Trabalho em equipe			
4. Ensino magistral			
5. Trabalho de grupo			
6. Outros a especificar			
Total	100	100	100

Em todos os casos, esses questionários devem se adaptar a cada problema preciso, dado o estado atual das pesquisas. Pode ser que, em alguns anos, e é esse um dos nossos votos, graças a técnicas como as utilizadas pelos autores do MMPI, se possa estabelecer bem rapidamente, a partir de um questionário geral e de grades particulares, o perfil pedagógico do método utilizado pelo educador.

O ponto de vista dos alunos. – Não faltam artigos nesse domínio, mas raramente nos vemos em presença de uma série de informações a que se possa dar um valor científico válido. Nesse domínio, cumpre assinalar os trabalhos quebequenses sobre o teste PERPE (percepções de alunos da relação professor-aluno). Ele compreende 61 dimensões agrupadas em seis setores:

1. Enquadramento (*v.g.* quantidade de matérias)
2. Versatilidade (*v.g.* material audiovisual)
3. Magnetismo (*v.g.* humor)
4. Alterocentrismo (*v.g.* questões estimulantes)
5. Clima (*v.g.* objetividade)
6. Disponibilidade (*v.g.* encontro fora das aulas)

O termo "enquadramento" se refere simultaneamente a atividades de estruturação e a atividades de controle. A definição de "versatilidade" é mais delicada, como explicam os próprios autores: "No momento de escolher o título desta seção, hesitávamos entre ressaltar a *atitude* subjacente aos comportamentos agrupados na seção e os próprios *comportamentos* que traduzem essa atitude. Os termos que refletiam cada tendência eram respectivamente "participação" e "versatilidade"... De um modo geral, esta seção reúne todas as dimensões atinentes ao enfoque pedagógico em seus *aspectos técnicos*." Dado que esse aspecto se inscreve na perspectiva deste trabalho, fornecemos algumas indicações suplementares. De fato, os autores explicam:

Podemos distinguir duas características principais do professor que recebe uma cota de satisfação elevada nesta seção:

a) ele se mostra preocupado com o desejo de envolver estreitamente os estudantes tanto na estruturação pedagógica da situação de ensino (ver 18 e 15, abaixo) como na dinâmica cotidiana do aprendizado em sala de aula (17, 20, 22, 23 e 24).

b) ele se sente à vontade para explorar diversas técnicas (14, 19, 20 e 21) que o distanciam nitidamente desse enfoque clássico que é a aula magistral (13).

Os aspectos dessa componente são, de fato:

13. Modo de transmissão
14. Variação das técnicas
15. Resposta às expectativas, enfoque pedagógico
16. Digressões desejáveis
17. Concretização
18. Atitude democrática
19. Leituras obrigatórias
20. Trabalho em equipe
21. Material audiovisual
22. Questões do professor
23. Questões dos alunos
24. Frequência das discussões

A palavra "magnetismo" pretende distinguir o componente dinâmico da exposição oral, a qual ocupa uma proporção variável (mas nunca desprezível) da interação professor-aluno em classe. O quarto aspecto, o "alterocentrismo", se encontra, no dizer dos autores, no cerne do teste PERPE. O termo "alterocentrismo" que escolhemos como título pretende traduzir a atitude fundamental que as dimensões desta seção refletem, a saber, "a centragem do professor no aluno", como agente principal da situação de aprendizado. Um núcleo central de quatro dimensões permite identificar duas manifestações desse alterocentrismo.

a) como *emissor* de informações destinadas ao grupo, o professor se preocupa com ser compreendido pelo grupo;

b) como *receptor* de informações que lhe são transmitidas pelo grupo, o professor manifesta sua sensibilidade e sua abertura a essas mensagens.

Ao intitular "clima" a quinta seção, os autores querem assinalar a conotação *socioemotiva* da maioria das dimensões que compõem essa seção. A última seção, "disponibilidade", agrupa algumas dimensões fortemente unidas entre si, mas nitidamente periféricas em relação ao resto do teste.

O teste se apresenta na forma de questões bem explicadas. Tomemos um exemplo: a questão que se refere aos meios audiovisuais.

Trata-se de avaliar a frequência com a qual o professor recorre a material didático audiovisual (filmes, slides, mapas, gravações) para ilustrar a matéria apresentada.

1. Utilização nula
2. Utilização muito rara
3. Utilização rara
4. Utilização ocasional
5. Utilização frequente

Fazem-se agora duas perguntas ao aluno:

Questão A: onde você situa este curso (este professor) na escala da avaliação?

Questão B: onde deveria ele se situar para que você ficasse satisfeito?

O estudante indica portanto o que ele pensa e o que ele espera do professor. Em A, ele afirma sua percepção da realidade e, em B, sua expectativa.

O teste foi validado, os trabalhos nesse domínio começam a ser numerosos. Adaptações a disciplinas específicas estão sendo estudadas atualmente. Uma escala *PERPE filosofia* acaba de ser publicada. A parte desses trabalhos que nos interessa é a que corresponde à percepção que o estudante tem do método pedagógico utilizado. É agrupando as informações obtidas e confrontando-as com as que são dadas pelo educador que é possível ter uma ideia mais precisa do método utilizado realmente na situação escolar.

Esse método não é imediatamente transponível a todas as idades e seria difícil aplicá-lo a crianças pequenas. No entanto, concebe-se facilmente que provas do tipo escolhas de imagens permitiriam talvez focalizar o problema; a utilização de métodos já conhecidos em psicologia social no domínio da análise das imagens que as crianças têm da escola também poderá ser particularmente preciosa.

As variáveis relativas ao método pedagógico são portanto muito difíceis de apreender e avaliar. É uma das dificuldades das pesquisas em ciências da educação feitas no terreno. É também a crítica que fazemos de certos trabalhos realizados em laboratório (e isso, de resto, qualquer que seja seu interesse) que, isolando o sujeito das suas condições de existência, esquecem os fatores ligados ao método pedagógico utilizado e ao clima da classe. Trabalhos seriíssimos puseram em evidência as diferenças consideráveis entre os resultados de uma mesma ação educativa, quando chegamos a encontrar situações de educação nas quais vários métodos diferentes (e bem definidos) são utilizados.

A ação educativa

Nos planos experimentais, são introduzidas necessariamente uma ou várias ações educativas[19] para estudar seus efeitos. Mas como se avaliam, isto é, quais são as variáveis independentes que

---

[19] Ver L. Vandevelde e J. Halleux-Hendrix, *Les dispositifs expérimentaux en pédagogie*.

podemos utilizar para fazer a análise dos resultados da ação experimental? Podemos escolher uma das variáveis consideradas pelos atores citados acima. Por sua vez, M. Altet trouxe uma outra solução para o problema da definição da ação pedagógica. Ela caracterizou o comportamento do professor com relação ao comportamento dos alunos. Os quatro esquemas da página seguinte devem ser comentados. Os dois esquemas da esquerda correspondem ao perfil do mesmo professor antes e depois de um estágio de formação; os dois esquemas da direita correspondem às atividades dos alunos nas duas situações professorais, o modo de ação educativa é transformado pelo estágio; as modalidades de recepção dos alunos são praticamente invertidas.

Uma outra maneira de abordar o problema é fixar a ação educativa para se assegurar da constância da apresentação e do conteúdo da mensagem: é o caso de uma aula gravada num filme. A apresentação do filme a grupos diferentes supõe a hipótese de que, sendo as condições relativamente idênticas, o fator "ação educativa" é idêntico a si mesmo. Vê-se logo que essa hipótese não é totalmente satisfatória: a mensagem é a mesma, decerto, mas as condições de recepção não são rigorosamente idênticas (clima da classe, costume dos alunos de receber uma mensagem audiovisual...)[20].

Problema próprio da educação

Outra dificuldade metodológica se apresenta então a todo pesquisador no domínio da educação. É importante deter-se nela um instante porque está na raiz de numerosas discussões tanto com os docentes como com outros pesquisadores. Toda pesquisa pedagógica numa classe se faz num momento dado e em condi-

---

[20] G. Mialaret, *Traité des sciences pédagogiques* (t. 1).

Fatos e situações de educação | 151

Professor B francês
sessão 1, 2, 3

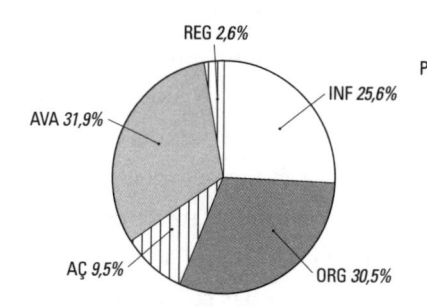

REG 2,6%
INF 25,6%
AVA 31,9%
AÇ 9,5%
ORG 30,5%

Alunos B sistema de aprendizado
sessão 1, 2, 3

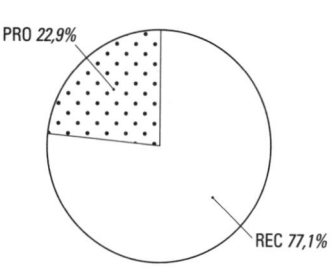

PRO 22,9%
REC 77,1%

Dominante: funções informação/avaliação,
  nível conteúdo-tarefa, 56%
Variabilidade: valor do $X^2 = 16.31115$
Método interrogativo
Funções ativação/regulação,
  nível aluno-clima, 12%
Variabilidade: valor do $X^2 = 6.625241$
Função organização,
  nível situação, 30%

Constância do valor do $X^2 = 4.315713$
X^2 significativo para 2 graus de liberdade,
  limiar P.05 = 5.93
Dominante: sistema de aprendizado
Recepção-consumo
Variabilidade: $X^2 = 33.71722$
Sistema
Expressão-produção 1/4

DEPOIS DO ESTÁGIO DE FORMAÇÃO SOBRE O PROCESSO DIALÉTICO E-A

Professor B francês
sessão 4

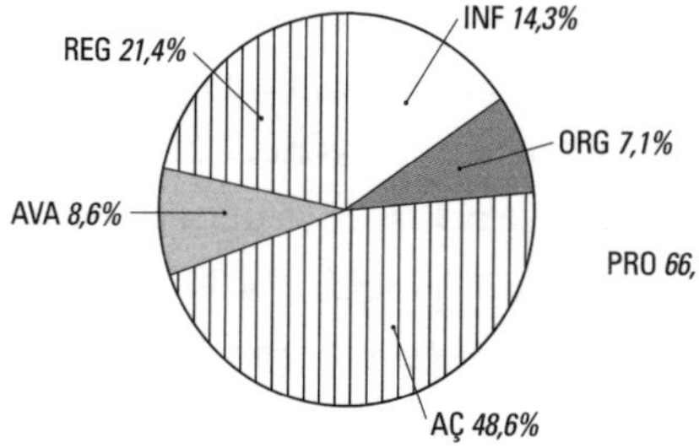

INF 14,3%
REG 21,4%
ORG 7,1%
AVA 8,6%
PRO 66,1%
AÇ 48,6%

Alunos B sistema de aprendizado
sessão 4

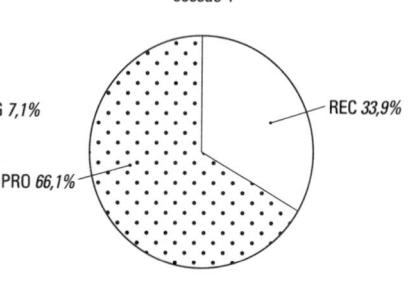

REC 33,9%

Dominante: funções ativação/regulação,
  nível aluno, 70%
Métodos ativos e individualizados
Funções informação/avaliação,
  nível conteúdo-tarefa 23%
Mudança entre sessões 1, 2, 3 e 4
Valor do $X^2 = 23.17571$

X^2 significativo para 8 graus de liberdade,
  limiar P. 05 = 15.51
Dominante: sistema de aprendizado
  expressão/produção
Mudanças das atividades
Valor do $X^2 = 65.2473$
Significativo em P.05 = 5.99

ções pedagógicas definidas: método utilizado, talento do professor, desenrolar das atividades... Em nosso domínio não dispomos – felizmente, em certo sentido – de regra, de instrumento que nos permita afirmar que as condições educacionais "ideais" estão realizadas. Em outras palavras, será que as observações, os resultados não teriam sido outros se outro método pedagógico fosse utilizado, se o professor houvesse conduzido sua aula de outro modo? Quando um físico ou um químico faz uma observação ou uma experiência, ele pode se assegurar das condições máximas indispensáveis à interpretação correta dos seus resultados: pureza dos corpos utilizados, perfeição do procedimento experimental, precauções indispensáveis tomadas... O mesmo se dá na educação? Podemos sem medo responder com a negativa: acaso não há sempre um meio de fazer melhor? Em que momento o pesquisador deve se pôr a trabalhar e quais são os critérios que lhe permitem afirmar que a situação está em seu ponto máximo de perfeição (dada a situação atual)? Tomemos um caso concreto para ilustrar nossa afirmação: suponhamos que um pesquisador procure analisar os efeitos do ensino da música sobre o desenvolvimento da personalidade dos alunos. Essa pesquisa só poderá ser feita se as crianças receberem um ensino "correto" (a definir!!) da música. Vemos esboçar-se pelo menos duas faces da pesquisa: primeiro um trabalho do tipo "pesquisa-ação" para se assegurar da qualidade do ensino musical (em função de que critérios de juízo?) a fim de poder abordar posteriormente o tema escolhido para a pesquisa. Senão a crítica é fácil: em outras condições educacionais, teria sido possível obter outros resultados! Portanto, somente quando essas condições parecem ter sido relativamente satisfeitas é que o pesquisador pode considerar o conjunto das variáveis que podemos agrupar sob a expressão de "variáveis pedagógicas".

A dimensão histórica de toda situação de educação

Essa unicidade no tempo e no espaço não é contraditória com uma outra característica essencial de toda situação de educação: sua datação. Uma situação de educação se inscreve, com poucas exceções relativas às primeiras situações de educação escolares, numa história; isso significa que ela foi precedida por outras situações de educação que a determinam em parte e que ela abre caminho para outras situações de educação que a seguirão. Toda ação educativa dá seguimento a outra, seja para completá-la, seja para enriquecê-la, seja para trazer novos elementos que só podem ser apresentados porque as situações de educação precedentes prepararam o terreno. É impossível portanto para o pesquisador analisar uma situação de educação sem levar em conta o que precedeu e, em certo sentido, saber para o que, no futuro, prepara a situação de educação estudada (ver também mais adiante a questão das finalidades e dos objetivos).

Os imprevistos de toda situação de educação

Podemos, muito esquematicamente, classificar as situações de educação em duas grandes categorias: as que são "preparadas" e as que se produzem de uma maneira inesperada. No primeiro caso, o professor "prepara sua aula" ou o animador prepara as atividades que vai apresentar aos sujeitos; no segundo caso, professor e grupo-turma são confrontados com uma situação totalmente imprevista: uma briga entre dois alunos da turma ou uma trovoada repentina, por exemplo.

Quaisquer que sejam as preparações e as precauções tomadas para assegurar o bom desenrolar de uma situação de educação, o educador e os pesquisadores não sabem absolutamente o que vai acontecer apesar das previsões e pode-se passar rapidamente do caso da situação prevista ao da situação não prevista. Um acontecimento imprevisto (até um fenômeno meteorológico: tempestade, nevasca...), o súbito aparecimento de um novo parceiro da situação (personagem que se introduz no seio da situação e cuja presença não estava prevista), a atitude deste ou daquele aluno (resposta agressiva, conduta "anormal" em relação ao que habitualmente acontece em classe, reações não previstas do grupo-turma...) podem perturbar o "plano de voo" previsto e preparado pelo professor e modificar assim toda a estrutura pré-organizada do processo educativo. Todas as precauções tomadas então para assegurar uma observação da situação (ficha de observação por exemplo, registro da situação de um ângulo de tomada de vista...) devem ser, se possível, rapidamente modificadas para se adaptar à nova situação e não perder uma grande parte da informação a recolher a pretexto de que isso não estava previsto no programa! E como a situação não se reproduzirá uma segunda vez e não será possível recriá-la idêntica a ela mesma, uma observação não feita ou insuficiente não poderá mais ser corrigida, nem completada, nem melhorada, nem utilizada.

Um número quase infinito de variáveis independentes

Toda situação de educação, como toda situação humana que ela é antes de mais nada, se arrima num número infinito de variáveis independentes; variáveis ligadas ao grupo educador e a cada um de seus membros, variáveis ligadas a cada aluno e ao grupo-turma (características psicológicas de cada aluno, sua idade, sua história pessoal e familiar, sua história escolar..., estrutura do grupo-turma: número de alunos, passado escolar do grupo ou dos subgrupos....), variáveis ligadas à situação mesma (condições materiais, históricas, lugar na escola...), variáveis ligadas aos modos de transmissão das mensagens e da ação educativa (todas as variáveis ditas "pedagógicas", métodos, técnicas...).

Um número quase infinito de variáveis dependentes

Os efeitos de toda situação de educação são numerosos, variados e, às vezes, imprevistos. Eles podem se manifestar seja imediatamente, seja a curto, médio ou longo prazo; donde a necessidade de análises que não se contentem com efeitos imediatos, mas que assegurem um certo seguimento das ações educativas. Eles podem se manifestar em domínios diferentes dos que estavam explicitamente previstos pela ação educativa: certo tipo de método de aprendizado da leitura tem efeitos sobre o progresso dos alunos em matemática, por exemplo, uma maneira de apresentar as ciências e as consequências sobre a evolução moral e social, quando não política, dos adolescentes... Uma análise científica das situações de educação não pode se limitar, por exemplo, a estudar apenas os "resultados" no nível dos conhecimentos. Levar em consideração os efeitos psicológicos gerais (reestruturações psicológicas, aspectos cognitivos), aspectos afetivos, aspectos psicossociais, às vezes aspectos motores ou psicofisiológicos, é indispensável para a busca das interpretações pertinentes das observações feitas sobre determinado ponto.

A complexidade das situações de educação

A complexidade de uma situação de educação se coloca em vários níveis, e os componentes de cada um deles estão, por outro lado, em constantes interações.

– A primeira vertente dessa complexidade é a da própria situação de educação, no âmbito da qual se observam todos os fenômenos humanos quando vários grupos estão presentes: trocas numerosas e variadas, desejo de um dos grupos de agir sobre o outro, situações imprevistas (ver acima), número quase infinito de variáveis independentes e dependentes (complexidade pedagógica).

– A segunda vertente da complexidade está ligada ao que acabamos de dizer no que diz respeito à historicidade de toda situação de educação e do lugar no qual ela se produz (complexidade espacial e temporal).
– Nem todo processo educativo pode se separar das suas condições de existência, e, no caso das situações de educação, a ação do ambiente, da comunidade e de seus grupos constituintes (religiosos, políticos...) interfere nele; donde uma outra fonte de complexidade a considerar (complexidade sociológica e etnológica).
– Uma quarta vertente da complexidade de uma situação de educação está em que toda situação de educação é, por essência, multicultural; não só cada aluno traz em si a cultura da sua família, da sua pequena comunidade, ainda que, aparentemente, o grupo-turma seja sociologicamente homogêneo. As situações atuais ligadas ao desenvolvimento das trocas trazem, nesse domínio, uma multiculturalidade suplementar, pois se trata então de "culturas" nacionais ou geográficas diferentes (complexidade cultural).
– Outro aspecto corresponde ao que será objeto do parágrafo seguinte: toda situação de educação é perpassada por um ou vários sistemas de valores (complexidade axiológica). Encontramos aqui o aspecto "multirreferencialidade" de todas as pesquisas.

Essa complexidade essencial de toda situação de educação deve ser analisada, se quisermos encontrar o sentido exato (ou supostamente exato) das reações dos parceiros e interpretar corretamente as informações qualitativas ou quantitativas levantadas.

Situações constante e essencialmente em relação com um ou vários sistemas de valores que dão à ação seu(s) significado(s)

A essa complexidade de existência se acrescenta o fato de que toda ação ou toda parte de ação só pode ser compreendida e interpretada em relação ao sistema de valores que circula no âmbito da situação: determinada reação do professor ou determinada reação do aluno só adquire sentido em relação aos valores que caracterizam o modo de relações ensinador/ensinando. Toda pesquisa científica, no domínio da educação, tem o dever de conhecer e levar em conta o sistema de finalidades escolhido pelo ensinador para exercer sua ação educativa. Portanto, é sempre necessário apelar, pelo menos, para um duplo sistema de interpretação: um em relação às ações e reações imediatas lidas num primeiro nível, o outro em função das finalidades educativas escolhidas e adotadas pelo ensinador: pedagogia autoritária ou pedagogia liberal, pedagogia centrada no mestre e nos conhecimentos *versus* pedagogia centrada no aluno e em suas experiências pessoais...

O quantitativo e o qualitativo

A pesquisa científica no domínio das situações de educação não se deixará amarrar pela oposição (muitas vezes mais simbólica do que real) entre o quantitativo e o qualitativo. A complexidade das situações, em primeiro lugar, torna praticamente impossível uma quantificação de todas as variáveis em presença, donde a necessidade de informações de tipo qualitativo para explicar, o mais completamente possível, a situação. Como, por outro lado, o pesquisador deverá levar em consideração o sistema de finalidades subjacente a toda ação educativa (ver acima), a análise deverá centrar-se, no máximo, em categorias e não em escalas métricas; os valores não se situam num contínuo métrico, já que, por definição, são essencialmente diferentes e, quando bem estruturados e coerentes, constituem conjuntos originais e específicos.

Finalidades e objetivos

Levar em conta as finalidades educativas do professor (ou da equipe de ensino) é coisa delicada que pressupõe um mínimo de formação pedagógica do pesquisador.

Notemos antes de mais nada que as finalidades podem ser explicitamente enunciadas ou implicitamente utilizadas. A observação de uma situação de educação pode proporcionar ao pesquisador atento indicações sobre as finalidades conscientes, explícitas ou implícitas, do professor, mas isso não basta em geral para estabelecer um quadro relativamente confiável do sistema de valores que embasa a ação educativa. E não é possível confiar unicamente no que o educador dirá durante uma entrevista relativa a essa questão. É sempre necessário distinguir as finalidades enunciadas verbalmente pelo mestre e as finalidades que se manifestam através da ação educativa: determinado professor pode verbalmente afirmar sua atitude liberal e manifestar na realidade uma atitude autoritária. As intenções e a ação nem sempre são totalmente coerentes entre si.

Não se deve esquecer, por outro lado, que toda situação de educação se vale de vários tipos de parceiros: professor(es), alunos, administração e comunidade escolar, pais de alunos. Esses pontos de vista não são todos necessariamente idênticos: enquanto o professor se esforça para provocar a criatividade de seus alunos, os outros parceiros podem sentir sua ação como dando demasiada liberdade e como não dando indicações suficientes para realizar o trabalho dos alunos; os pais podem achar que o professor não "faz os alunos estudarem o bastante"...; a administração nem sempre compreende as razões da conduta do professor; alguns colegas também não (leia-se *Il s'est passé quelque chose à Cassis!*). O pesquisador se faz então a pergunta: dentre todas essas visões do sistema das finalidades, qual é aquele que tem mais influência sobre o que acontece no âmbito da situação de educação?

Resta saber como o pesquisador pode analisar esses sistemas de finalidades e como levá-los em conta para a interpretação dos resultados da pesquisa. É evidente que estamos aqui no domínio do "qualitativo", mais exatamente do taxonômico, já que o pesquisador deve estabelecer uma tabela dos valores classificados por categorias. Ele identifica assim os valores que podem ter uma influência nos momentos ou nas etapas do processo educativo e lhe permitem enriquecer a interpretação dos resultados. É evidente que uma reação de aluno após uma reprimenda severa ou zombeteira do professor não é interpretada da mesma maneira que uma reação de aluno precedida por um incentivo ou uma felicitação: reprimenda, zombaria traduzem de certo modo o tipo de relação entre professor e aluno.

Tudo o que acaba de ser dito sobre as finalidades poderia se aplicar à questão dos objetivos precisos definidos pelo professor; a ação educativa é, em geral, dirigida pelos vetores definidos pela escolha dos objetivos, seja da lição, seja do exercício, seja da atividade em geral. Uma atividade qualquer não pode ser corretamente analisada e interpretada a não ser em relação com os objetivos que o professor tinha fixado.

Encontramos aqui portanto o problema dos diferentes níveis de interpretação. O primeiro nível é o que consiste em considerar a situação numa perspectiva puramente "naturalista", atitude essa que é a dos que só pensam em relação às ciências duras: "só acredito no que vejo e no que toco". Como quer que seja, deve-se partir das condutas observáveis para tentar compreender e explicar o conjunto dos processos psíquicos postos em ação na ação educativa examinada, seja do lado de quem a exerce (o professor), seja do lado a quem ela se aplica (o aluno). O segundo nível é o que interpreta os resultados em função dos instrumentos de análise utilizados e levando em conta os caminhos introduzidos por estes: grade de observação, um teste... Um terceiro nível é o que situa os fatos observados no âmbito de uma situação de educação de conjunto, dando a situação de educação a cada fato um de seus numerosos significados possíveis. Um quarto nível é aquele que leva em conta, como acabamos de assinalar, as finalidades e os objetivos que embasam a situação de educação. Outros níveis podem – e muitas vezes devem – ser considerados: interpretação que leva em conta a situação histórica, geográfica, etnológica, por exemplo. A troca de olhares entre os parceiros de uma situação de educação não tem o mesmo significado nos países europeus e nos países africanos, o fracasso de um sujeito não é interpretado da mesma maneira conforme os meios sociais a que os estudantes pertencem... E a tudo isso também podem se acrescentar as interpretações de tipo psicanalítico, de tipo sociológico... Insistimos em todos esses pontos porque muitas vezes as pesquisas sobre as situações de educação esquecem que nenhuma situação de educação pode ser analisada sem levar em conta essas características essenciais de toda situação de educação.

A dinâmica das trocas

Toda obra educadora é essencialmente comunicação entre duas consciências. É evidente que a ciência não pode abordar esse aspecto fenomenológico que é do domínio da compreensão no sentido de Dilthey. As ciências da educação passaram pela modificação radical que a psicologia sofreu quando se tornou científica: embora o pesquisador não tenha acesso à consciência dos parceiros de toda situação de educação, sempre lhe é possível observar as condutas, ainda que depois procure encontrar a interpretação pertinente (ver acima). Todo esse domínio se desenvolveu consideravelmente desde os trabalhos consagrados às trocas em toda situação de educação. Os trabalhos de G. Ferry, de M. Postic, de M. Altet e de todos os seus alunos (já apresentados), numerosos trabalhos americanos em particular, poderiam ser citados aqui.

As trocas que se fazem no âmbito de uma situação de educação podem ser classificadas em várias categorias, e sem entrar numa taxonomia detalhada podemos distinguir[21]:

– as mensagens enviadas pelo professor; em geral, são numerosas e vão da ordem a executar à informação, transferência de conhecimentos...;
– as mensagens emitidas pelos alunos em direção ao professor (resposta pedida, pergunta, silêncio, resposta agressiva...);
– as mensagens em direção aos outros alunos do grupo; nessa categoria entram o que se chamam mensagens "parasitas";
– as mensagens que provêm de parceiros da situação de educação e que não estão presentes – administração, pais –, mas que têm um papel no seio da situação de educação (nota da administração, os programas que delimitam o marco da ação educativa, nota de informação da administração, regulamento interno...);
– as mensagens mais ou menos explícitas do ambiente, da comunidade na qual se insere a situação de educação: acontecimentos específicos como violência na saída da escola, roubo, delinquência... Essas mensagens podem interferir, num mo-

---

[21] Para uma análise detalhada dessas mensagens, consultar M. Altet, *La formation professionnelle des enseignants. Analyse des pratiques et situations pédagogiques.*

mento ou em outro, com as mensagens enviadas pelo professor e as enviadas de volta pelos alunos.

Essas diferentes categorias de mensagem devem ser situadas, para poderem ser interpretadas corretamente, no âmbito da atividade educativa.

Os conteúdos das trocas

Nenhuma comunicação se faz sem objeto a comunicar, e o modo de comunicação não é independente do conteúdo a comunicar, das condições da comunicação. Não se faz uma troca da mesma maneira diante de um texto literário ou de um problema de matemática. A análise das trocas no âmbito de uma situação de educação não pode evitar a análise do conteúdo da lição ou da atividade. Uma lição qualquer contém momentos fáceis de apresentar, de explicar aos alunos e de fazê-los assimilar, e momentos mais delicados de apresentar, mais difíceis de explicar e de fazer os alunos assimilar. Não se podem tratar, estatisticamente falando, as mensagens trocadas como pertencentes à mesma população. Donde as precauções a tomar para que o pesquisador não corra o risco de perder a especificidade da relação educativa, submergindo num conjunto único de partes que têm, cada uma, sua originalidade e sua especificidade. Para uma análise mais aprofundada, remetemos o leitor ao que já dissemos a esse respeito[22].

A propósito dos conteúdos, coloca-se evidentemente a questão da "transposição didática"[23]. O professor optou por uma parte do saber para organizar sua ação educativa. Essa opção deve ser conhecida do pesquisador para que ele possa apreciar em que medida há concordância entre a escolha prévia e a realidade, isto

---

[22] G. Mialaret, *Les objets de la recherche en sciences de l'education*.
[23] Y. Chevallard, *La transposition didactique*.

é, o que acontece no âmbito da situação de educação (nível psicológico e escolar dos alunos, conhecimentos prévios, mais ou menos bem adquiridos e assimilados...). O pesquisador não tem de dar sua opinião sobre essa opção, que é da competência das autoridades pedagógicas. Mas os tipos de reações dos alunos – e também do professor – dependem dessa opção, e as reações de alunos não podem ser corretamente interpretadas a não ser em relação a essa opção. O pesquisador deve levar em conta também as mensagens fora do contexto escolar, que podem em certos casos servir de catalisador para a ação educativa e, em outros, constituir tempos mortos e prejudicar a eficácia da ação educativa.

– assim, o conteúdo das mensagens que vão circular no âmbito da situação levanta problemas, talvez menos difíceis de analisar do que a motivação estudada precedentemente, mas que apresentam dificuldades de comparação visando uma generalização. Assim, e nos limitaremos aqui a uma simples enumeração, podemos distinguir as grandes questões seguintes:

– a exatidão científica e a atualidade das mensagens (em outras palavras, o professor transmite um conteúdo exato ou transmite conhecimentos, noções inexatas, superadas?). Podem-se anotar as reações dos alunos a esse respeito (em particular dos adolescentes e dos universitários);

– o conteúdo é adequado ao nível psicológico dos alunos? Apresenta uma grande dificuldade ou, ao contrário, os conhecimentos trazidos já são conhecidos dos alunos, as noções já estão assimiladas?

– a densidade da mensagem[24] e a possibilidade de transmiti-la corretamente no tempo previsto para ela são adequadas à situação?

---

[24] G. Mialaret, *Traité des sciences pédagogiques*, t. 4, p. 182.

Nesse domínio, as comparações são um pouco mais fáceis, contanto que se utilize um método dos juízes para estabelecer critérios de classificação. Fora do critério de exatidão da mensagem podemos encontrar portanto quatro grandes categorias:

		Adequação da mensagem	
		Sim	Não
Densidade	Sim	Situação 1	Situação 3
da mensagem	Não	Situação 4	Situação 2

– mensagem adaptada e densidade correta: situação 1;
– mensagem não adaptada e densidade mal calculada: situação 2

Compreende-se facilmente que as reações dos alunos, e portanto o sentido a dar ao seu comportamento, dependem da combinação dos dois aspectos precedentes: uma conduta atenta na primeira situação (mensagem adequada e densidade correta), conduta de desinteresse na situação 2. A observação das condutas dos alunos (e do professor) não pode ignorar as características das mensagens transmitidas na situação.

Os efeitos, os produtos, os resultados. Os problemas da avaliação

Por muito tempo, os pesquisadores contentaram-se com medir os resultados escolares e trabalhar sobre eles: análise dos erros de todo tipo, análise comparativa de grupos diferentes (sexo, por exemplo). Sabe-se que essa análise, por mais útil e interessante que possa ser, não basta para explorar o conjunto dos efeitos de uma situação de educação.

De início, podem ser considerados os efeitos sobre os diferentes parceiros da situação de educação: os professores, os alunos, os outros professores da escola, eventualmente os outros parceiros principais: administração, pais, a comunidade.

– Em que a nova situação de educação que o professor acaba de viver o transformou psiquicamente? Quais são os aspectos particulares de que tomou consciência e que o levarão a modificar seu comportamento? Que erros cometidos ele identificou? Quais reações particulares dos alunos lhe chamaram a atenção? E a lista de perguntas poderia se prolongar.

– No que diz respeito aos alunos, não só a elevação do nível de comportamento deve ser levada em consideração, mas, quando possível, pode-se determinar o nível de assimilação dos conhecimentos, seu nível de integração aos comportamentos anteriores? Soma-se a isso a análise das modificações na estrutura psíquica dos alunos. Em que a explicação de determinado texto modifica a maneira de abordar um novo texto e como os alunos descobriram a possibilidade de ler um texto num outro nível de compreensão? A esse domínio, ligado mais diretamente à aquisição dos conhecimentos, se soma o das aberturas mais amplas para o mundo, para a ética, para a história. Certa aula de geografia, de ciências naturais ou de ciências físicas pode desembocar numa reflexão sobre a ecologia e os debates atuais nesse domínio. A educação não se limita à aquisição estrita dos conhecimentos: ela é uma preparação para viver numa dada sociedade.

– Os outros professores da escola podem apreciar os efeitos da ação educativa de um colega: o professor de física ou de geografia pode apreciar a preparação dada pelo professor de matemática; o professor de história pode aproveitar certos costumes de análise de texto dada pelo professor de letras e o professor de artes plásticas pode tirar proveito da boa formação dos alunos tanto em história como em letras... Vale dizer que a análise dos "efeitos" de uma situação de educação não se limita estritamente a essa situação de educação. E são conhecidas as dificuldades para apreender esses efeitos de "propagação" que as ações educativas de certos professores possuem.

– A administração pode, em certos casos, aproveitar os efeitos de uma situação de educação: aplicação à vida do estabelecimento do que foi apresentado e discutido no âmbito de uma situação de educação (melhor organização da vida escolar, da solidariedade, da autogestão, da participação nos conselhos de turma…).

– Os próprios pais e a comunidade são às vezes beneficiários da ação educativa escolar.

Liberdade e limitações do professor

O trabalho do professor em sua turma está em relação direta com as instruções e as diretivas oficiais de seus superiores: chefe de estabelecimento, inspetor, ministro. Embora tenha uma certa margem de liberdade, o professor não pode fazer exata e totalmente o que quer em sua turma. Ele tem o papel de um prisma que difunde, com e através da sua personalidade, sua formação e sua experiência, as indicações, conselhos, instruções que lhe são dados. Não se pode portanto observar e interpretar uma situação de educação sem se referir a esse conjunto de "limitações" que às vezes fornecem a chave da interpretação.

Uma outra fonte de "limitações" (tomando essa expressão em seu sentido mais lato possível) é constituída pelos outros colegas de escola, pelos pais de alunos. Muitas vezes o professor tem, em parte, de corresponder às expectativas dos pais, levar em conta seus desejos, seus costumes, seu nível cultural[25]… Parceiros

---

[25] Há alguns anos era lançada no México uma campanha sobre o tema "A criança pequena, agente da mudança social". Um esforço era feito sobre as crianças das escolas maternais para elas agirem sobre as famílias (higiene, maneira de preparar e apresentar as refeições, por exemplo).

ausentes da turma, os pais constituem no entanto parceiros presentes no espírito do professor e no dos alunos. É preciso levá-los em conta na interpretação de algumas situações difíceis. Sobretudo nas situações conflituais, como se pôde observar quando se tratava do método global de aprendizado da leitura, da matemática dita moderna, do ensino de línguas sem passar em primeiro lugar pela gramática...

As características, o nível de formação do professor e o tipo de formação que recebeu

As variáveis que permitem caracterizar o fator "professor" são tão difíceis de precisar quanto as que lembramos para definir a "ação educativa". O nível dos estudos e o dos diplomas obtidos muitas vezes serviram de variáveis utilizadas. Sabe-se que tais variáveis não são totalmente válidas. Compreende-se por que as pesquisas se orientaram de outro modo. No curso de uma pesquisa sobre a formação dos professores, criamos um questionário de atitudes e condutas pedagógicas (ACP 77)[26]. Depois de numerosas análises das situações de educação e das observações sobre os professores, fomos levados a considerar cinco fatores principais:

Significado dos fatores

Fatores ressaltados	Valores negativos	Valores positivos
F_1 Atitude geral do educador	Tradicionalismo Autoritarismo	Parte do aluno Liberalismo
F_2 Modalidades da ação pedagógica tais como são imaginadas	Ação abstrata, verbal, formal	Pedagogia concreta partindo da vivência familiar da criança

---

[26] O leitor encontrará a apresentação dessa prova em G. Mialaret, *Recherches sur les modifications d'attitudes pédagogiques des éducateurs*.

	Fatores ressaltados	Valores negativos	Valores positivos
F_3	O educador em face do saber	Importância muito (demasiado) grande dada ao Saber – valor supremo: o sábio	Educador voltado mais para os contatos e as relações com as crianças
F_4	Imagem que o sujeito tem do educador	Tradicional	Moderno
F_5	Imagem que o sujeito tem do aluno	Aluno considerado como ser inferior, sem autonomia e a quem se deve trazer tudo	Aluno considerado já tendo um Saber, uma experiência, possibilidades a desenvolver

A quantificação desses fatores permite construir o quadro e os gráficos seguintes:

	I	Σ(DD +AA)	F_1	F_2	F_3	F_4	F_5
Escola A:							
nov.	6,57	17,81	32,53	46,94	7,15	6,86	13,43
jun.	5,96	17,18	38	51,12	12,04	6,63	18,32
Escola B:							
1º ano	8,52	21,89	53,13	63,04	44,73	14,42	33,03
2º ano	3,46	24,63	52,20	63,12	43,18	4,56	34,16

Como foi possível calcular, para cada um dos fatores, a média e o desvio padrão, os resultados de um sujeito podem se traduzir em desvio padrão num gráfico em que o perfil de um sujeito totalmente "normal" seria uma linha horizontal de ordenada 0[27].

---

[27] Ver, para essas transformações, G. Mialaret, *Statistiques appliquées aux sciences humaines*, cap. 4.

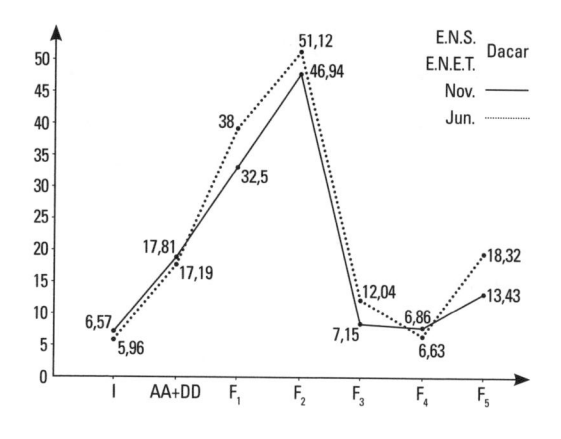

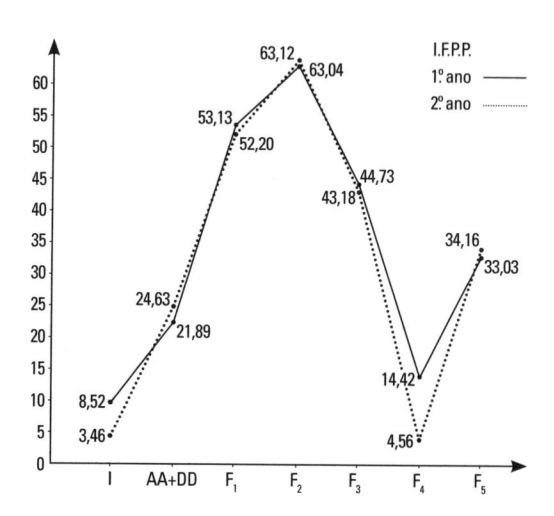

Perfil baseado em % em relação ao número de questões

Comparações se tornam possíveis, portanto, e a consideração do fator "professores" ganha um pouco mais de objetividade.

Coloca-se então o problema da generalização

Aqui seria necessário retomar e discutir a afirmação de Aristóteles: "Só há ciência do geral." Aceitar como tal essa afirmação seria condenar várias famílias de ciências, tais como a história, a psicologia e, na verdade, todas as ciências humanas. Toda situação de educação é única, não reprodutível. Sua análise não nos dá portanto informações a não ser sobre ela mesma. É possível a generalização a outras situações e, de uma maneira mais geral, ao conjunto da educação? Em outros termos, e um pouco esquematicamente, as pesquisas desse tipo podem ser consideradas pesquisas de tipo científico? Já demos acima elementos de resposta a essa pergunta. Cada estudo de uma situação de educação corresponde a um estudo de caso, e a generalização só pode ser feita após aproximações, comparações, análises (que às vezes podem até ser de tipo estatístico) para tentar pôr em evidência elementos comuns que constituem um início de generalização. Só depois de ter examinado a questão da experimentação é que poderemos dar uma resposta mais completa a essa pergunta. Mas, em função dos elementos da nossa análise, uma parte da resposta a essa questão já pode ser proposta. De fato, estamos em presença de uma situação análoga à do historiador, análoga à do psicólogo pesquisador que se encontra diante de casos únicos, não reprodutíveis. Portanto é muito importante, nesse nível, conhecer os diferentes tipos de determinismo que influem nas situações de educação.

No nível da nossa análise, só as comparações são possíveis para tentarmos nos situar no caminho da generalização. Em alguns casos muito precisos, podem ser estabelecidas correlações que facilitem a formulação de hipóteses relativas às aproximações entre as situações.

As situações organizadas em função de uma preocupação com a experimentação[28]

Sem poder tratar aqui do conjunto do problema, recordemos algumas ideias fundamentais:

1. Com raríssimas exceções, somos pesquisadores que não podem, no sentido estrito do termo, experimentar. Se trabalhamos numa aula, é o professor que nos serve de ponte; se, no nível ministerial e nacional, se quisesse fazer uma "experiência" real sobre uma reforma, seria preciso passar por todos os que, no terreno, são encarregados de aplicar essa reforma. É aqui que se coloca o problema fundamental, em pesquisa científica, da escolha da amostra dos experimentadores-ponte.

Encontramos de novo o difícil problema de levar em conta o fator "professor". Ir a uma turma (mesmo com todas as autorizações necessárias) para fazer uma experiência falseia imediatamente os resultados, se é o experimentador que efetua a operação. Já mostramos suficientemente que o clima de uma turma, o conjunto das relações psicológicas constituem "variáveis independentes"; se a variável "professor habitual" é subitamente substituída por um "professor ocasional", todo o equilíbrio do sistema é quebrado. É preciso portanto encontrar soluções que introduzam um mínimo de perturbações. Eis algumas regras que sempre respeitamos no decorrer das nossas pesquisas de campo:

– trabalhar em turmas ou com grupos cujos responsáveis e cujas autoridades hierárquicas aceitem, com conhecimento de causa, se associar à pesquisa;
– assegurar-se de que esses responsáveis estão de acordo com as finalidades e as modalidades de aplicação da pesquisa;

---

[28] Consultar para um desenvolvimento mais amplo G. Mialaret, *La pédagogie expérimentale* e *Les méthodes de recherche en sciences de l'éducation*.

– esses responsáveis devem aceitar um curto período de preparação para tomar bom conhecimento de todos os procedimentos necessários para conduzir direito a pesquisa, aprender a aplicar a ação educativa prevista, aplicar corretamente os testes psicométricos e outros;
– organizar encontros entre todos os responsáveis que participam da pesquisa para que, por meio de discussões, se procure aproximar a máximo do princípio científico fundamental: "todas as demais condições permanecendo constantes";
– citar o nome de todos os participantes no relatório ou na comunicação externa;
– às vezes é preciso pedir e obter a autorização dos pais[29];
– não esquecer o chamado "efeito Hawthorn"[30]. O fato de uma turma ser escolhida para uma experiência modifica, como no caso do mundo operário (ver sobre esse ponto Friedmann), o clima psicológico do grupo. É preciso então fazer comparações para ver o que acontece nas turmas que não foram avisadas de que participavam de uma pesquisa.

2. Uma experiência autêntica deve, antes de mais nada, fazer o inventário das variáveis em presença e escolher aquelas sobre as quais vai trabalhar. Uma segunda etapa consiste em estabelecer os meios para avaliar essas variáveis. O objeto de estudo passa a ser então as variações da (ou das) variável(eis) dependente(s). Notamos aqui, portanto, a necessária simplificação das situações na medida em que a escolha das variáveis, mesmo se feita por

---
[29] Jovem pesquisador, encontrei dificuldades para fazer uma pesquisa sobre as atividades musicais dos alunos da escola; alguns pais consideraram se tratar de uma pesquisa a serviço do fisco para controlar os recursos da família!
[30] Efeito Hawthorne: chamam-se efeito Hawthorne os resultados positivos ou negativos que não se devem aos fatores experimentais, mas ao efeito psicológico que a consciência de participar de uma pesquisa e de ser objeto de uma atenção especial exerce sobre o sujeito ou sobre o grupo experimental.

uma equipe de pesquisadores, preserva sempre uma parte de arbítrio. Minipesquisas são então necessárias para verificar que o fato de não levar em consideração uma variável não modifica muito o conjunto dos resultados; ou seja, que uma pesquisa principal se inscreve num conjunto de pesquisas preliminares para garantir que as variáveis independentes sejam as corretas.

O problema da generalização dos resultados se apresenta portanto sob aspectos muito particulares em ciências da educação. A expressão "todas as demais condições permanecendo constantes" adquire ao mesmo tempo todo o seu sentido e indica todos os seus limites. Dado um certo número de variáveis mais ou menos bem definidas e fixadas, as comparações e a generalização se tornam possíveis; mas essa generalização não tem o estatuto da certeza, e sim da probabilidade. É nesse nível que deve ser posto o problema da introdução das análises estatísticas.

Os métodos de estudo

A educação – o ato de educação – (é um dos significados da palavra) se desenrola num tempo dado e num lugar preciso. A análise, o estudo, a explicação desse "pedaço de vida" põem em prática métodos e técnicas particulares que decorrem tanto das técnicas de tomada de decisão (o que faz constantemente o professor em sua turma) como das técnicas de estudo da vida de um grupo (a turma reage como um grupo), dos métodos de análise das comunicações entre seres vivos postos numa mesma situação, dos fenômenos psicológicos de compreensão e de aprendizado (conhecimentos, conceitos, práticas), dos fenômenos de integração pelos alunos das experiências anteriores às novas experiências, dos fenômenos de criatividade (um curso se construindo pela ação conjugada do professor e dos alunos). O estudo dessas situações constitui o pão de cada dia do pesquisador.

Repetiremos com prazer que o estudo de uma situação de educação não pode decorrer unicamente de uma observação do tipo "observação naturalista". Cada situação se embasa num conjunto de valores explícitos ou implícitos. A primeira classe desses valores é o conjunto das finalidades adotadas (explicitamente ou evidentemente) pelo educador e, às vezes, pelos alunos (no caso da formação contínua ou da formação dos adultos). Por conseguinte, todo gesto, todo procedimento, toda ação, toda situação só pode ser compreendida em relação a esse sistema de valores que constituem as finalidades da ação educativa. Tudo é prenhe de sentido na situação de educação, a observação externa não pode em absoluto se deter onde se detém a observação naturalista: ela deve obrigatoriamente ir à busca do sentido, isto é, procurar uma interpretação pertinente do fato ou da situação de educação estudada. A qualidade da pesquisa científica nesse domínio é ligada ao equilíbrio encontrado entre os dados de fato e as interpretações dadas desses fatos; uma riquíssima observação sem interpretação não capta a situação e não permite "compreendê-la"[31]; uma observação submersa por uma interpretação demasiado rica e um tanto errática é coisa de romance, não de ciência. É difícil encontrar o equilíbrio. Uma interpretação demasiado rica atesta um compromisso grande demais do pesquisador e a dificuldade que ele tem de permanecer no terreno da objetividade; muitas vezes, ela atesta mais a riqueza do pesquisador do que a riqueza real da situação. Uma observação demasiado naturalista deixa escapar o essencial da relação educativa. Lembremos aqui dois trechos de H. Wallon sobre os problemas da observação[32]:

---

[31] No sentido científico do termo.
[32] H. Wallon, *L'évolution psychologique de l'enfant*.

"A grande dificuldade da observação pura como instrumento de conhecimento está em que, na maioria das vezes, usamos sem saber uma tabela de referência, tanto seu emprego é espontâneo, instintivo, indispensável. Quando experimentamos, o próprio dispositivo da experiência executa a transposição do fato para o sistema que permitirá interpretá-lo. Em se tratando de observação, a fórmula que damos aos fatos corresponde muitas vezes a nossas relações mais subjetivas com a realidade, às noções práticas que utilizamos para nós mesmos em nossa vida cotidiana... Um movimento não é um movimento, mas o que nos parece exprimir. E, salvo estar muito habituado, é o significado suposto que registramos, omitindo mais ou menos indicar o próprio gesto."

E, mais adiante, ele explicitará para nos pôr de sobreaviso contra as observações aparentemente riquíssimas:

"... o homem mais sensível à variedade das nuances e de suas relações é justamente o que interpõe entre a realidade e sua percepção toda uma ressonância íntima, acordes pessoais, associações originais."

Dado, por outro lado, o número de parceiros (presentes ou ausentes) da situação, toda análise de uma situação de educação supõe que se faça uma síntese integrativa de vários pontos de vista:
– o ponto de vista do observador que anota o máximo de informações e se esforça para transmitir objetivamente a situação que percebe;
– o ponto de vista dos atores: o(s) professor(es) e os alunos.

O observador externo anota a conduta, as atitudes do professor, mas nem sempre pode conhecer exatamente o porquê dessa conduta. Valendo-se de diversas técnicas, o pesquisador pode perguntar ao professor as razões das suas ações, das suas atitudes.

(M. Postic pedia que os professores observados explicassem por que, em determinada circunstância, eles tinham se comportado de determinada maneira; M. Altet fazia os próprios professores comentarem as gravações de suas aulas.)

A opinião dos alunos também é muito importante: como eles viveram a situação de educação que lhes é imposta? Como perceberam a ação do seu professor durante a sequência observada? Que pensam eles do conteúdo, da forma de apresentá-lo? Como perceberam a atitude do professor, seja em relação a eles mesmos, seja em relação a outros colegas?...

– o ponto de vista dos parceiros ausentes: a administração e os pais de alunos.

Conclusão

O estudo rigoroso das situações de educação não é portanto nem uma coisa simples, nem uma coisa fácil. G. Berger afirmava: "Para agir, é necessário aceitar a imperfeição." Não se trata, para nós, evidentemente, de uma imperfeição ligada a um trabalho incompleto ou conduzido com um respeito muito aproximado às regras da pesquisa científica. Nossa preocupação deve estar sempre em consonância com os procedimentos da pesquisa científica que vamos enumerar, mas temos de saber avaliar objetivamente, num conjunto de variáveis, tanto independentes como dependentes, a parte de incerteza dos nossos dispositivos. O campo de estudo é imenso (como o de todas as ciências humanas). O estudo científico e completo das situações de educação é um limite do qual devemos constantemente tentar nos aproximar. Devemos estar sempre em condição de fazer corretamente a distinção entre nossos resultados "científicos" e nossos conhecimentos mais ou menos intuitivos. Não temos de eliminar o "qualitativo", mas devemos saber que lugar lhe damos em nossas interpretações.

Capítulo 5

A atitude científica em ciências da educação

Esse capítulo não quer ser um capítulo de um manual de metodologia científica. Seu objetivo é preciso: mostrar que os procedimentos de pesquisa, em ciências da educação, com algumas adaptações necessárias, se situam na perspectiva de uma atividade científica aplicada às ciências humanas.

A noção de pesquisa. O subconjunto chamado pesquisa científica

Retornemos por um instante, sem muito insistir, sobre a "polissemia" da palavra pesquisa: basta considerar as seguintes expressões correntes: vou *pesquisar* o preço dos apartamentos, vou *pesquisar* o nome do monumento que visitei nas férias... para se dar conta de que a palavra "pesquisa" não é acompanhada de um qualitativo, ela diz tudo e nada ao mesmo tempo.

Encontramos também a palavra "pesquisa" empregada em outras disciplinas humanas: a pesquisa de tipo "reflexivo" em filosofia, a pesquisa literária, a pesquisa artística (pintura, música, dança...), a pesquisa de tipo tecnológico... Trata-se, em todos os casos, de uma atividade cujo objetivo é produzir novos saberes, novos conhecimentos. O procedimento essencial é a reflexão, a intuição, a imaginação, a criatividade.

Dentre todas essas formas de pesquisa, existe uma chamada "pesquisa científica". Essa forma de pesquisa tem suas características próprias, seus métodos, suas finalidades, suas aplicações. É ela que as ciências da educação querem seguir. Não se trata de estabelecer aqui uma classificação hierárquica de todas essas formas de pesquisa, mas simplesmente de não chamar de "pesquisa científica" um procedimento qualquer. Há regras a conhecer e a aplicar para conduzir corretamente qualquer pesquisa em ciências da educação. É em função da aplicação mais ou menos correta dessas regras de ação que uma comunicação, um artigo, um mestrado universitário, uma tese são avaliados, sendo a finalidade essencial produzir um novo saber ou especificar um saber antigo. Será esse o objeto deste capítulo.

Finalidades gerais da pesquisa em ciências da educação

A finalidade principal da pesquisa em ciências da educação é nos permitir compreender melhor, explicar melhor (ver mais adiante a discussão sobre a diferença entre compreender e explicar) os fatos e as situações de educação que nos rodeiam. De fato, é aumentar, desenvolver, enriquecer e/ou especificar nosso saber atual nesse domínio. A pesquisa científica em ciências da educação não passa portanto de um subconjunto, com alguns aspectos específicos ligados a seu objeto, da pesquisa científica em ciências humanas. Lembremos rapidamente suas finalidades principais.

Descrições, análises, comparações

Uma das primeiras finalidades da pesquisa científica é nos fornecer uma descrição tão objetiva e completa quanto possível do mundo que nos rodeia, das situações que temos de estudar. Não se trata aqui de uma descrição de tipo "literário" ou "imaginativo"; trata-se de proceder, em função de regras precisas (ver abaixo), a uma tomada de informações, a uma coleta de dados ao mesmo tempo pertinentes, verificáveis, objetivos e o mais completos possível.

– Pertinentes porque essas observações devem realmente estar em relação direta com a situação, e não tão gerais que também sejam válidas para outras situações (exemplo: "o professor exerce sua autoridade", o que isso quer dizer exatamente?).

– Objetivas porque todos os dados devem poder ser verificados, controlados, cotejados, em função das técnicas de coleta utilizadas... Um pesquisador que se dedica a uma descrição deve sempre procurar indicar o máximo de informações sobre os métodos e as técnicas utilizadas por ele ou sua equipe.

– As mais completas possível porque as situações educativas que observamos são essencialmente complexas e resultam muitas vezes de um enorme número de variáveis, e não se sabe, *a priori*, quais observações são ou não são úteis. Muitas vezes, é *a posteriori* que a escolha das observações pertinentes pode ser efetuada.

A observação pode, em certos casos, desembocar em dados quantitativos (porcentagem de tomadas de palavra do professor em relação às tomadas de palavra dos alunos), enquanto, muitas vezes, não traz mais que dados qualitativos (descrição do comportamento de determinado aluno no momento de uma interrogação oral).

Uma boa descrição conduz muitas vezes a uma primeira forma de análise, quando mais não fosse para agrupar as observações, contanto que, aqui também, os critérios de agrupamento sejam explicitamente indicados. Seja o exemplo seguinte: a análise das relações professor-alunos durante a aula; as porcentagens globais calculadas sobre o conjunto da duração da aula não têm sentido se não se distinguirem os momentos de inicialização, de explanação do professor, do período de interrogação de controle da compreensão, do período dos exercícios de aplicação. O resultado estatístico médio não tem nenhum sentido.

Descrições precisas permitem as primeiras comparações: a comparação do comportamento de dois professores observados dando a mesma aula a alunos diferentes permite completar as indicações sobre a personalidade de cada um deles. Inversamente, o mesmo professor observado em duas turmas diferentes e tratando da mesma parte do programa dá ensejo de apreciar suas qualidades de adaptação a públicos diferentes.

Explicar e compreender

O pesquisador científico não pode se contentar com descrever a ou as situações na qual ou nas quais ele se encontra: ele procura explicá-las, compreendê-las. É hora de fazer aqui a distinção introduzida por Dilthey entre "explicar" e "compreender". Esse autor faz a distinção entre as ciências da natureza, que procuram "explicar", e as ciências humanas e as ciências sociais, que procuram "compreender". Esteja-se ou não de acordo com essa distinção, é preciso conhecê-la para evitar discussões inúteis. O autor e seus continuadores opõem com demasiada facilidade o qualitativo ao quantitativo. Na verdade, eles se referem a duas posições filosóficas fundamentais. Por um lado, a que quer estudar de dentro os fenômenos, as situações: são as posições bergsonianas, fenomenológicas; a intuição tem um papel essencial na "compreensão" assim apresentada; a subjetividade não é afastada *a priori*. A outra posição filosófica (Descartes, por exemplo) é a que quer tomar certo recuo em relação ao objeto de estudo, considerá-lo em relação aos outros vínculos que tem com os outros fenômenos, experimentar as hipóteses emitidas para explicá-lo e buscar sua validação. Procura-se a objetividade mas sem apelar, no momento da interpretação (como veremos adiante), para a intuição. O essencial, no entanto, é proporcionar resultados que, segundo regras precisas, permitem que todos os leitores concordem com as interpretações dos resultados. Tomemos o exemplo do "clima de uma turma". Pode-se dizer que reina um ambiente muito simpático na classe, que as crianças são calmas... E sobre esse ponto é possível ter opiniões divergentes (ver as opiniões de várias pessoas numa turma). Já o "clima de uma turma" pode ser definido (aproximadamente) por meio de variáveis quantitativas ou qualitativas. Concordando-se com a maneira de avaliar essas variáveis (critérios de juízo), deve-se chegar a um acordo quanto à definição desse "clima da turma" observada.

Busca das invariantes (leis)

Situado num mundo essencialmente caracterizado pela mudança, a evolução, o pesquisador tenta encontrar elementos de estabilidade: invariantes ou leis que, através da diversidade das manifestações observadas, determinam relações constantes entre certos aspectos da realidade. Isso se pode encontrar tanto no plano da atividade individual (ver as invariantes de Piaget na constituição da noção de número na criança, por exemplo), como em situações mais gerais (relações entre os resultados escolares e o meio socioeconômico e cultural da criança, por exemplo).

Relações com a prática

Sem insistir aqui sobre as distinções que às vezes são feitas entre "pesquisa finalizada" e "pesquisa pura" ou "pesquisa de laboratório", no domínio das ciências da educação as pesquisas estão muitas vezes relacionadas a problemas que são postos pela prática. Sem querer estabelecer a qualquer preço relações diretas, imediatas, atuais com os resultados das pesquisas, é evidente que se as pesquisas, a curto ou médio prazo, não possibilitassem certa melhoria da prática, poder-se-ia a justo título perguntar para que elas servem (essa observação só é válida para pesquisas sobre situações reais de educação, e não, por exemplo, sobre pesquisas de tipo histórico que contribuem para ampliar nossa cultura geral e nos proporcionar novos elementos de apreciação, explicação e interpretação das situações atuais. Nesse caso, a relação com a prática é de mais longo prazo).

Os procedimentos gerais da pesquisa científica

Para utilizar uma fórmula de G. Bachelard, "ninguém se instala sem mais nem menos na pesquisa científica". A ciência é uma realidade social que tem sua história, seus resultados, suas hipóteses, seus métodos… e o pesquisador deve se mostrar muito humilde quando aborda essa grande dama que é a Ciência. O mesmo vale para o pesquisador em ciências da educação. Ele deve se considerar apenas um dos numerosos elos de uma imensa corrente, já existente, e seu primeiro trabalho é situar-se em relação a tudo o que foi feito antes dele. É o que se chama "passar em revista as questões", trabalho essencial para todo pesquisador que quer empreender uma pesquisa. Na verdade, trata-se de precisar o que já se sabe, o que foi feito por outros pesquisadores, de poder dizer, na conclusão do trabalho, em que nosso saber foi enriquecido, completado, eventualmente questionado.

A primeira questão é a seguinte: qual o problema a resolver?

Apesar da aparência, a resposta a essa pergunta não é simples, e muitos aprendizes de pesquisador tropeçam nela. Não basta enunciar um título de pesquisa para que se possa, em boas condições, pôr mãos à obra. É necessário explicitar o tema, definir com precisão seu problema (donde a expressão "problemática"), saber quais serão as variáveis levadas em consideração, os limites de seu trabalho... (ver abaixo). Tomemos um exemplo: *o estudo dos resultados escolares*. O que isso quer dizer? O que quer dizer exatamente "resultados escolares"? Uma análise prévia desse conceito é indispensável e nem todos os pesquisadores, como tampouco nem todos os educadores, dão a essa expressão o mesmo significado. Com que idade, em que condições de método pedagógico, de condições sociais, de características dos professores... se caracteriza a questão? E logo se percebe que, se não delimitamos com precisão o problema a estudar, a tarefa se torna impossível de realizar. Definir com precisão a problemática é portanto a primeira tarefa de todo pesquisador. O pesquisador não parte de zero, ou só excepcionalmente, quando se trata de um novo caminho que se abre após um progresso ou uma mudança social, por exemplo. Outros trabalhos já foram feitos, resultados foram obtidos; questões ficaram sem resposta, novos problemas já foram levantados, dúvidas pairam sobre certos resultados... Ou seja, muitas vezes é difícil precisar a origem *da ideia, do problema* que vai conduzir ao início de uma pesquisa. Toda pesquisa científica é orientada por uma ideia, por uma questão, por um problema que o pesquisador quer, seja explorar, seja aprofundar, seja verificar. Conforme a imaginação pessoal, mas também conforme o dinamismo da comunidade científica (do laboratório em que trabalha o pesquisador, por exemplo, da "moda científica" da época...), os planos de pesquisa vão se desenvolver, com suas características, sua originalidade, sua audácia, sua amplitude, suas possibilidades de realização (verbas, pessoal, fontes de dados...). As inquietações criadoras dependem de uma questão de "limiar crítico", isto é, da importância de uma equipe de trabalho e de pesquisa; o pesquisador isolado, a não ser que seja um indivíduo excepcional, tem menos probabilidade de sucesso que um de seus colegas que está integrado a uma equipe de laboratório que funciona regularmente (realiza pesquisas, discute trabalhos, faz publicações). A comunidade científica não é mais constituída por indivíduos que trabalham cada um no seu canto; ela é estruturada, hoje, em torno de equipes e laboratórios que amplificam e tornam possíveis as ações individuais. Para retomar uma expressão de G. Bachelard, ela é constituída por avenidas mais ou menos bem traçadas, nas quais podem evoluir os pesquisadores que, por sua vez, especificarão os traçados ou abrirão novos caminhos. Todo esse trabalho subterrâneo, inconsciente (ver as observações de H. Poincaré sobre o papel do inconsciente na descoberta matemática), um pouco misterioso, tão coletivo quanto individual, leva aos projetos de pesquisa. A pesquisa científica aparece como um vasto sistema de verificação e de provação das ideias do pesquisador; em outras palavras, o pesquisador vai procurar transformar suas intenções em "verdades" (no sentido em que utilizamos a palavra, a saber, conhecimentos aceitos, num momento dado, pelo conjunto da comunidade científica). É a partir desse momento que continua, de uma outra forma, a grande aventura da pesquisa científica.

Características dos procedimentos científicos

Assim como a fase precedente é pessoal, ligada à riqueza psicológica e científica do pesquisador, das suas experiências científicas anteriores, das solicitações do ambiente científico, e portanto difícil de explicitar, assim também as fases seguintes devem corresponder a certas exigências que, se não são respeitadas, não permitem falar de *pesquisa científica*.

A possibilidade de explicitar tendo em vista uma "legibilidade compartilhada"[1]

Todos os procedimentos do pesquisador têm de poder ser explicitados, explicados, justificados, mesmo quando se trata de intuição. Não é a intuição que se pode explicitar, mas o pesquisador deve ser capaz de dizer em que momento da sua pesquisa determinado resultado lhe deu a intuição de que esse resultado podia ser explicado desta ou daquela maneira, e que essa intuição deu lugar à constituição de um novo elo da cadeia de pesquisa. Quem diz pesquisa científica não diz eliminação da imaginação, da criatividade, muito pelo contrário; mas o pesquisador deve ser capaz de traçar a fronteira entre o que foi sua intuição e o que é seu verdadeiro procedimento científico; a preciosa colaboração de uma fina intuição e de um grande rigor no procedimento marca o trabalho do autêntico pesquisador.

É nessa perspectiva que se pode falar de "reprodução" de uma pesquisa. A repetição de uma pesquisa pedagógica é impossível. Mas, conhecendo todas as condições, seja criadas, seja respeitadas e aceitas pelo pesquisador, é possível um outro pesquisador seguir o desenvolvimento, seja em campo, seja no plano do relatório, e "reproduzir" o que fez o pesquisador inicial. Numa pesquisa científica, tudo deve poder ser verificado, controlado, recalculado, refeito, levando em conta o que foi dito sobre a unicidade das situações de educação.

Esse esforço para explicitar seu trabalho impõe ao pesquisador uma tomada de consciência e uma explicitação constante de todos os seus procedimentos. Ao contrário do criador (poeta, artista de qualquer categoria) que dá rédeas à sua imaginação tendo

---
[1] Eu havia intitulado este parágrafo "A transparência". Durante uma discussão com J. Ardoino, optei por sua expressão "legibilidade compartilhada".

em vista uma criação original, que deixa seu inconsciente trabalhar sem exercer sobre ele um poder de controle, tendo em vista chegar a uma criação que não tem de se submeter a uma regra de censura qualquer que seja, o pesquisador científico, sem nunca travar sua imaginação, deve no entanto analisá-la e explicitá-la para justificar aos olhos da comunidade científica as utilizações que dela fez em suas pesquisas. A diferença é essencial: a atividade de um resulta na obra de arte; a atividade do outro, na produção científica. A obra de arte pode dar lugar a todas as interpretações possíveis; a produção científica deve dar lugar, num tempo dado, a uma concordância da maioria sobre a interpretação dos resultados, sem deixar de desconfiar sempre de uma concordância demasiado perfeita que se parece mais com uma crença do que com a adesão racional a um resultado científico.

Determinar as variáveis que definem uma situação[2]

No caso de certo tipo de pesquisas (de tipo experimental, sondagem..., ver abaixo os tipos de pesquisa), o pesquisador – muitas vezes mediante uma pesquisa de tipo preliminar – deve ressaltar as variáveis (pelo menos as variáveis principais) que determinam a situação. A reflexão individual não basta; a discussão no seio da equipe de trabalho, algumas pesquisas preliminares são indispensáveis. Pode-se sustentar, em princípio, que, nas situações sociais, humanas, pedagógicas, a quantidade de variáveis é praticamente infinita. O pesquisador deve, portanto, em determinado momento da pesquisa, fazer uma opção e considerar apenas um número limitado dessas variáveis (senão o trabalho de pesquisa fica impossível de ser levado a cabo). É aqui que entra em jogo a experiência científica do pesquisador, sua intuição, seu

---
[2] Este ponto mereceria um longo desenvolvimento.

senso das situações estudadas. Essa opção sempre pode ser questionada, algumas são mais pertinentes que outras, donde a necessidade de uma discussão entre os membros de uma equipe. Uma vez definidas as variáveis, é preciso saber como serão avaliadas, quantitativa ou qualitativamente e de acordo com que padrões.

Os critérios de juízo

Toda discussão, se quisermos que não seja simples tagarelice inútil, supõe o acordo prévio sobre os *critérios de juízo*. Esses critérios podem – e devem – ser discutidos antes de ser adotados, o que não ocorre às vezes sem certas dificuldades, porque o conjunto dos critérios se relaciona, por sua vez, com um sistema mais geral de valores. Tomemos por exemplo os critérios de avaliação do nível de aprendizado da leitura: conforme se opte pelos métodos sintéticos ou pelos métodos analíticos, os critérios de juízo do aprendizado não serão os mesmos. Poder-se-ia dizer a mesma coisa para um grande número de disciplinas científicas: matemática antiga / matemática moderna, história acontecimental / história quantitativa, geografia nomenclatural / geografia funcional... A escolha dos critérios depende portanto dos pontos de vista em que cada um se situa, das ideologias subjacentes... A explicitação dos critérios de juízo é portanto importantíssima e faz parte integralmente do procedimento científico. Pode-se e deve-se discuti-los e, a partir do momento em que são aceitos, deve ser possível encontrar os resultados dos juízos dados pelo pesquisador. Não se deve esquecer tampouco que os critérios adotados não o são eternamente: eles são válidos apenas para uma sequência determinada e devem ser questionados com frequência conforme a evolução das situações, das ideias, dos outros resultados científicos obtidos.

A escolha de uma metodologia pertinente

Nem todas as pesquisas são feitas segundo as mesmas metodologias científicas. Não se conduz uma pesquisa de tipo biográfico como se conduz uma pesquisa sobre 10 000 sujeitos. Não se conduz uma pesquisa de tipo histórico como se conduz uma pesquisa de tipo experimental. Sempre respeitando as modalidades gerais da pesquisa científica, cada tipo de pesquisa tem suas especificidades que o pesquisador deve conhecer e respeitar.

A aplicação do teste

Trata-se aqui de uma preocupação constante de todo pesquisador, qualquer que sejam as modalidades, o domínio da sua pesquisa. Não basta afirmar para ter razão; é preciso apresentar a prova do que se alega. Isso é o essencial do procedimento científico. E nem sempre se apresentam as provas da mesma maneira, conforme os domínios e os tipos de pesquisa. Mas nós constituímos, para retomar uma bela fórmula de G. Bachelard, o conjunto dos "trabalhadores da prova". Para tanto, o pesquisador emite hipóteses, define variáveis que entram em jogo na situação estudada e, em função dos critérios de juízo adotados, confirma ou infirma suas hipóteses. Nosso conhecimento do mundo, na verdade, não passa da aceitação de um certo número de hipóteses mais ou menos bem confirmadas. Por muito tempo, a redondeza da Terra não foi mais que uma hipótese verificada pelos cálculos dos seus deslocamentos; foi só com os satélites artificiais que se pôde realmente constatar que a Terra tinha de fato uma forma aproximadamente esférica.

A interpretação dos resultados

A interpretação dos resultados é uma fase importantíssima de qualquer pesquisa. O valor de uma pesquisa (se a problemática e a metodologia estiverem corretamente estabelecidas) depende da qualidade das interpretações dos resultados fornecidos pelo pesquisador. Senão, uma máquina bem programada poderia dar resultados sem significado (como se vê às vezes com a utilização – indispensável, de resto – do computador). Essa interpretação se faz em vários níveis:

a) *interpretação formal dos resultados*. – Uma primeira interpretação dos resultados quantitativos obtidos se faz em função das técnicas de pesquisa utilizadas: cálculo dos intervalos de confiança no caso de resultados estatísticos, autenticidade dos documentos utilizados numa pesquisa de tipo biográfico... Todo instrumento, qualquer que seja, introduz um "viés" que nenhum pesquisador pode ignorar. A realidade analisada é a que os instrumentos utilizados nos dão. Donde uma discussão necessária sobre a validade e os limites dos resultados em função das técnicas de pesquisa.

Nem toda pesquisa produz tão só resultados quantitativos, e é preciso levar em conta resultados "qualitativos" que venham modular, modificar às vezes, completar os resultados quantitativos. Inversamente, numa pesquisa de tipo qualitativo, o pesquisador é levado a considerar outros aspectos de tipo quantitativo que enriquecem a interpretação dos resultados qualitativos (donde a necessidade das observações que o pesquisador deve fazer constantemente e anotar no decorrer de uma experiência, de um encontro, de uma sondagem...).

Essa primeira interpretação dos resultados brutos desemboca na confirmação ou na infirmação das hipóteses emitidas: os resultados obtidos permitem aceitar (ver abaixo) ou rejeitar as hipóteses admitidas?

O aspecto "formal" da pesquisa é que é discutido aqui, bem como os resultados propiciados pela utilização de determinada metodologia. Uma primeira síntese dos resultados obtidos é então possível no plano técnico.

b) *interpretação integrativa dos resultados.* – Voltando à problemática definida no início da pesquisa, o pesquisador vai proceder a uma interpretação mais vasta dos resultados, integrando resultados qualitativos e quantitativos, discutindo a pertinência das hipóteses formuladas, discutindo a adequação do plano de pesquisa adotado à situação a estudar. Está-se quase no plano epistemológico que permite apreciar, discutir ou criticar a pertinência da opção e da utilização da metodologia científica utilizada.

c) *uma primeira extensão da interpretação.* – Não se faz nenhuma pesquisa num espaço "vazio": as condições de realização de uma pesquisa (seja com documentos, seja com sujeitos, seja com situações de educação...) devem ser levadas em consideração para fornecer um novo tipo de interpretação. A mesma pesquisa (do ponto de vista formal) e os mesmos resultados não são interpretados da mesma maneira, dependendo de como a pesquisa foi conduzida em determinada época do ano, dependendo de como determinado acontecimento político ou social se deu, em função do contexto histórico, geográfico, social, econômico, político... O pesquisador deve dar provas de imaginação para encontrar interpretações válidas, sempre discutíveis é verdade, mas úteis quando mais não fosse para gerar a necessidade de outras pesquisas complementares. Toda pesquisa nada mais é que um dos elos da longa cadeia da pesquisa científica.

d) *a interpretação em função de um sistema de valores.* – A interpretação dos resultados em ciências da educação coloca um problema que outras disciplinas não conhecem: as variáveis ligadas ao clima da turma e aos métodos pedagógicos utilizados, às condições de vida dos alunos, aos valores ideopedagógicos que embasam a atividade do professor. Não considerá-las é um erro corrente, observado em trabalhos provenientes de laboratórios cujos membros não têm um conhecimento suficiente dos métodos pedagógicos utilizados. É a diferença que há entre *a psicologia aplicada à educação* e *a psicologia da educação*. Certos trabalhos dos laboratórios de psicologia são de um grande interesse, mas não são válidos porque não levam em conta as variáveis independentes gerais que acabamos de citar.

e) *a interpretação dos resultados em função da sua utilização pelos educadores.* – No caso de certas pesquisas, é indispensável que o pesquisador estabeleça as condições que podem ter seus resultados sobre a prática pedagógica. Não se trata de cair no "prescritivo", mas de indicar o proveito que eventualmente os educadores podem tirar dos resultados, para modificar ou melhorar sua prática cotidiana.

Situação particular em ciências humanas e, mais particularmente, em ciências da educação; pesquisa e deontologia

Resta um limite intransponível de todas as pesquisas em ciências da educação: a necessidade de avaliar constantemente os efeitos da experimentação para saber se esses não vão de encontro a princípios fundamentais da ação educativa ou não têm consequências nefastas para os sujeitos. Deve-se fazer, em outro nível e em outras circunstâncias, como Sócrates, que deixava ou fazia o escravo Menon incorrer em erro para pô-lo mais facilmente no caminho da verdade? Certas ações ou certos fracassos deixam vestígios; certos comportamentos provocados podem ter consequências incalculáveis sobre o futuro dos sujeitos. Deve o pesquisador, por sua atitude e seu comportamento, por seus métodos de investigação e pelos resultados que busca, ir de encontro aos princípios pedagógicos do meio que o recebe e o aceita? Encontramos essa situação no decorrer de uma pesquisa sobre a criatividade verbal das crianças numa escola da região parisiense: para libertar verbalmente as crianças, um sistema de jogo de marionetes lhes possibilitava exprimir-se mais livremente através de bonecos manipuláveis; essa liberdade levou rapidamente ao que o pessoal da escola considerou como "além dos limites e contrário às regras de conveniência necessárias adotadas por todos na escola". Foi preciso interromper a pesquisa. A ação do pesquisador, que só pode se desenrolar no âmbito de um meio educacional, não pode estar em contradição com o sistema de finalidades que orienta a ação educativa da equipe do pessoal de ensino desse meio educacional. Empenhar-se numa pesquisa também é, para o pesquisador, empenhar sua responsabilidade em relação aos alunos, aos pais e a todos os outros parceiros da ação educativa. Um meio educacional não é um espaço neutro, ele é perpassado por vários sistemas de valores (pedagógicos, sociais, políticos, religiosos) que determinam sua especificidade: uma interpretação dos resultados que não levasse isso em conta daria uma visão errônea da realidade estudada. Há manifestamente variáveis difíceis de apreender, e os procedimentos da *aplicação do teste* se ressentem necessariamente disso. Uma nova forma de "incerteza" se introduz, "incerteza" que não é da mesma ordem da que está ligada ao fato de que nossos conhecimentos são estatisticamente prováveis. Os próprios resultados do aprendizado provocado em situação de pedagogia autoritária ou de pedagogia diferenciada não são interpretados da mesma maneira. O sistema educativo geral em que trabalha o pesquisador em ciências da educação constitui um conjunto de variáveis importantíssimo, mas particularmente difícil, que deve ser levado em consideração.

As publicações científicas

Elas são necessárias e fundamentais para a busca da crítica ou da concordância da comunidade científica da época. Como obter esse selo de validade dos resultados, se eles não forem publicados e postos ao alcance de todos? Como seria possível uma discussão séria que se faça unicamente com base em transmissões orais (comunicações orais a congressos, por exemplo)? Com efeito, é aqui o início de toda pesquisa: o estabelecimento de uma *passagem em revista de questões* que permita que o pesquisador faça o balanço do estado de avanço dos conhecimentos no domínio que ele aborda. No fim de toda pesquisa, essa revista de questões deve portanto se enriquecer com os resultados obtidos, e a fase seguinte da pesquisa científica poderá levá-los em conta.

Os métodos utilizados[3]

Dada a variedade e a complexidade dos fatos e das situações de educação, não há método de pesquisa científica universal aplicável a todos os casos. Se o pesquisador, conforme o tipo de pesquisa que realiza, escolhe os procedimentos, as técnicas, os métodos que lhe parecem mais pertinentes, essa escolha, sem nunca sacrificar o rigor necessário, deve manter toda a flexibilidade indispensável à adaptação da pesquisa à variedade das situações de educação. Por outro lado, ela supõe uma coerência entre todas as etapas e os procedimentos da pesquisa considerada em seu conjunto.

---

[3] Aqui, é todo o curso de metodologia que seria necessário apresentar, mas nos contentaremos com enumerar os métodos e técnicas sem entrar no detalhe de seu estudo. Remetemos o leitor a G. Mialaret, *Les méthodes de recherche en sciences de l'éducation*.

Uma pesquisa científica não é simplesmente a utilização de procedimentos, de técnicas; ela supõe uma problemática tão explícita quanto possível da qual vão decorrer as hipóteses a verificar ou a infirmar. É também nesse nível que se começa a precisar os critérios de juízo e a fazer uma análise rigorosa das diferentes variáveis da situação. É então em função das variáveis consideradas que se faz a escolha – justificada – dos métodos e técnicas. A transparência dos procedimentos (a legibilidade compartilhada) e das opções efetuadas é característica de todo bom método de pesquisa em ciências da educação.

A adaptação dos métodos e técnicas às situações, a flexibilidade necessária definida acima supõem, de parte do pesquisador, um domínio na utilização das diferentes técnicas. É a questão da preparação e da formação dos aprendizes para a pesquisa.

Uma enumeração simplificada das técnicas de pesquisa em ciências da educação

1. Variedades da observação (com possibilidades de registro):
   - das condições externas, de funcionamento:
   - de tipo temporal:
     - desenrolar de uma situação
     - uma ação educativa
     - a atividade dos sujeitos (alunos, por exemplo)
   - de tipo etnográfico:
     - a observação "armada": utilização de fichas de observação (G. de Landsheere, M. Postic, Flanders, M. Altet...)
     - observação participante
     - constituição de monografias
2. Entrevistas de todo tipo, coleta de depoimentos:
   - questionários de todo tipo: de conhecimentos, de opinião, de personalidade, de atitudes...

- entrevistas de explicitação, de justificação
- entrevistas de pesquisa dos significados
- entrevistas de opinião
- história de vida...
3. As pseudoexperimentações e as análises comparativas
4. As quase experimentações
5. A simulação. A modelização
6. A experimentação tal como pode ser praticada hoje

Nosso inventário não é exaustivo. Podemos no entanto afirmar que as formas e modalidades da pesquisa científica são numerosas e variadas. Elas variam em função do estado atual dos conhecimentos no domínio estudado, do objeto da pesquisa, dos métodos e técnicas utilizados no mundo científico da época (problema dos modos!), das teorias principais subjacentes, das possibilidades atuais de enfoque técnico e científico dos fenômenos estudados (novas possibilidades oferecidas pelo computador, por exemplo). As pesquisas pedagógicas só se tornaram possíveis com o aparecimento do que se chama (equivocadamente) de "tecnologia da educação" (audiovisual, informática, novas técnicas de registro...). Os próprios planos experimentais (ver abaixo) passam por uma forma de mutação ligada ao desenvolvimento das técnicas de observação, de registro, de tratamento rápido dos resultados.

Agora é necessário examinar, para cada uma dessas grandes famílias da pesquisa científica, as características fundamentais da atividade do pesquisador e as modalidades da aplicação do teste.

As modalidades da pesquisa científica ou as formas do espírito científico moderno

Constata-se que os numerosos e diferentes domínios da atividade científica, ao mesmo tempo que correspondem à definição geral que demos da pesquisa científica, adotam em presença de seu objeto de análise métodos e técnicas diferentes; donde nem todos os procedimentos conduzem às mesmas modalidades de aplicação do teste. São essas formas do espírito científico atual que vamos rapidamente estudar. Não se trata aqui nem de abrir o capítulo fundamental da filosofia sobre o que é a verdade, nem de dar uma contribuição qualquer à definição da verdade. Nosso objetivo é menos ambicioso: tentar classificar, agrupar algumas formas da atividade científica contemporânea para pôr em evidência suas características fundamentais e mostrar o que as diferencia umas das outras.

Os diferentes sistemas de aplicação do teste, notadamente separados aqui devido às necessidades da apresentação, são na realidade da pesquisa científica muito mais entremeados, implicados uns pelos outros, do que uma apresentação necessariamente analítica pode fazer pensar.

Em primeira análise, distinguimos quatro grandes famílias de atividades que levam a um certo formato de resultados, ao que chamamos de uma forma de "verdade"[4]. Nós nos interessaremos mais particularmente, dadas as dimensões necessariamente limitadas deste trabalho, a algumas dessas formas.

1. As atividades que levam a um tipo de *saber formal*: duas delas (matemáticas e filosóficas) pertencem claramente a essa categoria; a terceira (jurídica) está entre a pesquisa formal da verdade e a atividade histórica que leva ao estabelecimento dos fatos passados.

– As verdades de tipo matemático cujo eixo é *a demonstração*. Não nos deteremos nesse tipo de verdade, que não pertence

---
[4] Não se trata aqui de "verdade revelada ou pessoal", mas do que, num momento dado da história da pesquisa, é aceito provisoriamente pelo conjunto da comunidade científica.

especificamente à pesquisa científica em ciências da educação. Somos apenas utilizadores da matemática e não pesquisadores em matemática.

– Por outro lado, estamos com frequência no caso de uma pesquisa que apela para um raciocínio, uma argumentação cuja lógica deve respeitar as regras comumente admitidas, que parte de princípios enunciados, senão estabelecidos, e que conduz a conclusões que constituem uma contribuição ao crescimento do nosso saber. Essas reflexões podem ou não se alimentar de fatos e/ou situações conhecidos para comentá-los, analisá-los, criticá--los, situá-los em novas perspectivas. E esse gênero de procedimento pode se aplicar a todos os aspectos da educação, a todos os objetos da pesquisa. O leitor reconhece o domínio da *filosofia da educação*. O valor e a validade da argumentação são ligados ao rigor e à coerência do raciocínio, à exatidão dos fatos invocados, à pertinência das conclusões tiradas. Falaremos de verdade de tipo *reflexivo*.

– As atividades que levam a uma forma de saber *histórico-jurídico* são comuns às atividades precedentes (verdade de tipo reflexivo) e às atividades de tipo histórico. Num primeiro tempo, há uma atividade de *estabelecimento dos fatos*, depois um raciocínio que às vezes tem a solidez de um raciocínio matemático (certa infração, certa punição, como ocorre atualmente em certos países que utilizam o computador para as infrações pouco graves: estacionamento, excesso de velocidade...), mantendo porém a possibilidade de introduzir, nos casos graves, a consideração dos fatores psicológicos (as circunstâncias atenuantes); donde um processo de argumentação que se aproxima do que chamamos de tipo reflexivo. A oportunidade de realizar essas atividades nas pesquisas científicas em ciências da educação nós encontramos nos problemas de responsabilidade dos professores para com determinado aluno ou determinada situação e, cada vez mais, nas situações em que é posto o respeito ao direito à educação da criança.

2. Os saberes de tipo *psicológico* ou de *depoimento*. Eliminemos imediatamente o sentido de "verdade oposto à contraverdade ou mentira voluntária". São entretanto situações que encontramos em certos livros recentemente publicados em que as ciências da educação são acusadas, equivocadamente e em função de afirmações historicamente falsas, de todos os males. Não insistiremos nesse ponto.

Conhecemos, de resto, a contraverdade infantil, a fabulação da criança, os resultados da sua visão de mundo[5]. Sobre esse ponto, todos os psicólogos da infância deram os elementos fundamentais para situar, na perspectiva da verdade, as afirmações, as palavras, a fabulação da criança. Nesse ponto, o pesquisador deve tomar todas as precauções de uso para utilizar as palavras, os depoimentos de crianças, desenhos... Muitas vezes – para não dizer sempre – é preciso proceder à crítica *externa* e *interna* dos documentos, exatamente como fazem os historiadores (ver abaixo). Será também o caso das entrevistas psicológicas para proceder à anamnese de um sujeito ou ao estabelecimento de uma monografia de um sujeito ou de um grupo humano.

No domínio das ciências da educação, um grande número de pesquisas é feito – principalmente no domínio dos "objetos" em situação de evolução, com base em "depoimentos". Deixemos provisoriamente de lado o problema da observação, que será abordado adiante.

Nesse domínio, as experiências de É. Claparède são exemplares. Lembremo-las rapidamente, resumindo-as[6]:

---

[5] É inútil recordar o caso Doutreau que abalou toda a justiça e toda a população francesa.
[6] É. Claparède, *La valeur du témoignage*.

"É. Claparède dava um curso de psicologia na faculdade de Direito de Genebra. Um dia, durante uma das suas aulas, um indivíduo entra ruidosamente na sala de aula; o professor pede que o bedel expulse o intruso. Imediatamente, É. Claparède pede a seus alunos para fazer um relatório ao reitor que contenha o mais objetivamente possível a cena a que assistiram.

De fato, a cena havia sido organizada como um pequeno roteiro de cinema. Sabia-se exatamente o que havia sido feito e dito, o indivíduo que havia representado o papel de intruso. As comparações entre a realidade e o relato dos estudantes são particularmente instrutivas sobre o valor dos depoimentos."

A atividade científica de pesquisa da verdade deve portanto se esforçar, por cotejos tão numerosos quanto possível, para estudar a concordância dos depoimentos, sabendo que, às vezes, um só depoimento não concordante é o que contém mais verdade. Vamos recordar aqui *Cada qual à sua maneira* de Pirandello ou o magnífico filme japonês *Rashomon*, no qual a mesma cena é contada por diferentes atores e por um espectador não implicado na cena. Podemos lembrar aqui esta citação de H. Wallon, que coloca perfeitamente o problema da objetividade relativa das nossas reações:

"Contar uma cena é contá-la para si... O que a impressão primeira e os vestígios que ela deixa podem ter de instantâneo, de parcial, de lacunar, tem por contrapartida imediata um trabalho incessante de reconstrução e de sistematização."[7]

Note-se que, no caso de todas as pesquisas científicas que recorrem a entrevistas, a depoimentos dados seja pelos professores, seja pelos alunos, seja pelos pais de alunos, seja por parceiros administrativos das situações de educação, esses elementos

---
[7] H. Wallon, *Principes de psychologie appliquée*, p. 203.

devem ser sistematicamente submetidos a tais procedimentos de crítica antes de receber o estatuto de elementos utilizáveis num procedimento de análise científica. Deve-se buscar portanto o grau de confiabilidade dos depoimentos na crítica e na concordância das versões atuais (ver os depoimentos tardios e a revisão de um processo, a reação dos alunos algumas semanas ou alguns meses depois de um acontecimento da vida escolar, por exemplo); a crítica dos depoimentos, sem esquecer de passar pelo crivo as condições históricas, geográficas, afetivas, sociais..., de sua obtenção (liberdade de palavra, regime político particular, estado emocional no momento da produção do depoimento...). Encontramos novamente aqui a dupla crítica externa e interna dos depoimentos, caros aos historiadores. Mas o pesquisador não deve esquecer nunca que, salvo procedimentos suplementares de pesquisa, o que ele tem em mãos não passa de opiniões – mais ou menos controladas – dos que lhe fornecem os dados para reconstruir a realidade. É a mesma dificuldade encontrada pelos pesquisadores que, partindo da observação e da linguagem (dos professores, dos alunos, em particular durante a observação da classe), desejam deduzir dessa observação as operações psicológicas subjacentes. O quadro de correspondência entre a linguagem e as funções psicológicas postas em movimento, apesar de todos os esforços da psicologia cognitiva, ainda não está solidamente estabelecido.

3. O saber de tipo *material* ou de *estabelecimento dos fatos*.

– Saber de *observação*[8]. A observação é a primeira técnica utilizada pelo pesquisador e, qualquer que seja o lugar e a importância, muito grandes, das técnicas modernas (computador em

---

[8] Nos parágrafos seguintes nos referimos às distinções que fizemos acima entre os fenômenos estáveis, os fenômenos dinâmicos que existem *hic et nunc* e os fenômenos organizados de acordo com um cuidado de experimentação.

particular), a observação sempre conserva, na pesquisa em ciências da educação, um lugar importante. Já tivemos a oportunidade de lembrar as três diferentes situações nas quais um pesquisador podia se encontrar[9]:
– o observador é totalmente exterior à situação que observa (caso do pesquisador que observa uma situação de educação de um outro local sem ser visto, através de um espelho semitransparente);
– o observador está imerso na situação que deve observar (caso do pesquisador sentado no fundo de uma classe);
– o observador está ao mesmo tempo ator imerso na situação (o professor que descreve o trabalho que um de seus alunos está fazendo).

Todo pesquisador deve levar em conta os trabalhos já feitos para mostrar os limites, os erros, as insuficiências, as "ilusões" (ver a ilusão de Müller-Lyer que todo estudante de psicologia experimental manipula), de toda observação, qualquer que seja o tipo considerado. Aqui também, a validade da observação está ligada aos cotejos entre vários observadores confirmados[10]. Para melhorar a concordância entre os observadores, o pesquisador propõe "grades" cujas qualidades metrológicas ele tem de conhecer (fidelidade, sensibilidade, validade) a fim de poder interpretar corretamente os resultados obtidos. Não se deve tampouco esquecer que a concordância das observações não é uma prova absoluta: por muito tempo "observou-se" o Sol girando em torno da Terra! Vários inspetores pertencentes ao mesmo movimento pedagógico observam, numa classe, o desenrolar de certos processos, enquanto outros, sensíveis a outros aspectos da ação educativa, fazem outras observações. Onde está a realidade da turma?

---

[9] G. Mialaret, *La pédagogie expérimentale*, pp. 27-8.
[10] Ver a esse respeito os trabalhos feitos no INETOP por C. Chauffard.

Encontra-se uma dificuldade de outra ordem quando se utilizam instrumentos que permitem analisar o que acontece numa turma e quando se procura codificar as observações obtidas. O pesquisador deve então conhecer a cadeia das operações que vão da "realidade da turma" à análise estatística das observações:
– "realidade da turma / observações feitas pelos observadores diretamente ou por meio de grades de observação (o que não apreende totalmente a realidade);
– levantamento e codificação das observações (perda de informação, já que o pesquisador vai colocar nas mesmas categorias fenômenos, processos, situações que não são rigorosamente semelhantes...);
– análise estatística que vai homogeneizar mais ou menos o conjunto das observações.

Será que, no fim das contas, as "realidades" sobre as quais se faz a análise são homogêneas, comparáveis à "realidade", ao que de fato aconteceu na turma? Antes de aceitá-la, muitas vezes é preciso testá-la.

O pesquisador em ciências da educação depara com todos esses problemas quando estuda os fenômenos dinâmicos que existem *hic et nunc* e que não são reprodutíveis tais quais nem no espaço, nem no tempo.

– Os saberes de tipo *histórico e o estabelecimento dos fatos*. Trata-se, a partir de documentos (objetos materiais, construções, obras de arte, documentos escritos...), de estatísticas para a história quantitativa, de estabelecer com uma certa solidez dos fatos passados, de reconstituir situações que não existem mais, de fazer reviver o mais objetivamente possível o que faziam e o que pensavam as pessoas de outras épocas. Tudo isso na perspectiva de estabelecer os elementos fundamentais de um determinismo histórico (não, aqui, no sentido marxista do termo). O pesquisador deve portanto se esforçar para reunir o máximo de documentos relativos ao domínio que estuda[11], fazer uma rigorosa crítica externa deles a fim de dar seguimento às suas análises e pesquisas, trabalhando com dados provisoriamente aceitos como exatos[12]. A verdade portanto é aquela que o pesquisador estabelece quando aplica todos os procedimentos de pesquisa, quando age de tal modo que há coerência entre todos os seus passos e quando os resultados que obtém (os novos conhecimentos, por exemplo) não podem ser questionados, no momento, pela comunidade científica da sua época.

O pesquisador em ciências da educação encontra todos esses problemas quando estuda os "objetos congelados" da pesquisa em ciências da educação, isto é, quando faz história da educação, e sua maneira de provar o que afirma é a mesma dos historiadores. Ele encontra esses mesmos problemas quando estuda os "fenômenos relativamente estáveis", como a demografia da educação, a economia da educação, os sistemas solares atuais... A pesquisa de documentos pertinentes, a crítica desses documentos, a análise das informações que contêm são o pão cotidiano do pesquisador nesse domínio. Dadas as dificuldades atuais de organizar verdadeiras experimentações, muitas vezes a pesquisa científica se contenta com analisar conjuntos de dados (análise das correspondências, por exemplo); encontramos, assim, a fórmula de C. Bernard de uma experiência oferecida pela natureza. Por exem-

---

[11] No caso da arqueologia, situação extremamente rara em ciências da educação, o pesquisador, depois de tomar todas as precauções necessárias, destrói todos os vestígios que encontrou num lugar para dar seguimento às suas investigações.
[12] Lê-se, em *L'histoire et ses méthodes*, o seguinte parágrafo: "Manteremos portanto aqui o plano de Langlois e Seignobos: crítica externa (ou de erudição), isto é, crítica de "reconstrução" (estabelecimento do texto ou 'ecdótica'), de proveniência (data, lugar, autor), 'classificação crítica das fontes'; crítica interna; interpretação (língua, convenções, etc.), crítica de exatidão e de sinceridade e 'determinação dos fatos particulares'" (p. 1.248).

plo, a pesquisa da influência do *status* social da família sobre o aprendizado da leitura pela criança já dispõe de um vasto conjunto de dados; análises estatísticas acompanhadas por estudos de casos individuais podem levar a esquemas de análise muito próximos da experimentação. É o que a produção científica atual permite observar: é mais fácil coletar e analisar documentos já obtidos do que organizar uma experimentação.

– O saber de tipo *taxionômico* ou de *diagnóstico*. Em presença da variedade das realidades (fatos, situações, processos), da sua diversidade e da sua complexidade, a ciência se esforça para pôr certa ordem nesse conjunto de modo que possa se orientar, fazer comparações, proceder a análises. Na história da ciência, podem-se observar esses esforços de classificação que conduzem seja a uma identificação, no caso das grandes classificações botânicas ou zoológicas, seja a um diagnóstico quando se trata de fenômenos sociais ou humanos. Os grandes sistemas de classificação – que se referem mais ou menos explicitamente a grandes teorias subjacentes – correspondem a uma verdadeira grade de visão do mundo e, qualquer que seja seu valor atual, são estabelecidos apenas provisoriamente. Uma fina e constante dialética se estabelece entre a utilização dessas tabelas de comparação e os novos fatos observados: ou o novo fato pode se integrar numa das categorias previstas pela classificação, ou é preciso modificar a classificação. Vale dizer que a atividade *taxonômica* do pesquisador resulta de um vasto esforço científico de análise, de comparação, de classificação. Pode-se notar que todo *diagnóstico*, seja ele médico, psiquiátrico ou pedagógico resulta, explicitamente ou implicitamente, de uma comparação com uma tabela de valores ou de categorias previamente estabelecida. O rigor científico, nesse caso, consiste em ter plena consciência da tabela de valores utilizados, conhecer suas características científicas e dominar completamente a sua utilização. Os esforços de J. Drevillon[13] para classificar cientificamente os métodos pedagógicos decorrem dessa atividade taxonômica. Muitas vezes os pesquisadores em ciências da educação apresentam classificações, agrupamentos, sem terem estabelecido previamente de forma suficiente os critérios de classificação. Qualquer discussão científica é impossível então; a aplicação do teste não é sólida.

4. O saber de tipo *experimental*. Seria necessário fazer aqui a distinção entre pseudoexperimentação, pré-experimentação, quase experimentação, experimentação verdadeira[14].

Hoje estamos bem longe das concepções do início do século, quando os cientistas descobriam o método experimental. A citação já feita do dr. Th. Simon (cap. 2), datada de 1924, expressa bem o estado do pensamento dos pesquisadores de então.

As coisas pareciam bem simples nessa época de pioneiros! Os progressos em numerosos planos: análises das variáveis de uma situação de educação, constituição de amostras realmente comparáveis e estratificadas, levando em conta um grande número de fatores (étnicos, geográficos, sociais...), métodos muito mais precisos de avaliação (situação inicial, situação final), utilização de "planos experimentais" que levem em conta um maior número de fatores ativos e mais eficazes complicaram consideravelmente a experimentação em geral e a experimentação pedagógica em particular. Se acrescentarmos a isso a introdução do computador que, no decorrer da própria experiência, pode trazer informações provenientes também dessa experimentação e assim modificar o desenrolar desta, dá para pressentir a complexidade de uma experimentação científica atual e a dificuldade de concebê-la e

---

[13] J. Drevillon, *Pratiques éducatives et développement de la pensée.*
[14] G. Mialaret, *Les méthodes de recherche en sciences de l'éducation.*

levá-la a cabo. Isso não condena a experimentação pedagógica, mas explica por que se veem poucas verdadeiras experimentações que consigam reunir todas as condições para que estas sejam cientificamente válidas.

Sem desenvolver todo um capítulo sobre a experimentação científica, lembremos brevemente alguns pontos que nos parecem fundamentais.

O esquema da experimentação conforme concebiam os pesquisadores do início do século pode ser resumido assim:

Situação inicial Grupo A	*Ação pedagógica exercida*	Resultados R1
Situação inicial Grupo B	*Nenhuma ação exercida*	Resultados R2

A comparação dos resultados R1 e R2 permite dizer se a ação foi ou não eficaz. Dado que naquela época as técnicas estatísticas ainda não eram correntemente utilizadas, bastava que R1 fosse superior a R2 para concluir que o método era eficaz. É o esquema "canônico": uma ação produz um efeito; medindo-se o efeito, tem-se uma informação sobre a causa.

A pesquisa científica contemporânea substituiu cada item desse esquema (um pouco caricatural, é verdade) por itens muito mais difíceis de definir em algumas palavras:

– A constituição das amostras com as quais se faz a experimentação é uma operação difícil e delicada; ela supõe quase uma investigação preliminar para descobrir as variáveis que entram em jogo, para saber se a estrutura da amostra corresponde às normas escolhidas (exemplo: tem-se na escola uma quantidade suficiente de alunos de CM2 que correspondam às condições de constituição da amostra? Se não, o que se deve fazer? Será

que numa escola próxima vão ser encontradas as mesmas condições sociais, pedagógicas...) ?
- As subamostras (2, 3 ou 4, conforme o plano experimental escolhido) são realmente comparáveis, no sentido estatístico do termo?
- As condições gerais da experimentação são favoráveis a um desenrolar completo das atividades (presença dos professores, dos alunos, dias de ausência...)? Tem-se certeza de uma atitude favorável dos professores, de sua colaboração?
- Como definir com precisão o que se chama de "fator experimental", isto é, o gênero de ação exercida sobre certos grupos, mas não sobre outros? Qual será o conteúdo, qual será a forma, qual será o ritmo dessa ação? Por quem ela será exercida[15]?
- Quais serão os instrumentos de avaliação e por quem serão aplicados, escolhidos ou mesmo construídos?
- Quais serão os métodos de coleta dos dados e como estes serão analisados (que métodos estatísticos em particular)?

E essa lista não é exaustiva!

Toda a montagem experimental tem por objetivo tentar responder à questão posta pela hipótese: em que medida se pode recusar ou não (e com que risco) a hipótese proposta? O pesquisador teve uma ideia, propôs-se uma questão: por exemplo, pareceu-lhe nas várias visitas que fez a turmas escolares que a introdução de um computador numa turma modificava o rendimento em matemática dos alunos dessa turma. Como dar uma resposta válida a essa pergunta sem cair na impressão favorável ou desfavorável do pesquisador? O procedimento será o seguinte: o pesquisador se põe na situação mais desfavorável e formula o que se

---
[15] Ver capítulo 4.

chama de hipótese H_0: *a introdução de um computador numa turma não acarreta nenhum progresso dos alunos em matemática.*

Formulada essa hipótese, o pesquisador vai "montar sua experimentação" levando em conta o que acaba de ser dito. A comparação dos resultados levará a um valor estatístico ("*t*" de Student ou "F" de Snedecor, no caso de vários grupos) e as tabelas de probabilidades lhe possibilitarão dizer que:

– se o valor de "*t*" ou de "F" for inferior ao valor correspondente das tabelas, *não se pode rejeitar a hipótese nula H_0*. Não se tem a prova de que a hipótese é exata, mas os resultados estatísticos nos permitem dizer que, tal como está, não pode ser rejeitada;

– se o valor de "*t*" ou de "F" for superior ao valor correspondente das tabelas, pode-se *correr o risco de rejeitar a hipótese nula H_0* com, no entanto, uma certa probabilidade de equívoco. Em outras palavras, os resultados da experimentação não trazem uma prova da exatidão da hipótese, mas simplesmente que em 5% ou em 1% dos casos (conforme o limiar escolhido) a hipótese pode ser provisoriamente aceita, ante os resultados obtidos.

Cumpre também acrescentar que os "planos experimentais" atuais e as possibilidades oferecidas pelo computador para registrar um grande número de dados permitem que o pesquisador trabalhe com muitas variáveis ao mesmo tempo (idade, sexo, *status* social da família, variáveis professores...), analise as correlações entre todas essas diferentes variáveis e enriqueça assim a interpretação dos resultados estatísticos. A utilização dos chamados *planos experimentais ortogonais* possibilita essas análises[16].

A aplicação do teste nessa situação resulta do número, o maior possível, de experiências que vão testar a hipótese H_0. Embora nem todas as experimentações permitam rejeitar a hipótese,

---

[16] M. Debesse e G. Mialaret, *Traité des sciences pédagogiques*, t. 1, pp. 175-6.

concluir-se-á provisoriamente que não se tem a prova da influência da introdução de um computador no que concerne ao progresso em matemática dos alunos da turma. Se, no caso contrário, todas as experimentações conduzem a *correr o risco de rejeitar a hipótese nula*, poder-se-á aceitar, no tempo e nas condições nas quais foram feitas as experimentações, que a introdução de um computador numa turma tem consequências (que será preciso analisar depois) sobre o rendimento em matemática dos alunos. Ou seja, tal experimentação dá ensejo a outras experimentações em função do princípio de que uma experiência muitas vezes dá uma resposta à questão que o pesquisador formulava, mas ao mesmo tempo levanta outros problemas em que o pesquisador não havia pensado. É a noção de *cadeia de experimentações*. É raríssimo ter uma experimentação isolada; na maior parte do tempo, uma experiência ou uma experimentação se situa relativamente a outras experimentações, seja passadas, seja futuras. Tirando as consequências do seu trabalho, é desejável que o pesquisador abra as portas dos caminhos por vir, para participar assim da grande solidariedade que deveria existir entre todos os pesquisadores. E são muitas vezes as experimentações ulteriores que trazem elementos suplementares para assegurar a validade dos resultados presentes.

5. O saber de tipo *estatístico*. Damos uma importância particular às verdades de tipo estatístico porque (e remetemos o leitor ao que dissemos acima) elas são, a nosso ver, um dos pilares do pensamento moderno e do nosso conhecimento, que é cada vez mais um conhecimento provável. As únicas certezas racionais são, para nós, as que são dadas pelas matemáticas. Seria preciso, porém, dar a essa afirmação um certo número de nuances.

– a estatística possibilita saber, para um resultado dado, qual é o *intervalo de confiança da média*[17], a dispersão da série à qual esse intervalo pertence, logo situá-lo corretamente nessa série (e em relação à variável considerada). Donde um juízo mais preciso e mais bem compreendido pelos interlocutores que falam a mesma linguagem estatística. É também uma das maneiras de tentar situar o indivíduo num grupo de referência.

– utilizar técnicas estatísticas é aceitar certos postulados que temos de apresentar aqui para que o pesquisador esteja sempre em condições de criticar ou relativizar esse postulado e interpretar corretamente seus resultados.

Quando se procede a uma experiência sobre sujeitos N_i e se efetua uma medida tendo em vista, por exemplo, apreciar a influência de um fator experimental R, mede-se ao mesmo tempo a influência do fator experimental R e um certo número de outras influências, o que traduzimos do seguinte modo, partindo do resultado obtido por um dos sujeitos N:

$$\begin{aligned}
N_1 &= R_1 + \alpha_1 + \beta_1 + \ldots + \xi_1 \\
N_2 &= R_2 + \alpha_2 + \beta_2 + \ldots + \xi_2 \\
N_3 &= R_3 + \alpha_3 + \beta_3 + \ldots + \xi_3 \\
&\cdots\cdots\cdots\cdots\cdots\cdots\cdots\cdots\cdots\cdots \\
N_i &= R_i + \alpha_i + \beta_i + \ldots + \xi_i \\
\hline
\Sigma(N) &= \Sigma(R) + \Sigma(\alpha) + \Sigma(\beta) + \ldots + \Sigma(\xi)
\end{aligned}$$

sendo a hipótese fundamental a de que todos os termos situados à direita de $\Sigma(N)$ tendem a 0. O que é escrever: $\Sigma(N) = \Sigma(R)$.

Enfim, a média dos valores atribuídos aos sujeitos N_i corresponde à média dos valores de R_i. É a situação do caso geral em que as variáveis ou funções $\alpha, \beta, \ldots \xi$ têm valores aleatórios. Pode

---

[17] G. Mialaret, *Statistiques appliquées aux sciences humaines*, p. 160.

ocorrer que a soma de uma ou diversas dessas variáveis não tenda a 0 (caso das curvas bimodais, por exemplo). O pesquisador pode então proceder a uma nova forma de avaliação ou utilizar técnicas estatísticas particulares (a técnica das funções discriminantes, por exemplo), para melhor analisar a situação.

As conclusões tiradas em presença de atividades estatísticas se baseiam na escolha do *limiar* escolhido para não rejeitar uma hipótese (ou para correr o risco de aceitá-la). A aplicação do teste está ligada portanto à probabilidade de aceitar ou rejeitar a hipótese posta no início.

O problema das sondagens[18]

Convém dar uma atenção especial às sondagens: sua utilização atual em todos os domínios da atividade humana dá lugar a tantos excessos e a tantos erros, que é bom situá-los no arsenal das técnicas à disposição dos pesquisadores em ciências da educação. Isso servirá de complemento para o estudo das "verdades estatísticas".

Uma das principais ferramentas do pesquisador, nesse domínio, é o questionário. É fácil encontrar a lista e as características desses instrumentos. Detenhamo-nos somente em alguns aspectos que interessam diretamente ao pesquisador em ciências da educação[19].

Antes de construir um questionário é preciso proceder, como em toda pesquisa, à análise do objeto ou da situação a estudar; é a forma que a "problemática" assume nesse domínio. Um exemplo seria o de um questionário construído com estudantes portugueses com nível de mestrado.

---

[18] Para um estudo mais aprofundado, consultar P. Albou e F. de Singly.
[19] Ver G. Mialaret, *Les méthodes de recherches en sciences de l'éducation*.

A introdução de aparelhos de distribuição de preservativos num liceu

A questão era voluntariamente imprecisa para levar os estudantes a analisar a situação, examinando todos os aspectos, estudar as reações dos alunos, dos professores, da administração, dos pais, das autoridades políticas e religiosas. As poucas horas de discussão resultaram num questionário de 12 questões com respostas múltiplas.

Como o registro e a "correção" se fazem por computador, o pesquisador se encontra diante de uma enorme quantidade de quadros estatísticos. É nesse momento que começa uma segunda fase do trabalho de pesquisa: cálculo das médias, se for o caso, dos índices de dispersão, das correlações, "análise dos dados", tabelamentos representativos dos dados numéricos. Atualmente, o computador proporciona um auxílio precioso à realização desse trabalho. Mas o computador é um instrumento, poderoso decerto, mas que só faz o que lhe pedem para fazer. Donde a necessidade de saber "interrogar" a máquina, de saber como fazer a ela as perguntas pertinentes. Contanto, é claro, que os dados recolhidos permitam. Donde uma volta à questão da redação pertinente do dicionário.

Conclusão

O pensamento científico atual resulta de um longo processo histórico em que podemos observar certas defasagens:

– em relação aos indivíduos
– em relação às comunidades
– em relação aos outros domínios da atividade humana

A atitude científica é um limite para o qual todos nós procuramos tender. Isso quer dizer que temos sempre de trabalhar para nos aproximarmos desse ideal.

A atitude científica não é uma atitude espontânea; é necessário um aprendizado. Um "pesquisador" em ciências da educação não se cria por decreto, ele precisa receber uma formação especializada, seja em determinado instituto, seja durante um estágio num laboratório de pesquisa em ciências da educação, e participar efetivamente das atividades desse laboratório.

Cada vez mais, a pesquisa científica deixa de ser uma questão individual para se tornar uma questão de equipe de trabalho, de projeto de um laboratório ou centro de pesquisas. A discussão entre pesquisadores é um dos elementos fundamentais para o progresso da ciência. Donde o interesse de participar de congressos, reuniões científicas e apresentar trabalhos neles.

Não se deve esquecer dos aspectos econômicos da pesquisa científica. Ao contrário do que alguns pensam, a pesquisa científica custa caro. Antes de qualquer pesquisa, é preciso preparar um projeto de orçamento para saber se se dispõe dos meios suficientes para levar a cabo a pesquisa que se quer empreender.

No domínio das ciências da educação, a questão da participação no "campo" é fundamental. Toda pesquisa que tem uma relação com a prática de ensino só pode ser feita com a colaboração, a cooperação dos professores da turma em que vai se efetuar a pesquisa. Isso supõe várias coisas:

– encontrar professores que aceitem que sua turma sirva para a experiência
– encontrar professores que aceitem que os pesquisadores venham "perturbar" sua turma, seja com sua presença, seja com os testes que vão utilizar com os alunos

- obter a concordância dos professores com as finalidades da pesquisa, com os métodos utilizados, com os testes de avaliação
- encontrar professores que aceitem, eventualmente, modificar alguns aspectos da sua prática
- e, para tanto, que aceitem participar das reuniões de trabalho, seja para modificar eventualmente sua prática em função do que se vai lhes pedir, seja para participar da elaboração dos testes de avaliação, seja para a interpretação dos resultados
- professores que se comprometam a prosseguir com a colaboração ao longo de toda a pesquisa

Tudo isso é fácil de dizer! Fazer é outra coisa!

Capítulo 6

Tipos e modalidades dos saberes em ciências da educação

A criação, em 1967, no nível universitário, de um ciclo de estudos de ciências da educação espantou mais de um. Quais serão os conteúdos dos programas que vão levar a uma licenciatura, a um mestrado, a um doutorado? Há matéria suficiente para um ciclo de estudos completo? Para muitos, naquela época, os tipos de saberes pedagógicos se reduziam a dois, como indica o seguinte esquema:

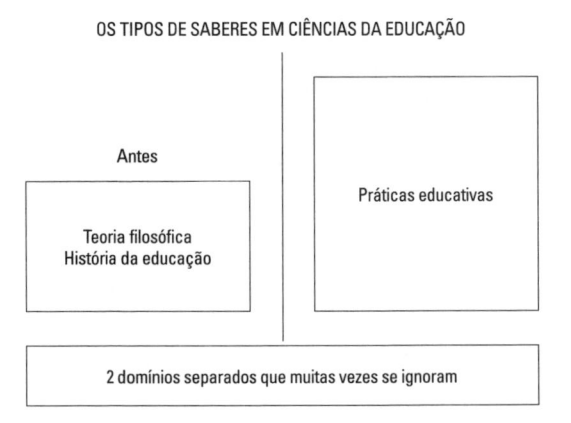

OS TIPOS DE SABERES EM CIÊNCIAS DA EDUCAÇÃO

Antes

Teoria filosófica
História da educação

Práticas educativas

2 domínios separados que muitas vezes se ignoram

Não é exagero dizer que, antigamente, o "saber" em educação provinha de três fontes principais: a história e a filosofia, de um lado, a prática cotidiana, de outro.

Essas duas fontes de saber teórico permanecem, mas não são mais as únicas. Podemos distinguir atualmente quatro fontes principais do saber pedagógico correspondentes a tipos de saberes que não têm o mesmo estatuto epistemológico:

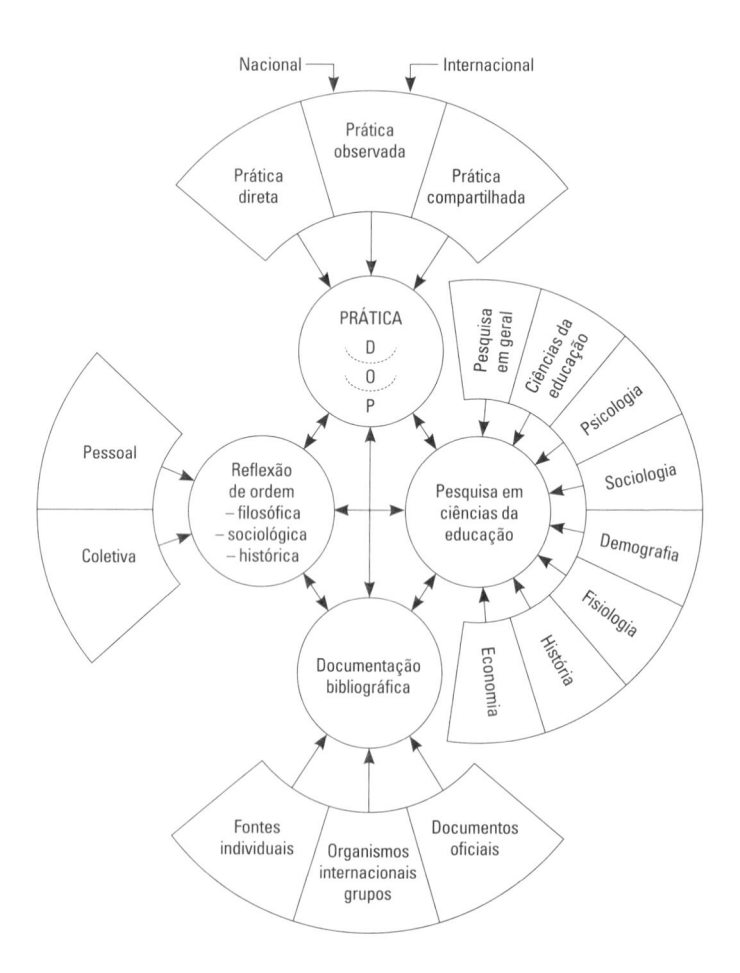

a) A primeira está ligada à reflexão sobre os fatos e situações de educação. Ela constitui o essencial da filosofia da educação, reflexões sobre as finalidades e os objetivos da educação. Essa fonte é importantíssima e indispensável, e experimenta atualmente, em certos países de língua francesa, um notável revigoramento.

Essa reflexão pode se basear em dados históricos, sociológicos ou etnológicos. Ela pode ser feita tanto por um indivíduo como por um grupo de reflexão. Trata-se de um saber de tipo *reflexivo*.

b) A segunda fonte está ligada à situação atual criada pela existência de todos os meios de comunicação (imprensa, rádio, televisão, bancos de dados, por exemplo) e pela existência de grandes organizações internacionais (Unesco, OCDE...) que agruparam e acumularam uma enorme quantidade de informações sobre o conjunto dos problemas educacionais em escala mundial. As possibilidades atuais de publicação e de difusão trazem um novo elemento à constituição desse saber. O surgimento da internet abre aos pesquisadores novos campos de documentação. Falaremos aqui de um saber *documental*.

c) O saber do educador resultante da sua "experiência cotidiana" ou, em termos mais especializados (e um pouco mais pedantes), o saber de ordem *praxiológica* constitui a terceira fonte particularmente rica. Pode-se notar, infelizmente, que, na maior parte do tempo, essa "experiência" dos professores é quase totalmente perdida porque ela é pessoal e não comunicada. Os países do Leste europeu haviam procurado reagir contra esse estado de fato criando as *Academias pedagógicas*, que tinham como uma das funções, justamente, coletar, estruturar e divulgar os saberes adquiridos na prática dos professores. Voltaremos mais detalhadamente sobre esse ponto.

d) Enfim, a quarta fonte é constituída por um tipo *científico* resultante das pesquisas específicas sobre as situações de educação e da contribuição das pesquisas no conjunto das disciplinas científicas – história, biologia, psicologia, economia, sociologia, política… –, que permitem enriquecer a compreensão e a explicação das situações de educação.

O saber empírico

Um estudo aprofundado da questão deveria se referir a todas as análises feitas por diferentes autores sobre as "teorias da ação". Seria necessário um longuíssimo estudo, que partisse de Aristóteles e saudasse de passagem autores como I. Kant e sua *razão prática*, K. Marx com suas análises das *condições de existência* das sociedades, Ch. Blondel e sua *teoria da ação* para chegar, em largas passadas, aos sociólogos contemporâneos, como P. Bourdieu e seu conceito de *senso prático*, sem esquecer, do lado psicológico, a escola da ex-União Soviética (Vygotski, Leontiev, Luria), no mundo anglófono, J. Dewey, e, no mundo francófono, autores como J. Piaget, É. Claparède e principalmente H. Wallon e sua obra magistral: *Do ato ao pensamento*.

Toda ação é produto de um saber, salvo no caso dos automatismos e dos gestos estereotipados (e olhem lá!). O professor adquire o que chamamos de "experiência". Adotamos a seguinte definição de experiência: "conjunto de informações, de conhecimentos, de atitudes adquiridas por um indivíduo no decorrer da sua existência pela observação espontânea da realidade e das suas práticas, tudo isso progressivamente integrado à sua personalidade". Diz-se que certo professor tem experiência do curso preparatório porque conhece bem esse curso, por ter ensinado nele vários anos. Mas o que é exatamente a prática educacional? O esquema abaixo procura traduzir seus diversos componentes.

O esquema precedente indica as fontes principais a que se refere uma prática pedagógica:
– o respeito (mais ou menos preciso) às instruções oficiais
– as referências aos movimentos pedagógicos

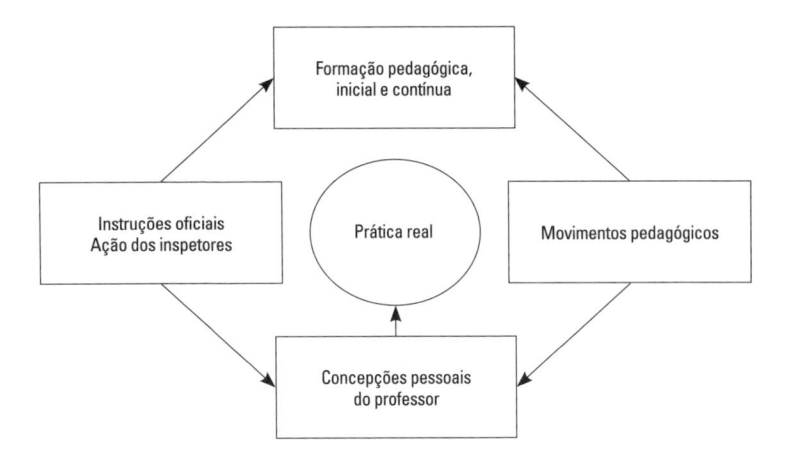

```
                    ┌─────────────────────┐
              ┌────▶│ Formação pedagógica,│◀────┐
              │     │  inicial e contínua │     │
              │     └─────────────────────┘     │
┌──────────────────┐    ╱─────────╲    ┌──────────────────┐
│ Instruções oficiais│  │ Prática  │   │ Movimentos       │
│ Ação dos inspetores│  │  real    │   │ pedagógicos      │
└──────────────────┘    ╲─────────╱    └──────────────────┘
              │              ▲                │
              │     ┌─────────────────────┐   │
              └────▶│ Concepções pessoais │◀──┘
                    │    do professor     │
                    └─────────────────────┘
```

– a formação pedagógica recebida
– as concepções pessoais do educador

As *instruções oficiais* indicam aos professores os conteúdos do ensino a ser dado e os métodos a serem utilizados. Deixa-se ao professor – conforme o caso, as situações, os países – uma certa liberdade na escolha de seus métodos; é indicada uma orientação geral. A participação dos professores nas atividades de um grupo pedagógico (GFEN, C. Freinet...) orienta sua prática em função dos fundamentos filosóficos do grupo a que pertence. Uma formação pedagógica pertinente leva em conta duas séries de influências, e a personalidade de cada professor dá à sua prática características específicas que, como vimos no capítulo 4, nem sempre é fácil identificar. A realização pedagógica se situa então em vários níveis conforme o professor procura ou não modificar sua prática cotidiana, seja se esforçando por se aperfeiçoar, seja agindo como verdadeiro artista. O estudo da influência dessas diferentes fontes de inspiração na prática do professor pode ser objeto de um estudo científico interessante e útil.

Essa "experiência adquirida" normalmente aumenta com a idade e é função da variedade das situações atravessadas e vividas pelo sujeito. Ela varia de um sujeito ao outro e depende da personalidade do indivíduo: alguns adquirem rapidamente "experiência", outros são mais lentos para constituir sua "experiência". Em todo caso, ela é estritamente pessoal e difícil de transmitir e levar em conta no plano científico. Essa "experiência adquirida" se apoia essencialmente na intuição do professor, em seu "faro" e não aciona explicitamente procedimentos psicológicos ou científicos particulares; em outras palavras, essa experiência se adquire de uma maneira quase inconsciente e não é espontaneamente comunicada a outra pessoa. Muitas vezes o indivíduo é incapaz de dizer espontaneamente como e por que adquiriu determinada maneira de fazer ou de pensar. Essa experiência adquirida se inscreve no comportamento, nos hábitos, na personalidade do indivíduo e se torna assim uma segunda natureza. Inconscientemente adquirida, é cada vez menos discutida, submetida a exame crítico pelo sujeito. Notemos também que essa experiência pode ser ou muito rica, ou muito esclerosante, ou as duas coisas ao mesmo tempo. Muito rica porque faz o professor refletir sobre o que faz, e é no confronto de seus desejos com as realidades que uma fina dialética se introduz e conduz à reflexão. Mas pode conduzir também à esclerose, se o professor crê, sem outra forma de reflexão, que o que ele faz está bom e não necessita de nenhuma modificação ou melhora. A prática, nesse caso, o atola cada vez mais em suas primeiras tentativas e fecha a porta a toda reflexão e a qualquer progresso. No primeiro caso, os fracassos são analisados e se tornam fonte de progresso; no segundo, os fracassos – principalmente os dos alunos – são atribuídos a fatores externos: turma superlotada, nível intelectual dos alunos... e enclausura o professor em sua prática. Acrescentemos enfim que a situação particular dos professores, que detêm o poder em sua turma e adquirem o hábito de ter "sempre razão", desenvolve neles a tendência a serem "impermeáveis à experiência", conforme a expressão de Cl. Lévi-Strauss.

Toda ação, se pudermos realmente qualificá-la como educativa, supõe uma adaptação a uma situação, aos sujeitos, às condições atuais de existência. É então que, no melhor dos casos, aparecem adaptações "empíricas", tendo em vista, para o professor, melhorar a prática pedagógica. Quando essa adaptação é feita conscientemente, o professor não hesita em dizer que ele "pesquisa" os melhores meios de fazer seu trabalho. E, em certo sentido, tem razão, já que há um esforço para transformar ou melhorar a ação educativa. Mas, é fácil compreender, o termo pesquisa se inscreve aí no contexto daquelas "pesquisas empíricas" (ou *pesquisa-ação*) que têm um estatuto epistemológico diferente do das pesquisas científicas de que falamos antes. O objetivo fundamental da "pesquisa empírica" é modificar a ação exercida pelo professor sobre os alunos, o que não diminui em nada, aliás, sua utilidade em relação ao progresso pedagógico. No fim das contas, os resultados dessas tentativas, felizes ou infelizes, é que constituem em grande parte a "experiência" do professor; essa "experiência" é essencialmente ligada à sua vida, à sua ação, a suas condições de trabalho. No melhor dos casos, uma perfeita integração ao conjunto da personalidade dá a esta características específicas reconhecíveis e permite dizer, sem nenhuma restrição: "É um professor ou professora experiente ou que tem uma rica experiência."

É interessante debruçar-se sobre as modalidades da constituição dessa *experiência* porque elas podem caracterizar os professores e pôr em evidência relações que podem se estabelecer com a "experiência científica". De fato, podemos notar vários pro-

cessos da constituição dessa *experiência* que levam a uma das seguintes formas:
– *experiência esclerosante*
– *experiência enriquecedora*
– *experiência de tipo científico*

No primeiro caso, a adaptação às novas situações é nula; as coisas se reproduzem como se apresentaram da primeira vez; nenhuma mudança pode ser notada; a noção de adaptação é desconhecida; o professor refaz incansavelmente o que fez. A experiência profissional – e, certamente, também a experiência de vida – se envolve numa carapaça cada vez mais espessa e as mudanças, as adaptações voluntárias ou impostas são cada vez mais difíceis. Numa outra situação próxima desta encontramos às vezes sujeitos que mudam pelo prazer de mudar, numa espécie de necessidade patológica do novo, sem entretanto que as experiências passadas tenham algo a ver com as novas decisões. Esse caso é relativamente raro. Nesse caso também a experiência presente não modifica a experiência adquirida e não leva a nenhuma mudança psicológica do sujeito.

No segundo caso, felizmente o mais frequente, a tomada de consciência dos êxitos e dos fracassos, das novas características das situações e dos parceiros (alunos, colegas, pais de alunos…) leva o professor a se interrogar, a se questionar, a modificar suas práticas e seus modos de relação com o mundo. Não se trata aqui de um procedimento de tipo "científico", mas de um procedimento de tipo fenomenológico que constitui um dos fatores essenciais do enriquecimento psicológico do indivíduo. Encontramos com frequência, nessa situação, professores que não somente procuram tirar partido da sua experiência atual, mas também aproveitar a experiência dos outros, seja por suas leituras, seja por sua participação em movimentos pedagógicos, sendo um de seus interesses permitir o compartilhamento das experiências, como indica o esquema apresentado precedentemente. A experiência adquirida é, no sentido mais forte do termo, "enriquecedora".

Num outro nível, essa adaptação, essas modificações podem ser feitas de acordo com modalidades mais objetivas, com certo cuidado de controle objetivo dos efeitos, da avaliação (ainda que essa avaliação permaneça de ordem qualitativa). O professor tem o cuidado de observar, de avaliar, de medir os novos resultados que obtém com os alunos, de comparar esses resultados com os que havia obtido precedentemente... Ele não se contenta mais com uma vaga impressão, mas procura dar a seus juízos fundamentos mais sólidos, mais objetivos. Na maioria dos casos, o professor não utiliza necessariamente "instrumentos científicos" apropriados, mas meios de controle e de avaliação que lhe são próprios. Pode-se dizer que ele está no caminho de uma "experiência de tipo científico". Em certos casos, tal análise dos resultados pode chegar até certa cooperação entre os professores que procuram fazer comparações entre seus métodos e os resultados que obtêm. Aqui também os movimentos pedagógicos que possibilitam os encontros podem ter um papel muito positivo. Essa "experiência de tipo científico" possui um caráter particular: ela pode ser transmitida mais facilmente do que a experiência de tipo pessoalmente enriquecedora porque começa a explicitar seus critérios de juízo e utiliza meios de avaliação que podem ser apresentados, transmitidos, analisados, discutidos.

Podem-se distinguir também diversas etapas no trabalho de construção dessa "experiência empírica". Elas são resumidas no seguinte esquema: a partir da observação e da análise da situação, o professor vai modificar sua ação e avaliar seus efeitos. O procedimento é resumido no seguinte esquema.

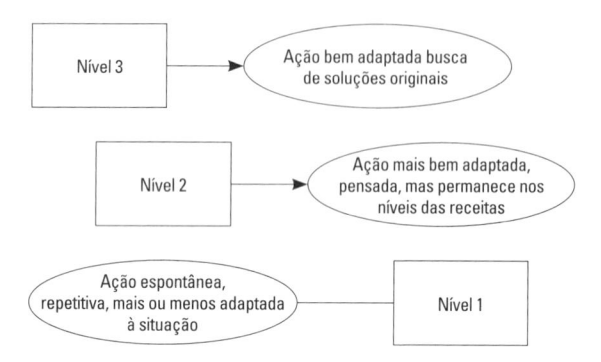

```
┌─────────┐     ╱‾‾‾‾‾‾‾‾‾‾‾‾‾‾‾‾‾‾‾╲
│ Nível 3 │───▶│ Ação bem adaptada busca │
└─────────┘     ╲   de soluções originais ╱
                 ‾‾‾‾‾‾‾‾‾‾‾‾‾‾‾‾‾‾‾

┌─────────┐     ╱‾‾‾‾‾‾‾‾‾‾‾‾‾‾‾‾‾‾‾╲
│ Nível 2 │───▶│ Ação mais bem adaptada,│
└─────────┘    │ pensada, mas permanece nos│
                │   níveis das receitas   │
                 ╲‾‾‾‾‾‾‾‾‾‾‾‾‾‾‾‾‾‾‾╱

 ╱‾‾‾‾‾‾‾‾‾‾‾‾‾‾‾‾‾‾‾╲      ┌─────────┐
│   Ação espontânea,      │─────│ Nível 1 │
│ repetitiva, mais ou menos adaptada │   └─────────┘
│       à situação        │
 ╲‾‾‾‾‾‾‾‾‾‾‾‾‾‾‾‾‾‾‾╱
```

Se o professor quer ir mais longe em sua reflexão e em sua análise, recorre às práticas de outros colegas (E1, E2, E3 no esquema abaixo). Uma comparação entre as diferentes práticas é muito enriquecedora para a prática pedagógica pessoal do professor.

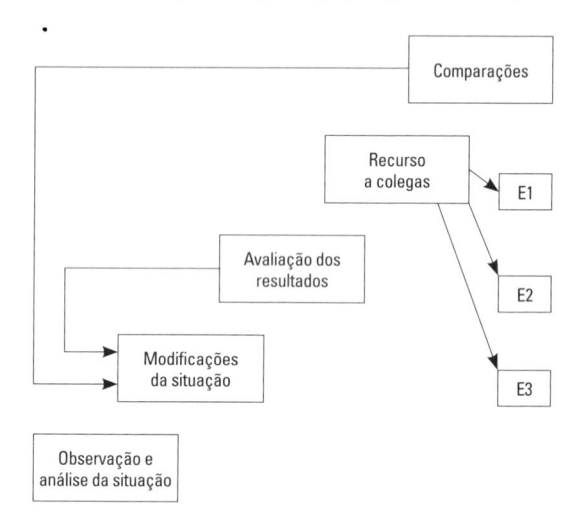

```
                                    ┌──────────────┐
   ┌────────────────────────────────│ Comparações  │
   │                                └──────────────┘
   │                      ┌──────────────┐
   │                      │  Recurso     │─────▶ ┌────┐
   │                      │  a colegas   │       │ E1 │
   │                      └──────────────┘       └────┘
   │        ┌──────────────┐    │
   │        │ Avaliação dos│    │─────────────▶ ┌────┐
   │        │  resultados  │    │               │ E2 │
   │        └──────────────┘    │               └────┘
   │   ┌──────────────┐         │
   └──▶│ Modificações │         └─────────────▶ ┌────┐
   ───▶│ da situação  │                         │ E3 │
       └──────────────┘                         └────┘
   ┌──────────────────┐
   │  Observação e    │
   │ análise da situação│
   └──────────────────┘
```

É assim que se constitui esse "saber praxiológico" que distinguimos do "saber científico". Percebe-se que ele não é homogêneo quando considerado em seu conjunto, tanto no nível do indivíduo como no nível do conjunto do corpo docente. Tudo isso está resumido no quadro seguinte.

- Para o educador envolvido com a ação
- Reflexão sobre a ação exercida
- Pesquisa por intuição de novas soluções ou novas maneiras de agir
- Modifica sua ação educativa
- Construção de um "saber praxiológico"

- Para o pesquisador que é exterior à ação
- Parte da realidade como ela é
- Aplica a metodologia científica
- Resultados científicos
- Tira conclusões práticas das suas pesquisas
- Propõe ao educador novas soluções

A distinção está essencialmente no fato de que um é ator, o outro, observador.

Características de um saber de tipo científico

Não vamos retomar aqui o que foi dito no capítulo 5. Precisemos somente alguns pontos.

Os objetivos da *pesquisa científica* são diferentes dos da *pesquisa empírica*. Enquanto o objetivo fundamental da *pesquisa empírica* é modificar a ação, não é esse o objetivo primeiro da *pesquisa científica*. Para esta última, o objetivo fundamental é procurar *explicar, compreender* (no sentido cartesiano, e não no sentido fenomenológico do termo) o que acontece no âmbito de situações de educação, pesquisar e analisar seu porquê e seu como. As consequências sobre o plano de ação serão tiradas dos resultados, ou seja, um prazo, às vezes bastante longo, separa a pesquisa da ação. De fato, como dizia um grande experimentalista, R. Buyse, o objetivo é descobrir e/ou estabelecer as leis de funcionamento das situações de educação (tomando aqui a palavra lei em seu sentido mais geral, isto é, pôr em evidência regularidades, relações qualitativas ou quantitativas).

Os procedimentos da *pesquisa científica* são bem diferentes dos da *pesquisa empírica*. A primeira preocupação do pesquisador, ao contrário do educador, é ter o cuidado de adotar um recuo em relação ao que estuda. O professor está *na* sua turma;

é *envolvido* em tudo o que acontece nela; reage afetivamente e, sobretudo, imediatamente, a todas as reações dos seus alunos. O pesquisador, o experimentalista deve ter uma outra atitude: envolver-se afetivamente o menos possível, tentar viver como se estivesse fora da situação, o que coloca difíceis problemas epistemológicos e deontológicos em educação. É de certo modo uma oposição análoga à que se pode fazer entre a intuição bergsoniana e a intuição cartesiana.

Antes de empreender uma pesquisa, como assinalamos no capítulo precedente, de organizar uma experimentação, o pesquisador procede a uma análise a mais objetiva, completa e rigorosa possível da situação, a fim de descobrir as diferentes variáveis que a determinam e chegar ao inventário mais exaustivo possível dessas variáveis. O que não é o caso do professor durante suas *pesquisas empíricas*. Este vai se contentar, geralmente, com impressões gerais que lhe proporcionam a situação e os alunos, e todo o seu juízo vai se basear em dados explícitos e exteriores facilmente observáveis. A "pesquisa empírica" do professor se situa portanto na imediatidade enquanto a "pesquisa científica" se situa essencialmente no longo prazo.

No decorrer de uma pesquisa científica, é indispensável proceder à coleta mais completa possível das observações, dos dados imediatos disponíveis. O pesquisador científico sabe que a quantidade de variáveis de qualquer situação de educação, mesmo quando se trata apenas de uma situação aparentemente dita "simples", é enorme, para não dizer infinita. No entanto, é necessário optar entre as variáveis fundamentais e as variáveis acessórias sem que nem sempre se saiba se a distinção é pertinente. O professor, por seu lado, tem apenas alguns pontos de vista: as reações dos alunos e as dele; às vezes se somam a elas as reações da administração e dos pais de alunos.

E isso nos leva ao último ponto: que relações existem, podem existir ou devem existir entre esse "saber praxiológico" e o "saber de tipo científico"? Em outras palavras, em que as duas formas de saber podem respaldar uma à outra e o que o pesquisador pode dar ao educador e o educador ao pesquisador?

Pesquisa empírica e pesquisa científica: uma colaboração às vezes difícil[1]

Pode-se resumir (caricaturando um pouco) as características e as diferenças entre os dois tipos de saber:

Prática educacional e pesquisa científica

• Ação a curto prazo	• Resultados de longo prazo
• Conhecimento "local", pessoal	• Conhecimento "geral", "objetivo"
• Conhecimento dificilmente transmissível (ligado à personalidade do sujeito). Vivência não reprodutível	• Conhecimento essencialmente transmissível. Análise plural e repetitiva (caso dos registros)
• O "professor-pesquisador" está "envolvido", está em sua turma. Conhecimento imediato	• O pesquisador não está diretamente envolvido pela ação educativa. Conhecimento de longo prazo
• Número limitado de variáveis conhecido pelo professor-pesquisador	• Conhecimento o mais completo possível de todas as variáveis
• Interpretação imediata dos resultados	• Expressão diferida dos resultados
• "Compreender"	• "Explicar"

As duas formas de saber, o *saber empírico* e o *saber científico*, não devem ser opostas, hierarquizadas: ambas têm a sua razão de ser, sua utilidade, sua necessidade; uma não elimina a outra, não

---
[1] Ver o capítulo 8 sobre as relações entre pesquisadores e educadores.

tem prerrogativas em relação à outra. Mas quer isso dizer que se trata de uma simples coabitação? Não cremos. Trata-se de uma necessária colaboração dinâmica e pacífica para o bem dos alunos, dos professores, dos pesquisadores e da educação.

O "saber empírico" é essencialmente um saber particular, local, enquanto o "saber científico" tem a pretensão de ser um saber mais geral. Mas, em ciências da educação, por um lado em educação, por outro, uma explicação e uma ação não podem se contentar com ser ou particular, ou geral. A formação de um indivíduo deve atuar nos dois registros, da individualidade e da universalidade. Assim também é com a interpretação dos resultados da pesquisa científica: ela deve encontrar ao mesmo tempo a individualidade e a parte comum a vários grupos de sujeitos, e é justamente na fina dialética que liga essas duas modalidades que reside sua riqueza. As duas formas de saber não devem, portanto, se encerrar em cidadelas para preservar sua pureza e seu valor: é se confrontando que elas se enriquecem.

Capítulo 7

Alguns aspectos epistemológicos comuns às ciências da educação e às ciências humanas

Muito embora a atitude científica seja comum a todos os pesquisadores, certos problemas são mais específicos ao mesmo tempo às ciência da educação e a muitas outras ciências humanas. É isso que vamos estudar brevemente.

Observações gerais sobre a metodologia científica

Já salientamos que o adjetivo *"experimental"* atestava, na primeira metade do século passado, à parte o sentido habitual no domínio científico, a possibilidade de uma atitude científica no estudo dos processos educacionais. Colocam-se então rapidamente vários problemas científicos de difícil solução. O primeiro diz respeito à aplicação do teste. Em matemática, "demonstra-se" o teorema de Pitágoras; em química, sabe-se que, se fizermos o ácido clorídrico agir sobre o ferro, obtém-se um desprendimento de hidrogênio. Essa quase certeza dos resultados não existe em ciências humanas. A quantidade, praticamente infinita, de variáveis que determinam as situações faz que nunca uma situação humana (logo, uma situação de educação) se reproduza identicamente (ver o capítulo 4). A relação causa → efeito não é unívoca. É aqui que se introduz, necessariamente, um conhecimento provável e um outro modo de raciocínio. Posta a *hipótese nula* de partida, a análise estatística dos resultados permite que o pesquisador corra o risco de aceitar ou recusar essa hipótese nula e de saber com que probabilidade ele corre esse risco. É a maneira, para as ciências da educação (como para a maioria das outras ciências humanas), de "*aplicar o teste*", teste que não é absoluto, mas relativo.

No entanto, pensando bem, não é esse o procedimento de toda ciência, com exceção da matemática, é verdade? Nosso conhecimento do mundo não passa de um vasto sistema de hipóteses que formulamos a partir dos dados existentes e que procuramos, com nossas experiências, justificar ou rejeitar. Até o aparecimento dos satélites artificiais, a redondeza da Terra era apenas uma hipótese, verificada, é bem verdade, por um grande número de dados matemáticos e astronômicos, mas que nunca havia sido observada realmente. Poder-se-ia dizer a mesma coisa de certas teorias de A. Einstein, que só foram verificadas por ocasião do eclipse total do Sol de 29 de maio de 1919.

Isso tem uma outra consequência. A quantidade de variáveis de uma situação de educação, tanto das variáveis independentes quanto das variáveis dependentes, é praticamente infinito; por isso, é impossível levar em conta, durante uma pesquisa, todas as variáveis de uma situação de educação. Se, numa experiência de química, podemos enumerar e conhecer mais ou menos todas as variáveis independentes da situação (grau de pureza dos produtos empregados, temperatura do lugar em que se faz a experiência, pressão atmosférica externa, campo magnético...), o mesmo não ocorre com as ciências da educação. Uma opção provisória de um conjunto de variáveis se impõe ao pesquisador; a pertinência dessas opções só pode ser verificada pelas análises complementares. Donde a necessidade de multiplicar as pesquisas para determinar, num primeiro tempo, quais são as hipóteses mais pertinentes a conservar e a verificar. A escolha inicial das variáveis, a não consideração de certo número delas (tudo isso realizado na clareza da análise rigorosa e explícita da situação) é típica de toda ciência. O espaço percorrido por um corpo que cai corresponde exatamente à fórmula geral de Newton ($e = 1/2\, gt^2$)? Não, porque essa fórmula, no entanto indispensável e fundamental, desdenha um grande número de fatores (resistência do ar, condições da queda, campo magnético...) e simplifica ao extremo a situação; mas é justamente essa simplificação necessária que permite descobrir e pôr em evidência a importância dos fatores negligenciados, e ir mais longe na análise do fenômeno. As pesquisas científicas em ciências da educação se inscrevem no mesmo paradigma: uma necessária simplificação para testar um "modelo" (no sentido científico do termo) a fim de pôr em evidência suas insuficiências, para construir outro mais preciso, mais próximo da realidade dos fatos e das situações a analisar. Trata-se aqui de um processo científico típico de todas as ciências, com exceção da matemática elementar[1]. É essa uma das dificuldades da pesquisa e da experimentação em educação: nossas "experiências", num momento dado, são – e serão sempre – incompletas: elas só podem ter por objeto aspectos limitados do processo educacional.

Uma outra oposição deve ser discutida. "A objetividade do conhecimento (isto é, sua adequação a seu objeto, concebido como exterior a ele) não poderia ser", nas ciências humanas e, mais particularmente, nas situações de educação, "totalmente oposta à subjetividade, que é o lugar desse conhecimento e que é sua condição de constituição. Em compensação, um pensamento

---

[1] A resolução das equações diferenciais cuja solução ainda não se conhece resulta, parece-me, embora eu não seja um especialista no assunto, de um processo que poderia ser aproximado do que acabamos de descrever.

que quer conceber o mundo não pode querer ficar encerrado nos limites da sua consciência e situar o objeto fora dele, formulando a exigência de objetividade correspondente. As duas características que o conhecimento científico distingue e opõe desde a sua constituição por uma escolha de perspectiva – a *subjetividade* e a *objetividade* (o sujeito do conhecimento e o objeto desse conhecimento) – não são duas entidades contrárias (no sentido de mutuamente exclusivas), pois foram definidas reciprocamente numa relação dinâmica. O conhecimento resulta dessa interação dinâmica entre as duas ou, se preferirem, dessa relação dialética que se estabelece entre elas"[2]. O essencial é não confundir os dois pontos de vista e identificar, em cada pesquisa, as fronteiras da parte que cabe a uma e à outra.

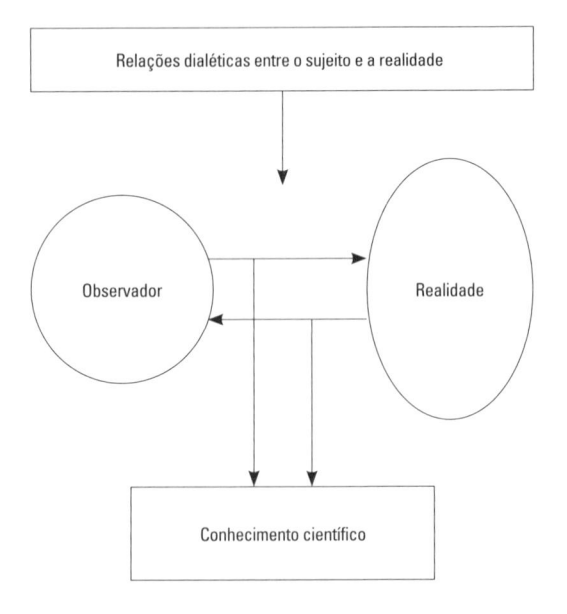

```
        ┌─────────────────────────────────────────────┐
        │ Relações dialéticas entre o sujeito e a realidade │
        └─────────────────────────────────────────────┘
                              │
                              ▼
         ╭─────────╮                    ╭─────────╮
        │           │ ───────────────▶ │           │
        │ Observador│                   │ Realidade │
        │           │ ◀─────────────── │           │
         ╰─────────╯                    ╰─────────╯
                    │                  │
                    ▼                  ▼
              ┌───────────────────────────┐
              │  Conhecimento científico  │
              └───────────────────────────┘
```

---

[2] M. Paty, Einstein, 1905: a teoria da relatividade restrita como criação científica.

A relação causa → efeito

Não podemos nos lançar aqui na análise aprofundada dos conceitos de causa e efeito. Remetemos o leitor às referências indicadas abaixo[3]. Vamos dar apenas duas citações: "... (a causa) o fato de que resulta outro fato" (Lalande) e "concepção com valor de princípio, segundo a qual existe uma relação necessária entre a causa e o efeito" (Union rationaliste). Desde Aristóteles, a concepção causa → efeito evoluiu. Sem levar rigorosamente em conta a ordem histórica, vamos enumerar rapidamente os diferentes aspectos da relação causa-efeito que interessam aos pesquisadores em ciências da educação.

Ao esquema "canônico" uma causa produz um efeito

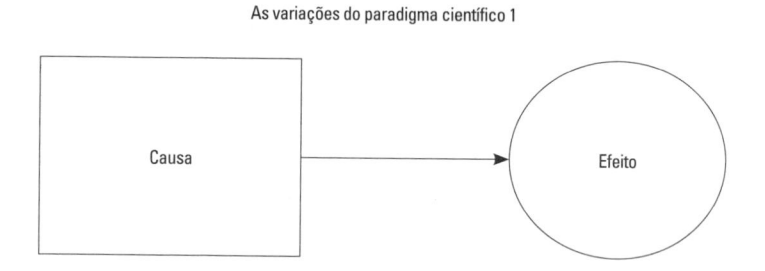

As variações do paradigma científico 1

[Causa] → (Efeito)

são acrescentados ou substituídos outros esquemas complexos. No entanto, por muito tempo esse esquema foi considerado satisfatório. Seja o exemplo seguinte de uma pesquisa antiga que ilustra perfeitamente essa situação. Numa turma propõe-se, durante várias semanas, três minutos de cálculo mental[4]. "Mede-se" a rapidez e a exatidão das operações feitas pelos alunos e obtém-se o seguinte quadro:

---

[3] Ver A. Lalande, *Dictionnaire technique et critique de la philosophie*; Union rationaliste, *Dictionnaire rationaliste*.
[4] Não damos aqui o detalhe da experiência nem a natureza do material utilizado.

Períodos	Média da rapidez	Média da exatidão (em %)
1	8,09	65,1
2	10,15	73,86
3	10,8	79,28
4	13,48	85,32
5	14,29	87,44
6	16,49	88,18
7	16,51	90,39

Tem-se uma causa: os exercícios feitos regularmente; um efeito: quantidade e exatidão das operações feitas. Estamos em presença do que chamamos de uma situação pré-experimental[5].

A separação total da causa e do efeito é rapidamente questionada por Baldwin (e a reação circular), depois por Thordnike (e sua explicação do aprendizado). H. Wallon retoma essa ideia para melhor analisar a evolução da criança[6]. A questão não se coloca unicamente em psicologia genética, mas também no domínio das ciências da educação. Se considerarmos que na situação habitual de uma turma o professor é a causa que provoca novas atividades psicológicas nos alunos, é evidente que as reações da turma têm

As variações do paradigma científico 2

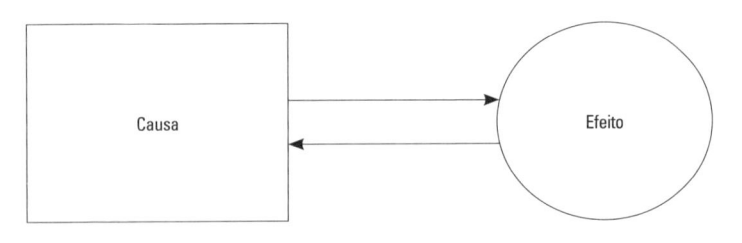

Causa → Efeito
Causa ← Efeito

Efeito Thordnike

---

[5] Ver G. Mialaret, *Les méthodes de recherche en sciences de l'éducation*.
[6] H. Wallon, *L'évolution psychologique de l'enfant*, cap. "L'acte et l'effet".

por sua vez efeito sobre o comportamento do professor. É impossível estudar unicamente a conduta do professor sem considerar o conjunto da situação. Donde o esquema que indica as flechas nos dois sentidos.

O princípio da unicidade da relação "causa → efeito" (no singular) é discutido, sobretudo no domínio da educação. A mesma causa pode produzir efeitos diferentes conforme as situações. É impossível estudar uma situação de educação separando-a do seu contexto: clima psicológico da turma (e da escola), condições materiais da situação, efetivos dos grupos em presença.

As variações do paradigma científico 3

Causa → Efeito

Ambiente

O mesmo artigo do regulamento interno de uma escola, por exemplo, é interpretado de maneiras bem diferentes conforme o clima geral da escola.

Um novo paradigma é então considerado: uma mesma causa pode produzir efeitos diferentes. Acabamos de ver isso em função das diversas situações, mas na mesma situação uma mesma causa pode produzir um ou vários efeitos diferentes e podemos acrescentar que, reciprocamente, efeitos diferentes podem ser provocados pela mesma causa. Numa turma, a atitude do professor pode ter uma ação positiva sobre certos alunos, negativa sobre outros, neutra enfim para outros.

```
      ┌─────────┐         ○ Efeito 2
      │  Causa  │─────────○ Efeito 1
      └─────────┘         ○ Efeito 3
```

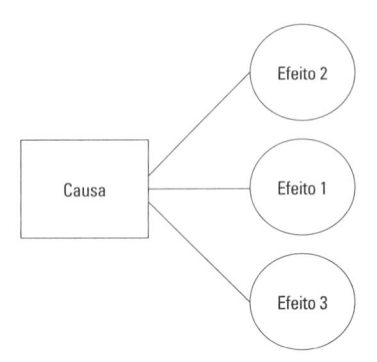

E, inversamente, uma atitude de revolta, de bagunça, de submissão, de desinteresse pode provir da atitude demasiado dura do professor.

O esquema se complica um pouco mais se considerarmos outras características da causa: a intensidade, por exemplo. A mesma ordem dada num tom amistoso, ou num tom autoritário, ou num tom muito violento não tem os mesmos efeitos sobre os alunos de uma turma.

É esse um dos problemas difíceis da pesquisa em ciências da educação: o pesquisador observa efeitos diferentes, nem sempre sabendo qual a causa exata desses efeitos.

A situação se complica ainda mais se aceita a ideia de que os fatos observados não têm necessariamente uma só causa. O se-

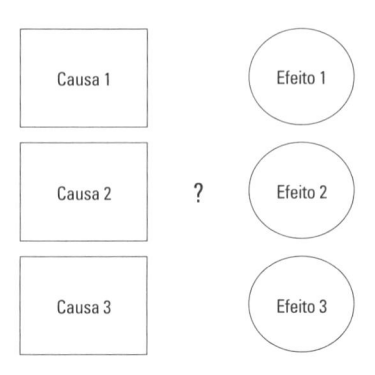

```
   ┌─────────┐              ○ Efeito 1
   │ Causa 1 │
   └─────────┘

   ┌─────────┐      ?       ○ Efeito 2
   │ Causa 2 │
   └─────────┘

   ┌─────────┐              ○ Efeito 3
   │ Causa 3 │
   └─────────┘
```

guinte esquema nos permite então levantar o problema geral da pesquisa em ciências da educação:

O pesquisador observa os "efeitos", isto é, as diferentes condutas dos sujeitos. Vemo-nos então diante de dois casos diferentes:
– ou se formula a hipótese de que se conhecem as causas possíveis dos efeitos observados e se estabelece a relação que será controlada pelos cálculos de correlação, por exemplo;
– ou se observam apenas os efeitos e o pesquisador deve deslindar a meada das causas para procurar determinar como se pode exprimir o conjunto das relações que unem a parte esquerda à parte direita no esquema acima. É isso o essencial da pesquisa científica.

Exemplo do primeiro caso:

Fazem-se três tipos de exercícios com os alunos: cálculo mental (ver acima), exercícios de leitura de figuras geométricas, utilização de filmes pedagógicos. Obtêm-se assim os seguintes resultados com um exercício de controle.

Meninos				*Meninas*			
Projeção		*Não projeção*		*Projeção*		*Não projeção*	
Geometria	*Cálculo mental*	*Geometria*	*Cálculo mental*	*Geometria*	*Cálculo mental*	*Geometria*	*Cálculo mental*
5	10	7	9	3	2	0	0
12	5	11	7	9	2	5	0
12	10	5	5	9	7	7	1
10	9	9	7	9	5	5	2
9	3	5	5	9	8	3	6
6	5	5	10	3	0	9	5
5	1	12	7	2	2	3	6
7	5	7	9	3	9	2	3

A utilização das técnicas estatísticas (análise da variância) permite saber qual a importância de cada uma das "causas" definidas *a priori*: sexo, tipo de exercício.

Fontes das variações	Fatores	Grau de liberdade	Soma dos quadrados	Quadrados médios	F
Inter	Sexo	1	169	169	21
Inter	Proj./não proj.	1	1,56	1,56	0,19
Inter	Geometria/ cálculo	1	42,25	42,25	5,25
Intra		60	482,94	8,05	
Total		63	695,75		

Só os dois fatores "sexo" e "tipo de exercícios" dão diferenças significativas. Pode-se portanto formular a hipótese de que a diferença dos resultados, numa primeira aproximação, está ligada a duas causas: o sexo dos sujeitos, o tipo de exercícios propostos.

A segunda situação é realmente a da pesquisa. No exemplo precedente, contentamo-nos com verificar se a hipótese posta no início (a saber, a ação das causas conhecidas) é verificada ou não. No segundo caso, é preciso fazer toda uma série de pesquisas para descobrir e verificar as hipóteses sobre a relação causa → efeito. Isso supõe uma cadeia de pesquisas para testar as diferentes hipóteses que o pesquisador levanta. A pertinência e a quantidade de hipóteses possíveis dependem do pesquisador, da sua experiência, do conhecimento do meio, da sua imaginação. Muitas vezes, várias hipóteses são emitidas e a verificação não dá nenhum resultado: é a aventura da pesquisa! Não se encontra, de primeira, a "explicação científica" da situação.

A medida em ciências da educação

A pesquisa rigorosa das relações causa(s) → efeito(s) exige, muitas vezes, sejam precisados os dados da observação com medidas mais apuradas, a fim de proceder ao controle estatístico das hipóteses emitidas.

Esquema geral da medida em ciências da educação (como em várias ciências humanas)

A medida consiste em associar a um fenômeno, ou a um dos seus aspectos, a um sujeito ou a algumas das suas características, a um acontecimento ou a uma das suas partes um "índice" chamado sua medida. Às vezes, o pesquisador se contenta com associar à realidade outro elemento do conjunto M (ver esquema a seguir), que possibilita situar o fenômeno com precisão numa escala ou numa classificação, escala que pode ser quantitativa ou qualitativa. Isso significa que o conjunto M não é necessariamente, no sentido estrito do termo, um conjunto numérico. Nesse caso, "medida" é um termo considerado num sentido bastante extenso, análogo à identificação objetiva. A passagem do aconte-

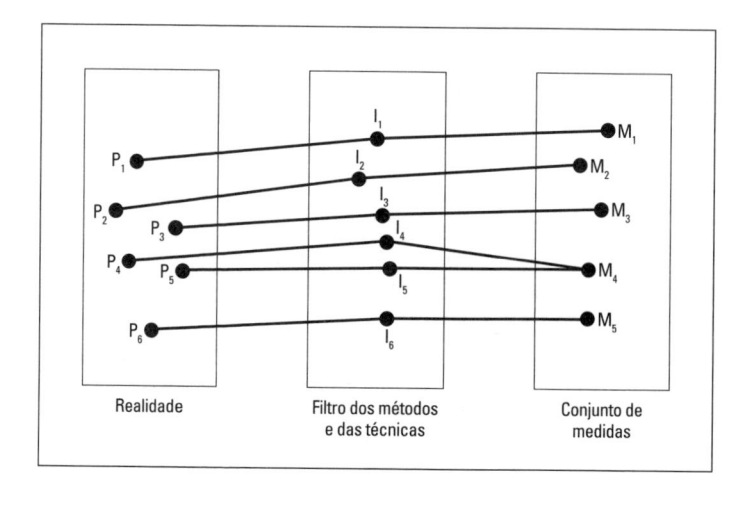

| Realidade | Filtro dos métodos e das técnicas | Conjunto de medidas |

cimento, do sujeito, do processo à sua medida não é simples, nem sempre é direto. É o motivo pelo qual devemos aprofundar essa definição geral da medida.

1. Os aspectos gerais[7]. Comentários gerais

a) $P_1, P_2, ..., P_6$ são os aspectos da realidade que se quer medir.

b) $I_1, , ..., I_6$ correspondem às etapas intermediárias introduzidas pela técnica utilizada (por exemplo: a quantidade de respostas corretas a um teste).

c) $M_1, M_2, ..., M_6$ são as medidas associadas aos fenômenos $P_1, P_2, ..., P_6$.

Nota-se imediatamente:
– que cada ponto do conjunto "realidade" parte necessariamente de uma só flecha (um mesmo fenômeno não pode ter duas medidas);
– no entanto, várias flechas podem chegar aos pontos do conjunto "medida", já que dois fenômenos do conjunto "realidade" podem ter a mesma medida.

É portanto necessário analisar os três aspectos do esquema: o conjunto realidade, o conjunto medida, o conjunto intermediário dos métodos e técnicas.

---

[7] Este livro já estava sendo impresso quando uma revista publicou os resultados de uma sondagem sobre a violência escolar. A emoção provocada, as discussões que se levantaram ilustram perfeitamente o que dizemos da medida.
   a) É necessário distinguir bem a "realidade" da imagem que um teste de avaliação proporciona.
   b) O questionário constitui, de fato, um filtro que dá uma imagem incompleta ou deformada da realidade. Portanto é muito importante conhecer as características métricas do teste, o modo de coleta e o tratamento dos resultados.
   c) A interpretação dos resultados deve levar em conta o ambiente no qual esses resultados foram obtidos.

2. Análise do conjunto "realidade"

Não se mede facilmente a realidade: a apreensão quantitativa requer uma análise e uma separação de diferentes aspectos para poder associar ao fenômeno uma medida que tenha sentido. Não se mede, tal qual, o raciocínio matemático de um adolescente, mas sim alguns aspectos pertinentes que lhe são ligados. Examinaremos em seguida as necessidades científicas de uma reconstrução da realidade depois da sua análise, tornada necessária para medi-la. Podemos nos encontrar diante de cinco situações diferentes:

1º caso. – A relação é direta entre o aspecto da realidade que se quer medir e sua medida. (Especifiquemos aqui, como veremos mais tarde, que não discutimos a pertinência da medida mas simplesmente da possibilidade de associar um valor numérico ao fenômeno estudado.) Assim, a idade de uma criança numa turma e a quantidade de alunos podem ser imediatamente traduzidas numa série numérica simples: número de meses, número de alunos. Essa facilidade aparente nem sempre leva à melhor solução científica. A quantidade de alunos numa sala de aula pode ter pouca significação: a relação entre a superfície da sala e o número de alunos talvez seja mais rica de significado. Uma função ainda mais complexa, levando em conta a homogeneidade da turma (no prisma da idade ou do QI), a superfície, a idade dos alunos e seu número talvez sejam mais pertinentes para a análise das situações de educação. Isso para insistir no fato de que a associação mais fácil nem sempre é a mais pertinente ou a mais fecunda.

2º caso. – Há casos em que o fenômeno a medir se apresenta sob algumas modalidades apenas, sendo possível associar um número a uma dessas modalidades. Numa turma, há meninos e meninas; há crianças estrangeiras e nativas; há os que usam óculos e os que não...; há os que repetiram de ano e os que estão nela pela primeira vez. Estamos muito próximos do 1º caso, e todos os comentários que fizemos também se aplicam a este. Existe porém uma etapa suplementar, visto que já é preciso utilizar um critério, simples é verdade, para proceder a uma primeira análise da realidade.

3º caso. – Se dermos seguimento a essa análise, encontraremos os aspectos da realidade capazes de serem classificados em relação a uma tabela de referência previamente estabelecida (conjunto intermediário). É assim que se poderá analisar a estrutura de uma turma em função das origens sociais dos alunos. Estabelecida essa classificação, pode-se medir o número de alunos de cada turma ou a relação entre determinados efetivos... Poder-se-á caracterizar assim a estrutura de determinada escola de segundo grau agrupando os alunos dos diferentes cursos. Sabe-se que nesse caso podem-se utilizar funções mais complexas, como a entropia, para caracterizar o sistema.

4º caso. – O fenômeno a medir é homogêneo no grupo controle e a comparação para obter a medida se faz sem dificuldade. É assim que se mede, sem dificuldade particular, tanto o peso quanto a estatura dos alunos de uma turma, contanto que se tenha à disposição um conjunto intermediário de técnicas, a saber, uma balança e uma craveira.

5º caso. – Podemos estar enfim em presença de fenômenos que apresentam ao mesmo tempo vários aspectos e vários níveis de existência. Se quisermos estudar quantitativamente (isto é, "medir" o êxito escolar), devemos primeiramente analisar todos os seus aspectos: êxito acadêmico no sentido estrito, adaptação social, domínios de êxito e seus níveis (ruim, médio, bom...), sua existência no tempo (passado, presente, previsão), suas relações com o conjunto da vida da criança (integração do êxito escolar no êxito geral da vida, contradição entre o êxito escolar e a vida familiar...).

É indispensável portanto dedicar-se a uma análise aprofundada da realidade que se quer medir para distinguir todos os seus aspectos antes de poder relacionar esses aspectos com sua medida por meio de métodos e de técnicas adequadas.

Essa análise é a parte mais importante – e a mais difícil – do trabalho científico. Ela supõe ao mesmo tempo uma observação aprofundada da realidade, uma reflexão de conjunto sobre todas as relações que existem entre o fenômeno estudado, outros fenômenos (sistema de avaliação, por exemplo) e certos sistemas de valores (papel do êxito escolar na vida social...).

É nesses casos que nem sempre é fácil estabelecer os vínculos da realidade com a medida. Muitas vezes, tais vínculos supõem, antes de serem estabelecidos, longos desvios para chegar a uma medida pertinente. Tudo isso requer alguns comentários.

Comentários

– É. Claparède havia lembrado fazia muito que sempre se podia estudar (e medir) um fenômeno colocando-se numa das quatro perspectivas seguintes: consideração da sua causa, dos seus efeitos, da sua duração, da sua frequência de aparecimento. Nada nos impede de medir o fenômeno segundo 2, 3 ou 4 aspectos ao mesmo tempo.

A medida pela causa. – Por exemplo, é todo o domínio da psicofísica que determina os limiares que dão origem à sensação. Dizer de um sujeito que ele tem uma excelente audição quer dizer, em parte, que ele ouve sons de intensidade fraquíssima. No domínio das ciências da educação, pode-se, por exemplo, medir uma dificuldade de aprendizado determinando a quantidade de repetições necessárias para alcançar uma fixação adequada.

A medida pelo efeito. – É aqui uma situação corrente na pesquisa pedagógica. Mede-se a intensidade de uma emoção por seus efeitos cardíacos, por exemplo. Comprova-se que um aluno entendeu direito uma regra de matemática se ele é capaz de aplicá-la corretamente e em todas as novas situações. Em física, mede-se a intensidade de uma corrente elétrica por seus efeitos magnéticos.

De uma maneira geral, é necessário descobrir outro fenômeno ligado ao que é estudado para dar lugar a uma medida. Quanto mais precisa, mais conhecida a relação, melhor a medida. Note-se aqui que é da coerência das diversas medidas que se tira o valor da medida. A compreensão da leitura se mede com vários tipos de provas que, normalmente, estão em forte correlação, e se uma delas não tem uma forte correlação com o conjunto das outras, dir-se-á que não é muito válida, ou seja, que não permite obter uma medida válida do fenômeno estudado[8].

A medida pela duração. – O exemplo psicológico mais clássico é o da medida do tempo de reação e das suas variações em função das condições da experiência (tempo de reação simples, com opções, no âmbito de uma situação complexa...). Temos numerosíssimos exemplos de uma medida da duração em ciências da educação. A dificuldade de um aprendizado pode ser analisada do prisma do tempo necessário para alcançar uma assimilação total. Todos os fenômenos de esquecimento são estudados analisando ao mesmo tempo o que resta de um aprendizado (medida pelo efeito) num momento dado (medida pela duração). Muitos fenômenos são estudados por sua rapidez: solução de problemas, velocidade da leitura ou da escrita, mecanismos linguísticos, velocidade de movimento em educação física... A análise da construção de um horário escolar se faz em função da duração ótima de uma aula (ela própria determinada experimentalmente) e dos efeitos do cansaço.

---

[8] É o que P. Frankart, em sua tese sobre a noção da validade, chama de validade congruente.

A medida pela frequência. – É às vezes uma das únicas maneiras de apreender um fenômeno. É muitas vezes associada às outras modalidades. A análise da correção da leitura se faz a partir do número de erros cometidos considerados globalmente e, depois, da repartição dos tipos de erros. Num caso como no outro, tem-se dois sistemas de frequências. Uma criança (ou um indivíduo) é dita colérica se fica com raiva "com frequência"; implicitamente, refere-se, por exemplo, à quantidade de vezes em que ela fica com raiva por dia. A criança "insuportável" é aquela que recebe o maior número de castigos (não discutimos aqui a pertinência, nem o castigo, nem a relação estabelecida pelo professor entre o comportamento do aluno e a atribuição do qualificativo "insuportável").

Vê-se sem dificuldade que um fenômeno como a raiva pode ser medido de diversos ângulos: causa ou o que a deflagra, efeitos da raiva, duração da raiva, frequência das crises de raiva. A complexidade dos fenômenos de educação é tamanha que o pesquisador não deve se contentar com fazer uma análise unidirecional; ele precisa ter vários pontos de vista para estabelecer as relações entre eles. É o que vamos estudar agora.

Análise e reconstrução da realidade

– Aos esforços de análise da realidade tendo em vista a medida são ligados diretamente os esforços de reconstrução da realidade a partir das medidas obtidas. É aqui que podem ser introduzidos erros em consequência de más interpretações.

Para explicar nosso ponto de vista, vamos partir do exemplo simples que nos é dado pela geometria descritiva. Quando projeto uma figura (traduzamos aqui Realidade) em três planos perpendiculares (o que já é uma condição que corresponde a uma das modalidades da análise científica), posso obter, segundo a orientação do plano no qual se encontra a figura:

1º caso:
– um círculo no plano XOZ (P*i*)
– um segmento de reta no plano XOY (P2)
– um segmento de reta no plano YOZ (P3)
– realidade (R): um círculo
– P*i* = um círculo
– P2 = um segmento de reta
– P3 = um segmento de reta

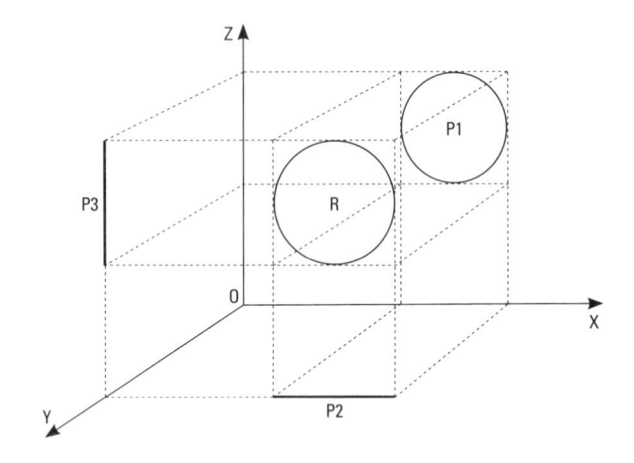

2º caso: um círculo situado no plano bissector de XOY tem, por projeções nos diferentes planos de referência:
– uma elipse no plano XOZ (P1)
– um segmento de reta no plano XOY (P3)

É portanto a partir de duas elipses e de um segmento de reta que o pesquisador reconstruirá a realidade, a saber, um círculo.

Os métodos de análise (ou simplesmente os sentidos) nos permitem conhecer "projeções" da realidade nos planos de referência que correspondem aos sentidos ou aos instrumentos utilizados. Resta fazer todo o trabalho de reconstrução, seja multiplicando os pontos de vista, seja multiplicando as técnicas de análise, a fim de encontrar o modelo mais pertinente para representar a realidade estudada.

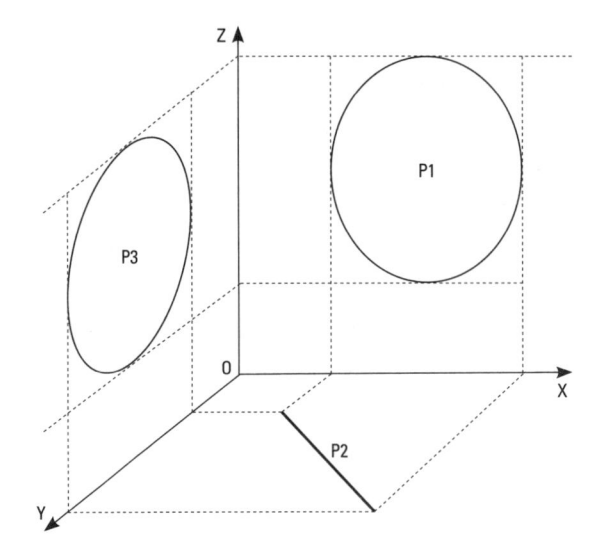

De fato, empregamos por razões de representação gráfica um espaço em três dimensões. O conjunto dos fenômenos humanos se desenvolve em espaços com um número maior de dimensões (o mais simples deles é o espaço-tempo da teoria da relatividade). Vale dizer que, nesse nível de análise e de reconstrução, os métodos elementares que estão à disposição do conjunto dos seres humanos, os órgãos sensoriais em bom estado de funcionamento e o "bom senso" não bastam mais: é necessário possuir técnicas de análise que podem parecer sofisticadas, mas que são indispensáveis quando se pretende tratar de uma realidade tão complexa como a realidade humana.

A pertinência das medidas

– É verdade que se utilizarmos as indicações de É. Claparède poderemos praticamente medir tudo. Mas o que significa a medida? Caçoariam com razão do pesquisador que fizesse a estatística (medida da frequência) das mulheres viúvas de idade entre 40 e 50 anos que atravessam o Pont des Arts entre 16 e 17 horas. A não ser que haja no bairro uma reunião de viúvas!

Falando sério, não basta obter uma "medida" para poder dizer que nosso conhecimento da realidade foi enriquecido. Embora sabendo que uma medida pode não parecer pertinente a um momento dado do nosso conhecimento e se revelar utilíssima em outro, nunca devemos fechar sistematicamente a porta a qualquer tipo de pesquisa que não corresponda às nossas exigências atuais.

A história do pensamento científico nos dá numerosos exemplos de pesquisas e de medidas que, aparentemente e num momento dado do conhecimento, permaneceram estéreis. No início do século passado, todas as medidas de encefalometria voltadas para avaliar a inteligência não tiveram futuro, nessa perspectiva. Foi necessário surgir a genial intuição de A. Binet para encontrar uma solução para o problema. Poderíamos encontrar exemplos em educação. Por muito tempo (para não dizer ainda em nossos dias) as provas dos exames pretendem medir o valor dos sujeitos nesta ou naquela disciplina e o conjunto do exame dar o nível escolar geral. Se alguns testes são pertinentes, outros são menos; alguns outros não são nem mesmo discutidos e sua validade não é questionada. "Mediu-se" o valor ortográfico de um sujeito pelo ditado (fez-se deste inclusive um meio de aprendizado) sem se perguntar qual era a "validade" desse teste.

A relação entre um fenômeno, seus efeitos, sua medida às vezes é longa e difícil de estabelecer. Os médicos assinalaram a surpreendente relação entre a miocardia e um abcesso dentário. O papel da pesquisa científica é descobrir as relações ocultas ou insuspeitas entre os diferentes fenômenos e sua medida. Por exemplo, os sociólogos mostraram a relação estatística (correlação) existente entre a velocidade do aprendizado da leitura e o meio sociocultural da família.

Medida e comparação

Basta estudar um pouco de física para saber comparar massas, para saber que a medida de um comprimento resulta de uma comparação com um comprimento padrão... Foi essa ideia simples, mas funcional, que possibilitou a A. Binet tirar a psicologia do início do século XX do impasse em que ela se encontrava em seu desejo de medir a inteligência humana. A ideia fundamental de Alfred Binet (cujo histórico não desenvolveremos aqui) foi a de encontrar um instrumento que permitisse avaliar, com base em alguns pontos precisos (as questões do seu teste), o comportamento das crianças e dizer (depois de aceitar um certo número de hipóteses) que uma criança que responde a seu teste como respondem, por exemplo, as crianças de oito anos tem uma inteligência de uma criança de oito anos. A dificuldade foi encontrar as questões significativas a que respondem teoricamente as crianças de oito anos ou mais, e aquelas a que respondem as crianças de sete anos ou menos.

Medida e simplificação da realidade

Indicamos acima, a propósito da fórmula sobre a queda dos corpos, que dada a complexidade da realidade toda ciência começa, para se desenvolver, mutilando de certo modo a realidade e estudando-a apenas em parte. Essa visão parcial é uma deformação, mas essa passagem obrigatória, pela simplificação, é uma condição essencial da reintegração ulterior dos outros aspectos. Foi essa lei matemática rigorosa que, embora traduza perfeitamente o fenômeno físico, possibilitou pôr em evidência os outros fatores que entram em jogo para determinar a lei mais complexa da queda de um corpo; esta continua válida, inclusive para os aviões que voam, basta acrescentar o componente negativo introduzido pela propulsão e a forma do avião. Gaston Bachelard disse a esse respeito coisas notáveis às quais remetemos o leitor[9].

Age-se, do mesmo modo, na pesquisa em educação ou em psicologia. Foi a utilização do teste de Binet-Simon, na Bélgica, por O. Decroly, que chamou a atenção dos pesquisadores sobre a importância de outros fatores, como o fator ambiente, no desenvolvimento e na medida da inteligência. Donde o aperfeiçoamento do instrumento que procura eliminar o que parece estar sob a influência demasiado direta do meio.

Poderíamos igualmente tomar como exemplo a análise das situações escolares. Às medidas "primitivas" de outrora (características físicas das situações: número de alunos, idade, tipos de educador definidos em função das etapas da sua formação) acrescentou-se a consideração de variáveis cada vez mais complexas: relações mestres-alunos, estrutura e dinâmica de grupo dos alunos... Uma das características essenciais do progresso científico é aprofundar e matizar os resultados já obtidos, ampliar e renovar constantemente seus modos e seus campos de análise.

Análise do conjunto "medida"

O conjunto dos valores que constitui "a medida" dos fenômenos é, geralmente, um conjunto numérico. O caso mais simples é evidentemente constituído pelo conjunto dos números (não discutimos aqui a pertinência da medida, como fizemos acima) e diremos que as medidas respectivas dos efetivos das classes A, B, C são 30, 35, 40.

Esse conjunto de números pode ser utilizado segundo regras simples e muitas vezes cria confusão entre a realidade e sua me-

---
[9] G. Bachelard, *Le nouvel esprit scientifique*.

Efetivos das turmas

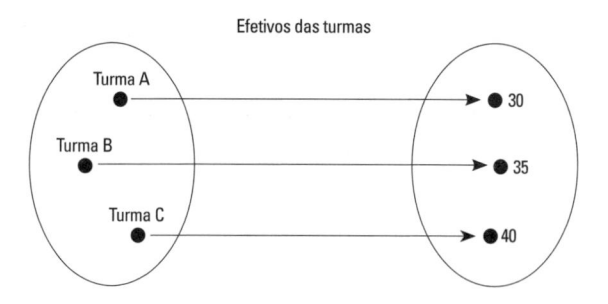

Turma A • → • 30
Turma B • → • 35
Turma C • → • 40

dida. Não se questiona a pertinência da medida, tanto a relação é direta. Aplica-se então à realidade, sem outra forma de processo (M), sem se preocupar o bastante com a natureza da relação entre a realidade e a medida. Diz-se sem mais que uma turma tem um efetivo duas vezes maior que o de outra turma quando, sem levar em conta que na realidade se passou de uma situação A normal (se n = 25) a uma situação totalmente diferente no plano pedagógico, se no caso de B o efetivo for de 50 alunos. É o perigo, bem conhecido dos pesquisadores que têm consciência das características dos seus métodos de análise, de passar de uma realidade dominada pela descontinuidade a uma medida dominada pela continuidade, ou de uma realidade na qual uma diferença quantitativa introduz uma diferença qualitativa.

Em outros casos, a série numérica habitual não é adequada e prefere-se a ela um conjunto construído de outro modo. O caso mais comum é o da utilização de um conjunto logarítmico. Eis alguns exemplos. A medida da audição em decibéis corresponde, de fato, ao uso de uma escala logarítmica, dado que uma medida em decibéis é definida pela relação:

$$J = 10 \log_{10} I.10^{16} \text{ (I é expresso em W/cm}^2\text{)}.$$

Cada intensidade sonora (elemento da realidade) é associada a um valor logarítmico que é sua medida. Sabe-se também que, para construir um audiograma (dado que a extensão das frequências sonoras é de 40 a 40 000), utiliza-se uma escala logarítmica que vai de 1,602 (log de 40) a 4,602 (log de 40 000) com os seguintes valores intermediários:

40	400	4 000	40 000
1,602	2,602	3,602	4,602

É também uma escala logarítmica de base 2 que é utilizada na teoria da informação e no cálculo da entropia de um sistema, $H = -\Sigma p.\log_2 p$. A medida da informação por meio de $I = -\log_2 p$ permite ter para os diferentes valores de p uma função que decresce com a certeza do aparecimento do fenômeno.

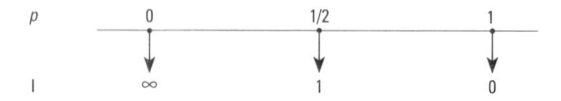

p	0	1/2	1
I	∞	1	0

Assim, essas escalas são utilizadas para exprimir num mesmo gráfico tempos que vão do minuto ao dia ou mesmo à semana. Seria impossível traduzir numa mesma escala fenômenos de esquecimento estudados ao cabo de uma hora, um dia (24 h), uma semana (168 h), um mês (672 h).

Uma escala logarítmica dá o seguinte gráfico:

1 h	24 h		168 h	672 h	
		1		2	3
0	1,380		2,25	2,83	

Em outros casos, é preciso ir mais longe ainda e utilizar intermediários suplementares para chegar à medida. É o processo que encontramos na medida de um fenômeno que corresponde a uma estrutura de repartição gaussiana. Quando se conta o número de respostas certas obtidas por uma criança numa prova, esse número não tem nenhum significado em si. A partir do momento em que se pode calcular a média da série de referência, seu desvio padrão (depois de verificar a hipótese da normalidade), pode-se obter com o valor de z:

$$z = (x - m)/\sigma$$

verdadeira medida do fenômeno, medida que resulta da comparação com uma série de média igual a 0 e de desvio padrão igual a 1. O conhecimento de "z" permite situar sem nenhuma ambiguidade o sujeito no seio da série e considerar esse valor um índice pertinente para a medida do fenômeno estudado.

O Quociente Intelectual de Weschler é, nessa perspectiva, uma medida, pois ele possibilita situar sem ambiguidade o sujeito examinado em relação a uma série de média 100 e de desvio padrão 15.

A propósito da interdisciplinaridade

O plural utilizado na expressão "ciências da educação" leva a formular o problema da interdisciplinaridade nesse novo domínio científico.

Distinguiremos primeiro as duas modalidades de interdisciplinaridade: a pluridisciplinaridade "interna" e a pluridisciplinaridade "externa".

Existem relações essenciais entre uma disciplina científica e a parte, no seio desta, que se preocupa com as questões de educação. A filosofia da educação não pode ser independente da filosofia em seu conjunto. As relações entre a disciplina "mãe" e sua parte à qual se acrescenta o determinativo "da educação" têm duplo sentido. Em certos casos, a disciplina "mãe" utilizada no domínio da educação (aplicada à educação) possibilita uma primeira abordagem das situações de educação na perspectiva da disciplina "mãe". Em outras situações, é a "disciplina ... da educação" que descobre novos campos de investigação, novos problemas, novas situações, que a disciplina "mãe" ignorava. O exemplo do desenvolvimento atual da informática fornece disso um exemplo notável. A introdução do computador no processo educacional cria novas situações tanto na perspectiva fisiológica, quanto psicológica, psicossociológica, econômica... Esses novos campos e as novas técnicas que se tornam necessárias para a sua apreensão, os novos problemas que surgem dessas novas situações de educação enriquecem, em compensação, a disciplina "mãe", oferecendo-lhe novos campos de investigação e uma ampliação da paleta das suas técnicas de análise.

A interdisciplinaridade externa é de outra natureza e se apresenta sob modalidades múltiplas. Ela pode ser, antes de mais nada, formal ou de *justaposição*. As diferentes ciências da educação apreendem, cada uma de seu lado e com as técnicas próprias da sua disciplina científica, as situações de educação: o fisiologista da educação analisará as situações sem se preocupar com o que faz o psicólogo da educação para estudar a mesma situação; o estudo do cansaço dos alunos será feito sem levar em conta os métodos pedagógicos utilizados pelo professor; o clima psicológico de uma turma será avaliado sem se preocupar com os efetivos... Os exemplos a relacionar seriam numerosos. O que levanta, de passagem, a questão do interesse das ciências da educação como conjunto coerente e não como catálogo de análises separadas.

No nível de uma interdisciplinaridade de *cooperação*, várias disciplinas vão unir seus métodos e técnicas, seus processos de interpretação dos fatos. O fato arquitetônico não será separado nem das condições demográficas nem das condições pedagógicas.

O estudo da atenção dos alunos se dará num meio arquitetônico definido (nível sonoro, luz...), importância do espaço deixado à disposição de cada aluno para seu trabalho e seus deslocamentos, método pedagógico utilizado (trabalho individual, trabalho por equipes...). Coloca-se então o problema da generalização da interpretação dos resultados, já que cada caso é um caso particular no qual os diferentes enfoques se entrecruzam, se respaldam mutuamente e no qual as interações entre os diferentes componentes se tornam um dos objetos da observação e da análise.

Alcança-se então uma nova modalidade da interdisciplinaridade: a interdisciplinaridade de *criação*, que vai permitir superar os pontos de vista de cada uma das disciplinas, consideradas em si, a fim de descobrir e analisar os aspectos originais e específicos da situação de educação. Esta não será mais considerada como uma justaposição dos pontos de vista, ainda que estes colaborem entre si, mas como constituindo um novo objeto de análise científico, considerado essencialmente do prisma de numerosas inter-relações que se desenvolvem entre todos os parceiros e como a emergência de uma nova realidade humana específica ao domínio da educação.

O problema particular das finalidades das situações de educação

Já insistimos sobre as diferenças fundamentais entre as ciências da educação e outras ciências, como a matemática ou as ciências da natureza. Quando o físico ou o químico fazem uma experiência, quando o naturalista analisa a estrutura de uma planta ou o corpo de um animal, quando o demógrafo recenseia uma população, a única finalidade da pesquisa é a descoberta da verdade ou das leis que a determinam. Em certas situações, o pesquisador em ciências da educação deve levar em conta variáveis difíceis de definir: "o clima da turma", por exemplo, as finalidades e métodos pedagógicos adotados pelo corpo docente (ver acima, cap. 4). As situações de educação estão constante e essencialmente em relação com um ou vários sistemas de valores que dão à ação seu ou seus verdadeiros significados. A complexidade das situações de educação é enorme, portanto. A essa complexidade de existência se soma o fato de que toda ação ou toda parte de ação só pode ser compreendida e interpretada em relação ao sistema de valores educacionais que circula no âmbito da situação do grupo, da turma, da escola. Determinada reação do professor ou determinada reação do aluno só adquire sentido em relação aos valores que caracterizam o modo de relações ensinador/ensinando. Toda pesquisa científica, no domínio da educação, tem a necessidade de conhecer e levar em conta o sistema de finalidades escolhido pelo professor para exercer sua ação educativa. É necessário portanto pelo menos um duplo sistema de interpretação: um em relação às ações e reações imediatas lidas num primeiro nível, o outro em função das finalidades educativas escolhidas e adotadas pelo professor: pedagogia autoritária ou pedagogia liberal, pedagogia centrada no professor e nos conhecimentos *versus* pedagogia centrada no aluno e em suas experiências pessoais... Quando esses valores são nitidamente explicitados, é mais fácil levá-los em conta nos esquemas científicos. Mas, quando esses valores são apenas mais ou menos explicitados, eles constituem um conjunto de dados muito incertos que põe o pesquisador numa posição dificílima no momento da pesquisa e da interpretação dos seus resultados. Há manifestamente variáveis que nos escapam ou que são dificilmente integráveis em nossos modelos científicos. Os procedimentos da *aplicação do teste* se ressentem necessariamente disso e uma nova forma de "incerteza" se introduz, "incerteza" que não é da mesma ordem daquela incerteza devida a que todos os nossos conhecimentos (com exceção das verdades matemáticas) são estatisticamente prováveis. Os resultados do mesmo aprendizado provocado em duas situações pedagógicas diferentes não devem ser interpretados da mesma maneira no caso de uma pedagogia autoritária ou de uma pedagogia diferenciada. A consideração das finalidades educativas do professor (ou da equipe docente) é delicada e pressupõe um mínimo de formação pedagógica do pesquisador.

Capítulo 8

As ciências da educação e os profissionais da educação e da formação

Observações gerais

Numa célebre citação de *Educação e sociologia*, Émile Durkheim precisava claramente a distinção a ser feita entre dois domínios: o da ciência e o da pedagogia[1]. No primeiro caso, "trata-se simplesmente ou de descrever coisas presentes ou passadas, ou pesquisar suas causas, ou determinar os efeitos destas". Prossegue: "As teorias que chamamos de pedagógicas são especulações de um tipo totalmente diferente. De fato, nem elas perseguem o mesmo objetivo, nem empregam os mesmos métodos. O objetivo delas não é descrever ou explicar o que é ou o que foi, mas determinar o que deve ser. Elas não são orientadas nem para o presente, nem para o passado, mas para o futuro. Elas não se propõem exprimir fielmente realidades dadas, mas editar preceitos de conduta. Elas não nos dizem "eis o que existe e qual é o seu porquê", mas "eis o que se deve fazer". Os próprios teóricos da educação geralmente falam das práticas tradicionais do presente e do passado com um desdém quase sistemático. Assinalam todas as imperfeições delas. Quase todos os grandes pedagogos, Rabelais, Montaigne, Rousseau, Pestalozzi, são espíritos revolucionários, insurgidos contra os usos dos seus

---
[1] É. Durkheim, *Éducation et sociologie*.

contemporâneos. Eles só mencionam os sistemas antigos ou existentes para condená-los, para declarar que não têm fundamento na natureza. Fazem mais ou menos tábua rasa desses sistemas e tratam de construir em seu lugar algo inteiramente novo."

Qualquer que seja o domínio profissional das atividades humanas, as relações entre a prática, a teoria e a pesquisa são particularmente complexas e nem sempre fáceis de deslindar. A arte do clínico não pode ignorar os resultados da pesquisa. O próprio artista não pode ignorar os progressos da técnica (o exemplo de Leonardo da Vinci é significativo a esse respeito). O advogado deve levar em conta resultados da pesquisa documental, da evolução sociopolítica da sociedade, tanto dos dados de psicologias individuais como dos dados de psicologia social. É inútil retomar a mesma reflexão para o militar ou o engenheiro ou para todas as atividades profissionais. A profissão do ensino não escapa das mesmas constatações. As relações entre prática, teoria, pesquisa são difíceis e delicadas de se estabelecer.

É necessário, antes de mais nada, precisar bem (e discutir) alguns dos termos que utilizamos e que não são particularmente unívocos. As atividades educativas podem ser encontradas em todas as idades do indivíduo: a educação familiar, escolar, acadêmica, universitária, depois na forma da formação contínua. Se podem ser classificadas na mesma rubrica "educativa", é evidente que são bem diferentes e não recorrem às mesmas fontes de saber. Uma primeira dificuldade aparece com o uso da palavra "pedagogia". Ela pode ser utilizada em pelo menos quatro sentidos diferentes. A prática cotidiana de um professor é chamada de "sua pedagogia", isto é, sua maneira pessoal de agir e exercer seu ofício[2]. É evidente que as diferentes "pedagogias pessoais" não são análo-

---

[2] A origem da palavra, de acordo com o dicionário *Le Robert*, parece remontar a 1485. Littré assinala que a encontramos em *A instituição cristã* de Calvino, de 1536.

gas conforme, de um lado, a experiência do "ensinador" e, de outra, as situações, a idade e os objetivos dos "ensinandos". A pedagogia do professor universitário é iniciar seus estudantes nos problemas, dificuldades e mistérios da pesquisa, o que não se pode fazer da mesma maneira na escola maternal. Inversamente, atividades fundamentais para a criança pequena (percepção, motricidade, linguagem) não têm sentido no liceu ou na universidade. Essa "pedagogia pessoal"[3] resulta em parte, na maioria das vezes, da "pedagogia oficial" ou pedagogia sugerida pelas autoridades acadêmicas ou profissionais (no caso da formação dos adultos ou da formação contínua, por exemplo). Enxerta-se nessa "pedagogia pessoal", em diversas modalidades, uma "reflexão pedagógica" mais ou menos aprofundada que constitui o que se chama de "a experiência pedagógica" do sujeito. Essas reflexões pedagógicas, quando são organizadas num todo coerente, levam diretamente à definição da pedagogia: uma "teoria prática da educação" (É. Durkheim). Nesse nível, ela se torna "prescritiva", indica o que se deve fazer ou o que não se deve fazer. As *ciências pedagógicas*, que pertencem, de acordo com a nossa concepção, às ciências da educação, se situam em outro plano: o da análise rigorosa do que se faz na realidade, isto é, o estudo do conjunto das "pedagogias pessoais", análise que pode ir até a experimentação dos métodos, das técnicas, dos conteúdos da educação.

Notemos também, de passagem, um erro muitas vezes cometido: a confusão entre as ciências da educação e a pedagogia. Nas sondagens e nos artigos do excelente número dos *Cahiers pédagogiques*[4], a confusão é frequente, e os educadores pedem às ciências da educação o que pertence à pedagogia em seu aspecto prescritivo. As coisas não são tão simples quanto parecem.

---

[3] Ver cap. 6.
[4] *Les sciences de l'éducation: quel intérêt pour le praticien?*

De seu lado, as ciências da educação proporcionam um conjunto de pesquisas e de resultados que não se dirigem obrigatoriamente às mesmas pessoas. Ao mesmo tempo que afirmam que o educador, qualquer que seja o nível em que trabalha, sempre necessita de conhecimentos que vão além da sua especialidade[5], também é evidente que as pesquisas sobre a fisiologia da criança durante o seu crescimento na época da escolaridade primária não interessam diretamente ao professor de história ou de latim no nível universitário. Inversamente, as discussões sobre as teorias demográficas atuais não entram diretamente na pedagogia pessoal de um professor da escola primária elementar. Como já indicamos na classificação das ciências da educação que propomos, há disciplinas mais particularmente úteis ao decididor, ao gestor, ao administrador e ao professor.

Duas outras observações devem ser feitas antes de ir mais longe, para evitar qualquer equívoco. Nem todos os resultados da pesquisa em ciências da educação têm, automaticamente, aplicações pedagógicas. Um excelente estudo de demografia escolar, rigorosamente feito no plano científico, pode não ter, na hora, nenhuma aplicação pedagógica. Passado um certo tempo, pode-se encontrar uma aplicação pedagógica, mas a relação direta imediata nem sempre é evidente. A perfeição metodológica das pesquisas depende da vertente científica mas pode não ter nada a ver com as aplicações pedagógicas. Os resultados obtidos não são inúteis, mas a escolha dos professores para a sua prática cotidiana pode se dar em função de outros critérios, critérios que não foram necessariamente levados em conta pela pesquisa científica. Muitas vezes, a interpretação dos resultados é múltipla e não pode levar a indicações pedagógicas precisas. No momento em

---

[5] Diz-se com frequência que "a cultura geral devia ser a especialidade de todo educador".

que escrevemos este texto, a batalha dos métodos de aprendizado da leitura é, mais uma vez, travada. Os estudos feitos nesse domínio[6] deixarão necessariamente aos professores, em função de outras considerações também, a opção pelo método que querem utilizar.

As relações entre as ciências da educação e os professores (ou, de outra forma, mais simples para o professor: "Para que elas lhe servem?") não podem portanto ser estudadas de uma maneira demasiado geral. É preciso levar em conta, em cada caso, as características particulares da situação professor/pesquisador/teórico. Feitas essas observações preliminares, coloquemos a questão geral do interesse das ciências da educação para o educador (e isso qualquer que sejam suas funções e seu nível), ao mesmo tempo que nos empenhamos numa análise particular para as situações em que as ciências da educação (ciências descritivas e explicativas) encontram a pedagogia (disciplina normativa).

Para que servem as ciências da educação?

J. Beillerot dá uma resposta ao mesmo tempo geral e pertinente para a questão "projeto e legitimidade" das ciências da educação[7].

"O primeiro [projeto] é *inventar um ponto de vista interdisciplinar* ou, se preferirem, pluralista, ou generalista, ou complexo, ou global, ou multirreferencial; em suma, um projeto que tente explicar objetos do campo da educação de outro modo que não por uma adição de saberes disciplinares e que tratam igualmente dos processos de educação em que sujeitos são empenhados em sua globalidade e em sua singularidade.

---

[6] J. Simon e L. Merlet, *Essai de mesure de rendement de trois méthodes d'apprentissage de la lecture.*
[7] J. Beillerot, *Projet et légitimité.*

"O segundo projeto da disciplina é *trabalhar zonas que as fronteiras disciplinares impediriam de perceber*. Os exemplos mais citados podem ir da inovação pedagógica à autonomia dos estabelecimentos escolares, da relação pedagógica à relação com o saber dos alunos ou dos professores.

"Enfim, o terceiro projeto é *trabalhar sobre as relações entre os saberes eruditos oriundos de todos os horizontes e as práticas profissionais*, isto é, trabalhar sobre a relação entre as práticas e a teoria nos aprendizados e na formação e sobre o próprio processo de formação.

"'Três projetos, portanto, cujas metas são produzir novos conhecimentos e se preocupar, ao mesmo tempo, com o fazer.'"

As ciências da educação desempenham portanto, em relação à arte do educador, um papel de informação, de explicação, de justificação, de elemento de progressão, nunca são prescritivas. Os resultados científicos nunca substituirão a arte do professor em sua classe, mas podem permitir a realização de uma análise mais precisa, mais objetiva e tornar essa arte transmissível em parte. A ação pedagógica não se reduz à utilização, à aplicação de receitas, mas a uma pesquisa constante de um número cada vez maior de relações entre os fatores (A) (E)[8] e o meio, a uma adaptação cada vez mais precisa dessas relações com as necessidades de cada um dos grupos, à consideração atual de todos os fatores que podem intervir numa situação de educação. Alguns raros indivíduos possuem esse dom inato de poder responder a essas exigências, mas o conjunto dos educadores necessita de uma preparação para desempenhar corretamente esse papel. As ciências da educação substituem pouco a pouco as opiniões, as receitas transmitidas pela tradição, um conjunto de resultados e um saber cuja

---

[8] Ver a figura 1 do capítulo 3.

validade foi testada, informações que permitem que o educador situe melhor sua ação no espaço e no tempo e passar de uma etapa de mero "executante" à de um profissional que toma consciência da sua ação, dos seus limites e, também, das suas possibilidades[9]. A ciência, nesse domínio como em todos os outros, não mata a arte do educador, mas, ao contrário, a enriquece consideravelmente, pondo à sua disposição o conjunto dos resultados válidos, que o educador não teria podido, por si só, descobrir ou inventar. O que seria a arte do médico sem o desenvolvimento das ciências biológicas, farmacológicas...? As ciências da educação deveriam desempenhar portanto um papel de primeiro plano em todos os projetos de preparação dos futuros professores e formadores, assim como no aperfeiçoamento dos que estão em exercício.

É preciso notar, porém, que as relações entre a prática educacional cotidiana e as ciências da educação não se estabelecem tão facilmente quanto desejariam seja os educadores, seja os pesquisadores. As ciências da educação se referem a níveis diferentes da ação educativa e não estudam as situações de educação nas mesmas perspectivas. As ciências que estudam os fenômenos na escala do sistema geral de educação (escala macroscópica) não proporcionam ao educando, em sua prática cotidiana, o mesmo apoio que as que as analisam no nível da relação educacional direta (escala microscópica). É uma distinção que se pode fazer entre as ciências da educação e as ciências pedagógicas, estas não passando de um subconjunto daquelas. As ciências da educação macroscópicas são importantes do ponto de vista da análise das finalidades, da necessária reflexão do educador para situar sua ação no âmbito da sociedade, para se situar em relação à educação-sistema. A nosso ver, elas constituem o que se poderia cha-

---

[9] Ph. Perrenoud, *Développer la pratique réflexive dans le métier d'enseignant. Professionalisation et raison pédagogique.*

mar de cultura geral pedagógica do educador. Esta nos parece indispensável se quisermos que o professor não seja um robô, mas um indivíduo capaz de pensar sua ação em função do grande número de fatores que determinam uma situação de educação. É a partir do conjunto de dados que as ciências da educação podem fornecer que o educador escolherá, com conhecimento de causa, suas finalidades educacionais e seus modelos de ação. Isso não ocorre, aliás, sem dificuldade em relação à sociedade, e aqui nos vemos diante de um problema dificílimo de resolver. Se nos reportarmos à definição de educação dada por Durkheim, veremos claramente que a sociedade deseja "suscitar na criança um certo número de estados físicos, intelectuais e morais que dela reclamam a sociedade política em seu conjunto e o meio social a que ela está particularmente destinada". O modelo é proposto, se não imposto, ao educador pela sociedade. Mas de que sociedade se trata? A escolha é a de cada educador em função das suas opções filosóficas, sociais, religiosas: trata-se da escuridão de ontem, da sociedade de hoje, da sociedade de amanhã, de qual sociedade se trata? Pode-se afirmar sem temor que uma grande parte dos movimentos da educação nova e que uma parte do movimento de 1968 foram constituídos por uma vasta reação contra a imposição desse modelo de origem social. A posição da Liga Internacional por uma Educação Nova é mais flexível, já que introduz explicitamente a necessidade de repensar constantemente o problema dos objetivos da educação em função da evolução científica, técnica e social. Tendências ainda mais radicais apareceram, pois que algumas chegam ao ponto de rejeitar qualquer modelo (pedagogia de tipo anarquista) ou pedem que cada mestre escolha o modelo que lhe parecer melhor, donde as dificuldades de harmonizar essas opções individuais com o aspecto regulamentar da educação-instituição. Digamos simplesmente que a necessária liberdade de escolha do educador é limitada pela necessidade de levar em consideração o aluno, que também não é "propriedade" do mestre e que, passando de professor em professor, tem direito a uma educação coerente sem ter de correr o risco de um desenvolvimento perturbado da sua personalidade. Nenhuma opção educacional pode ser feita em função de um só componente, sem levar em conta a opção dos outros parceiros da situação: outros professores, alunos, pais, meio social...

O problema das relações entre o educador e as ciências pedagógicas também se coloca de uma outra forma: a das *relações entre um modelo pedagógico ideal e a realidade da prática educacional cotidiana*. Todo o mundo concorda com o fato de que todo educador responsável se refere, implícita ou explicitamente, a um modelo pedagógico. Uma das partes mais importantes da formação de um educador consiste precisamente em fazê-lo tomar consciência dessa necessidade e em levá-lo, com pleno conhecimento de causa, à elaboração ou à escolha de um modelo de referência. E, nesse domínio, as ciências da educação têm um papel de primeiro plano, quando mais não fosse por lançar luz sobre os diferentes modelos já existentes: elas não propõem um modelo ao qual, como fazem certas pedagogias, há que se conformar. Elas podem, ao contrário, em função das opções pedagógicas, filosóficas e políticas possíveis, apresentar propostas de ação e estudar suas consequências e seus efeitos gerais, tanto os positivos como os negativos. Assim, a psicologia da educação, para dar esse exemplo, propõe vários modelos para a ação educativa, conforme se tome como referência uma psicologia do condicionamento, uma psicologia cognitivista, uma psicologia genética, uma psicologia psicanalítica, uma psicossociologia. A ação educativa que daí decorre, a consideração da experiência adquirida pelos mestres e o reflexo sobre a prática deles abrem a porta para o esboço da teoria da educação. A nosso ver, o problema das relações entre a prática e a teoria ainda não encontrou solução satisfatória. Existe um fosso profundo entre os práticos, de um lado, e os teóricos, de outro. O processo dialético e reversível do ato ao pensamento ainda não encontrou sua dinâmica. Às vezes, os teóricos se contentam apenas com propor aos educadores modelos já elaborados ou, no melhor dos casos, ajudá-los a construir ou a escolher um com pleno conhecimento de causa. O processo de formação insiste suficientemente no esforço de elaboração que um educador deve realizar para dominar sua prática e não reduzi-la a um simples apanhado de receitas? Essa elaboração não pode ser feita a partir de nada, e parece-nos demagógico acreditar que todos os educadores poderão reinventar o conjunto das possibilidades pedagógicas. No nível da formação dos educadores e referindo-se aos conjuntos de conhecimentos já existentes, esse esforço pessoal de elaboração de um modelo e de escolha dos objetivos da ação educativa será altamente formador para quem tiver uma ação a exercer sobre os jovens que lhe serão confiados ou sobre os adultos que deverá ajudar a se educar.

O problema é bem diferente se nos situarmos no plano da preparação dos "formadores de formadores". Se queremos que os formadores de formadores sejam capazes de desempenhar o papel que lhes atribuímos, isto é, um papel de auxílio na escolha e na elaboração de modelos de ação, parece-nos necessário que eles próprios conheçam as diferentes soluções dadas aos problemas pedagógicos. Toda opção pedagógica supõe uma informação suficientemente ampla para que possa ser corretamente exercida. É indispensável portanto que os professores do IUFM, os formadores de formadores de adultos, os responsáveis por todos os serviços de aperfeiçoamento ou de formação contínua recebam esse mínimo de formação nos diferentes domínios das ciências da educação, mínimo sem o qual eles não podem fazer seu trabalho de maneira satisfatória. Tocamos aqui um dos pontos mais fracos, a nosso ver, do sistema educacional francês: a formação dos professores de instituições de formação pedagógica. Os esforços que são feitos atualmente, por mais louváveis que sejam, não conseguirão preencher essa lacuna enquanto o problema não for considerado em seu conjunto, a saber, o de uma formação sistemática e coerente em ciências da educação do pessoal de formação dos professores e animadores. Esperamos que os IUFM deem uma solução aceitável a esse problema. Ouvem-se belos e grandes discursos sobre a criança, seu futuro, suas chances de êxito; mas confia-se o aluno ao primeiro que aparece sem nem mesmo saber, às vezes, se o educador tem as qualidades necessárias, recebeu formação intelectual e pedagógica suficiente para provocar efeitos positivos na evolução da jovem personalidade do aluno.

Num outro nível da prática pedagógica, as ciências da educação trazem informações preciosas para a tomada de decisão no domínio da política da educação. Nem todas as opções que permitem estabelecer, modificar, reformar uma situação de educação podem ser feitas racionalmente sem se referir aos resultados científicos provenientes da análise das situações de educação. Quer se trate do tamanho das escolas a construir, da duração dos estudos ou do orçamento a atribuir à educação..., um conjunto de informações, de "modelos", é indispensável aos responsáveis que têm de tomar as decisões. No plano da própria prática, as ciências como a fisiologia, a psicologia, a psicossociologia da educação trazem um conjunto de conhecimentos utilíssimos aos educadores.

As ciências da educação têm portanto um interesse prático: o de ajudar a melhorar a ação pedagógica qualquer que seja o nível em que esta se situe, enquanto o professor continua sempre responsável por suas opções.

Num momento dado da história, a ciência é constituída pelo conjunto das pesquisas realizadas, pelos resultados obtidos e pelo conjunto de problemas que se colocam ao pesquisador. A ciência de uma época é constituída por conquistas e aberturas para o futuro. As ciências da educação, que ainda não têm um longo passado, são prenhes das promessas do futuro. Num mundo em rápida evolução, elas deveriam estar no primeiro plano do combate constante pela melhoria e transformação do sistema educacional.

Os pontos de encontro das ciências da educação e da pedagogia

Nas poucas pesquisas feitas sobre o interesse, para o professor, das ciências da educação[10], encontramos três tipos de respostas das pessoas interrogadas:
– "elas foram úteis para mim"
– "elas não me trouxeram nada de novo"
– e algumas raras respostas questionando a nocividade das ciências da educação.

Muitos professores que frequentaram os institutos universitários de ciências da educação fazem uma observação que nos parece fundamental: "mesmo que elas não nos tenham trazido nada no plano dos conhecimentos pedagógicos estritos, elas modificaram, transformaram nossa maneira de considerar nossa profissão, nosso olhar sobre nossa prática cotidiana, nossas relações com os 'ensinandos'." O que já é, para nós, um resultado fundamental: para lá dos métodos e das técnicas, o lugar e o papel do professor no âmbito da situação de educação são questio-

---

[10] Como não sabemos em que condições essas pesquisas foram feitas, a apresentação de porcentagens das respostas não corresponde a nada de sério.

nados, o que constitui, a nosso ver, uma verdadeira revolução pedagógica.

E, como diz J. Beillerot, a tomada de consciência da multidisciplinaridade, da multirreferencialidade leva o educador a não se contentar mais com explicações simples, para não dizer simplistas, e considerar toda situação de educação como essencialmente complexa e na qual a meada das relações "causa-efeito" nem sempre é fácil de deslindar. As ciências da educação, acostumando o estudante a não se contentar com uma visão demasiado superficial, dando-lhe as chaves de certos determinismos (psicológicos, sociais, históricos, geográficos...), ajudam-no a analisar melhor as situações nas quais ele age, a compreender melhor as reações de uns e outros, a exercer melhor suas funções educativas. "Há, de fato, um *antes* e um *depois*, quando nos colocamos do lado da contribuição das ciências da educação para a prática cotidiana. Isso ressalta o aspecto revolucionário da transformação discreta, tenaz e indelével que se opera no professor. Ele não ensina mais da mesma maneira porque não é mais o mesmo."[11]

O problema das relações entre ciências da educação e professor fica difícil de analisar em outras situações. Mantendo-nos fiéis à nossa posição, segundo a qual é preciso distinguir bem o domínio dos juízos de valor (pedagogia) e o domínio dos juízos de realidade (ciências da educação), temos de reconhecer que certas fronteiras são difíceis de traçar. Tomemos alguns exemplos para justificar essa afirmação: o da organização das situações de aprendizado, o dos produtos da avaliação (ou das sondagens). A psicologia da educação[12] analisa os processos de aprendizado em função das condições de existência das situações de educação (método pedagógico geral, efetivo e estrutura das turmas, am-

---

[11] A. Letombe, *Rien ne sera plus comme avant*.
[12] G. Mialaret, *La psychologie de l'éducation*.

biente...) e, sem sair do plano das constatações, indica as diferenças de resultados conforme o processo de aprendizado tenha sido organizado de uma ou outra maneira. O exemplo dado por M. Altet (ver cap. 4) é muito significativo sob esse aspecto. A liberdade de opção do professor permanece íntegra; mas por que não escolher os procedimentos que levam aos melhores resultados? É aqui que seria necessário colocar os problemas da avaliação e da integração desta no processo educativo. Examinemos outro caso relativamente simples: de uma sondagem feita sobre os níveis escolares dos alunos da cidade de Lisieux (consideraremos apenas um teste: a gramática).

O primeiro quadro (gramática A) indica a porcentagem de respostas corretas às diferentes questões (ver no fim do capítulo a lista das questões). O limiar de aquisição de 50% só é alcançado em 13 questões, no caso dos meninos, e em 7, no caso das meninas. O segundo quadro (gramática B) indica a diferença dos resultados entre o CM2 e a classe de 6º ano dos colégios. Diante de tais resultados (que concernem a toda a população escolar da cidade: 272 meninos e meninas do CM2 e 97 da turma de 6º ano), o professor é levado a formular as quatro questões fundamentais:
– esses resultados dependem da qualidade e das características psicológicas dos alunos (nível, interesse, relações psicológicas diversas)?
– as noções a que se referem as questões cujos resultados alcançam apenas o limiar de 50% são difíceis demais para os alunos dessa idade (não concordância entre o nível de dificuldade da questão e o nível psicológico dos alunos dessa idade, questão da construção dos programas escolares)?
– os processos pedagógicos de estudo dessas noções são pertinentes (questionamentos da pedagogia utilizada)?

As ciências da educação e os profissionais da educação e da formação | 273

GRAMÁTICA (A)
Porcentagem de exatidão das respostas corretas para as classes de CM2 G e CM2 F

X = N.º de questões do teste
Y = Porcentagem de respostas corretas
——— = Meninos
——— = Meninas
.... = Limites de 50% de respostas corretas

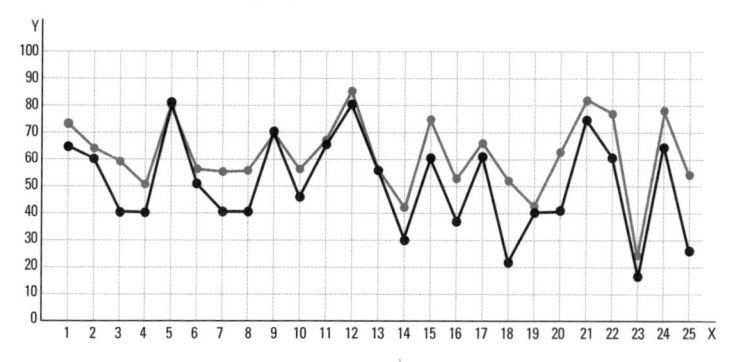

GRAMÁTICA (B)
Progresso dos meninos de CM2 à 6.ª

◆ = Questões para as quais foi registrado um progresso superior a 10% de exatidão nas respostas
X = N.º de questões do teste
Y = Porcentagem de respostas corretas
– – – – = Critério das respostas consideradas adquiridas (75% de acerto)
– – – = Limite inferior das porcentagens obtidas 50% das questões da prova no 6.º Ano
——— = CM2
.... = 6.º

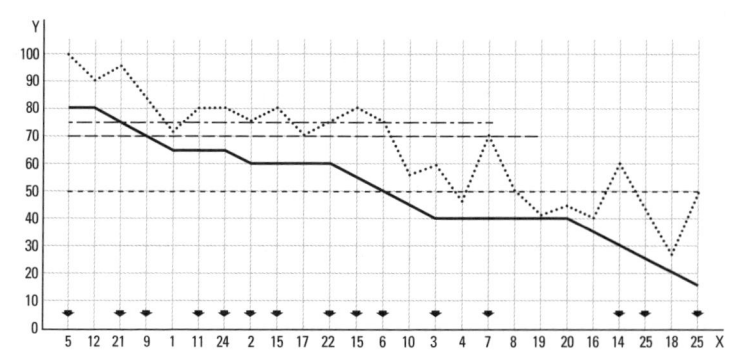

– o teste de avaliação é bem construído? É pertinente para o objeto de pesquisa (aspectos docimológicos)?

Essa última preocupação relativa à pertinência das questões coloca outro problema: a adequação da questão à noção a analisar (fundo e forma) é correta? O momento da avaliação foi bem escolhido em relação ao ritmo escolar? Por quem, para quem e por que ela é feita? Todas essas questões[13] são abordadas pelas ciências da educação: a prova da não objetividade de certas avaliações ou os efeitos perversos de certos tipos de avaliação são postos em evidência faz tempo[14].

Sem deixar de ser fiel à nossa separação entre o descritivo e o prescritivo, assinalemos que certas pesquisas podem ajudar o professor em suas escolhas, sem nunca lhe dar com isso a melhor solução pedagógica, que ele só teria de aplicar. As ciências da educação desempenham um papel de função diagnóstica.

No decorrer de uma pesquisa sobre os efeitos comparados dos métodos de leitura, obtivemos os seguintes resultados para três turmas. Note-se que seus alunos provinham de três cursos preparatórios, cujos professores não utilizavam os mesmos métodos de aprendizado (CE1-A1, um método misto adaptado a crianças difíceis; CE1-B, um método misto bem aplicado; CE1-C, um método silábico bem aplicado). Os resultados estão registrados no quadro da p. 275.

Comentários sumários sobre esses resultados e sua exploração

– Os testes utilizados aqui são: um *teste de compreensão de leitura* (teste de Hainaut), um *teste misto de leitura e de compreensão* (a galinha preta), um *teste de decifração* (palavras separadas).

---

[13] Ver G. Mialaret, in *Pédagogie générale*, cap. B6.
[14] G. Mialaret, *Comment augmenter l'objectivité des examens et des concours*.

– Nessas três turmas que utilizam métodos de aprendizado diferentes, pode-se dizer que os resultados são próximos. Uma análise estatística não põe em evidência diferenças significativas (bem no limite para a decifração).

– A ligeira superioridade das turmas A e B em compreensão é compensada por uma técnica melhor na turma C (palavras separadas).

		CE1-A	CE1-B	CE1-C
Teste de Hainaut	N	16	38	20
	m	25,3	28,2	24,1
	σ	2,78	3	3,3
Teste da galinha preta	N	17	38	21
	m	10,8	12,3	10,4
	σ	4,6	1,44	3,1
Teste das palavras separadas	N	17	38	23
	m	84,76	85,4	91,5
	σ	8,8	8,9	5,2

Ante tais resultados[15], vê-se que o professor deve construir ou escolher seu próprio método, de acordo com seus critérios e em função das indicações dadas por esses resultados. Ele sabe que, se utilizar um método silábico, deverá fazer um esforço particular para desenvolver a compreensão dos textos; se utilizar um método misto, se esforçará em insistir sobre os problemas da decifração.

Damos, para terminar, o exemplo da pesquisa feita por R. Gal sobre as referências históricas. A prova simples é a seguinte:

Escrever o nome destes homens na ordem histórica, sabendo que:

Átila viveu na Hungria em 450.

---

[15] Que confirmam os que foram obtidos por J. Simon e L. Merlet.

Felipe II viveu na Espanha em 1570
Nero viveu em Roma em 60.
Os resultados são os seguintes:

Idade	8 anos	9 anos	10 anos	11 anos	12 anos
% de êxito	19	48	56	82	85

Esses resultados, que na verdade são uma simples constatação, fornecem apenas indicações sobre a percepção do tempo histórico e sobre a possibilidade de situar os personagens no tempo. O professor considerará as questões indicadas precedentemente e tirará delas as consequências que se impõem.

Conclusão

As ciências da educação desempenham, em relação ao professor, o papel que representam as ciências biológicas em relação ao médico. Elas não proporcionam uma solução pronta para a prática pedagógica, mas fornecem informações que possibilitam ao professor escolher, com melhor conhecimento de causa, o caminho a seguir. A situação também pode se inverter: o professor pede ao pesquisador que encontre uma solução para uma questão que ele levanta. Quais são os pontos fracos dos alunos do curso elementar no que concerne à leitura[16], como adaptar a pedagogia para ajudar a correção dos erros e assegurar a fixação de novos elementos? Os resultados de fim de ano foram satisfatórios? É esse gênero de colaboração entre o pesquisador e o professor que deve ser estabelecido no nível da prática pedagógica. Nos

---

[16] Esse ponto foi objeto de uma pesquisa realizada no Laboratório da Universidade de Caen. Todas as semanas, a pedido da professora, uma equipe do laboratório aplicava às crianças um teste de análise dos resultados de leitura (função diagnóstica). Os resultados eram comunicados à professora que, no decorrer da semana, insistia nos pontos fracos salientados pelos resultados.

outros níveis lembrados acima, as publicações permitem que os decididores e os administradores disponham da informação necessária para seu trabalho.

Na verdade, encontramos aqui os problemas fundamentais que o desenvolvimento da ciência coloca. Nós mesmos insistimos no fato de que as ciências da educação pertencem ao domínio do juízo de realidade, ao domínio do descritivo e do explicativo; insistimos no fato de que a pedagogia pertencia à vertente da ação, do pragmático, do normativo. Isso é verdade, em nossa escala. Mas sabemos hoje que a separação não é tão nítida quanto indica a linguagem. Se em certos domínios fica claro que as duas atitudes são nitidamente diferenciadas, num outro nível a atitude científica não é totalmente inseparável do aspecto ético. A bomba de Hiroshima fez que todos nós refletíssemos sobre essa questão. Por que certos remédios são totalmente proibidos, em certos casos, em função da sua nocividade? Por que resultados experimentais sérios relativos a este ou aquele método, a esta ou aquela técnica, a esta ou aquela situação de educação, resultados esses que provariam sua nocividade psicológica ou pedagógica, não poderiam se transformar em proibição? O pesquisador em ciências da educação pode, num momento ou outro, se encontrar numa situação em que sua responsabilidade pessoal é envolvida. Assim, as ciências da educação também encontram todos os problemas das relações entre a ciência e a prática.

Anexo 1

Prova de gramática

RESULTADOS QUESTÃO POR QUESTÃO

Instruções: depois de ler atentamente o seguinte texto, responda às perguntas feitas abaixo.

OS TUBARÕES

Descemos à praia quando os pescadores recolhiam do mar os tubarões mortos. Eles os arrastavam um a um, puxavam-nos recuando, as mãos agarrando os rabos. Os bichos deslizavam na lâmina-d'água fina e vinham se enfileirar lado a lado na praia. Deitavam sobre a barriga azul-aço, que o sol escurecia e descorava rapidamente. Assim arrumados, não se via sua bocarra. No entanto, da sua imobilidade morta, ainda se desprendia uma impressão que prevalecia sobre as demais: a de uma ferocidade perigosa que estava apenas adormecida.

Maurice Genevoix

	CM2 G	CM2 F	6º G	6º F
CONJUGAÇÃO				
1. Assinale no texto um verbo da 2ª conjugação	65	75	70	95
2. Assinale um verbo empregado na forma pronominal	60	65	75	90

	CM2 G	CM2 F	6º G	6º F
3. Assinale um verbo de estado	40	60	60	90
4. Cite um verbo de sentido transitivo	40	50	40	80
5. "Descemos" – escreva esse verbo no futuro (1ª pessoa do plural)	80	80	100	85
6. "Vinham se enfileirar" – escreva a locução verbal no passado (3ª pessoa do plural)	50	55	75	60
7. "Não se via sua bocarra" – escreva o verbo no passado (3ª pessoa do singular)	40	55	70	85
8. "Eles os arrastavam um a um" – em que forma esse verbo é empregado?	40	55	50	55

ANÁLISE GRAMATICAL

	CM2 G	CM2 F	6º G	6º F
9. Assinale no texto um adjetivo qualificativo epíteto	70	70	85	85
10. Assinale no texto um adjetivo qualificativo atributo	45	55	55	80
11. Qual o sujeito do verbo "se desprendia"?	65	65	80	70
12. Assinale um grupo de palavras que seja complemento circunstancial de lugar	80	85	90	80
13. Assinale um grupo de palavras que seja complemento circunstancial de modo	55	55	80	55
14. Assinale um substantivo que seja complemento de outro substantivo	30	40	60	60
Dê a natureza das seguintes palavras consultando o texto em que são ressaltadas:				
15. Os (eles os arrastavam)	60	75	80	95
16. Na (na lâmina-d'água)	35	50	40	75
17. Que (que o sol escurecia)	60	65	70	85

	CM2 G	CM2 F	6º G	6º F
18. Rapidamente (e descorava rapidamente)	20	50	25	60
19. Se (não se via)	40	40	40	35
20. Sua (sua imobilidade)	40	60	45	65

ANÁLISE LÓGICA

1ª frase: Descemos à praia

	CM2 G	CM2 F	6º G	6º F
21. nome dessa proposição	75	80	95	100

Quando os pescadores recolhiam do mar os tubarões mortos

	CM2 G	CM2 F	6º G	6º F
22. nome dessa proposição	60	75	75	95
23. função dessa proposição	15	20	50	45

2ª frase: No entanto, da sua imobilidade morta, ainda se desprendia uma impressão

	CM2 G	CM2 F	6º G	6º F
24. nome dessa proposição	65	75	80	90

Que prevalecia sobre as demais

	CM2 G	CM2 F	6º G	6º F
25. função dessa proposição	25	50	40	65

Bibliografia das obras citadas

ABOU, P. *Les questionnaires psychologiques*, Paris, PUF, 1968.
AECSE. *Les sciences de l'éducation. Enjeux, finalités et défis*, Paris, AECSE/INRP, 2001.
ALTET, M. *De l'étude des comportements des enseignants en classe à l'analyse compréhensive des interactions et situations pédagogiques*, Nantes, thèse en vue de l'habilitation à diriger des travaux de recherche, 1991.
_____. *Micro-enseignement et formation des enseignants*, Paris, PUF, 1983.
_____. *La formation professionnelle des enseignants*, Paris, PUF, 1994.
AMBITE, V. *Il s'est passé quelque chose à Cassis, des témoins parlent...*, Tournai, Casterman, 1982.
ARGUIN, G. *Une théorie de l'organisation scolaire (les nouveaux collèges québécois)*, Paris, R. Pichon et R. Durand-Auzias, 1972.
AVANZINI, G. *Alfred Binet*, Paris, PUF, 1999.
BIE/Unesco. *La formation du personnel enseignant secondaire*, Paris-Genève, Bureau international d'éducation, 1954.
BACHELARD, G. *L'activité rationaliste dans la physique contemporaine*, Paris, PUF, 1951.
_____. *Le nouvel esprit scientifique*, Paris, Félix Alcan, 1934.
BANY, M.-A., JOHNSON, L. V. *Conduite et animation de la classe*, Paris, Dunod, 1974.
BARBIER, J.-M. *L'évaluation en formation* (1985), Paris, PUF, 5ª ed., 2001.
_____. *Élaboration de projets d'action et planification*, Paris, PUF, 1991.
_____, DURAND, M. *Sujets, activités, environnements*, Paris, PUF, 2006.
BARON, G. L. *L'informatique et l'éducation*, Paris, BIE/Unesco, 1988.

BAUDELOT, Ch. Establet R., *L'école primaire divise*, Paris, Maspero, 1975.
BEILLEROT, J. *Projet et légitimité*, Paris, in CRAP, n.º 334, 1995.
BERNARD, Cl. *Introduction à l'étude de la médecine expérimentale*, Paris, Delagrave, 1865.
BINET, A., HENRI, V. *La fatigue intellectuelle*, Paris, Schleicher Frères, 1898.
BISSEY, C., MOREAU, J.-L. *TIC et NET. Nouvelles voies pour la formation*, Paris, PUF, 2003.
BLANCHARD-LAVILLE, C. *Les enseignants entre plaisir et souffrance*, Paris, PUF, 2001.
BLOOM, B. *Taxonomy of Educational Objectives*, New York, Longmans and Green, 1956.
BOURDIEU, P., PASSERON, J.-C., *La reproduction: éléments pour une théorie du système d'enseignement*, Paris, Éd. de Minuit, 1971.
_____. *Les héritiers*, Paris, Éd. de Minuit, 1964.
BROUSSEAU, J.-L. "L'observation des activités didactiques", Paris, in *Revue française de pédagogie*, n.º 45, 1978.
BRU, M. *Les méthodes en pédagogie*, Paris, PUF, 2006.
_____. *Qu'y a-t-il à prouver, quand il s'agit de l'éducation?* in Hadji, Ch. e Baillé, J., *Recherche et éducation*, Paris-Bruxelles, De Bœck Université, 1998.
BUYSE, R. *L'expérimentation en pédagogie*, Bruxelles, Maurice Lamertin, 1935.
CRAP, "Les sciences de l'éducation: quel intérêt pour le praticien", in *Cahiers pédagogiques*, n.º 334, Paris, 1995.
CARREL, A. *L'homme, cet inconnu*.
CASTON, J. *L'enfant et l'école: approches psychophysiologiques*, Paris, PUF, 1993.
CELLERIER, L. *Esquisse d'une science pédagogique: les faits et les lois de l'éducation*, Paris, Alcan, 1910.
CHAMPY, Ph., ETÈVE, Ch. *Dictionnaire encyclopédique de l'éducation et de la formation*, Paris, Nathan, 1994.
CHAUFFARD, C. "Étude sur le comportement au cours des tests", Paris, in *Bulletin de l'Institut national d'études du travail et d'orientation professionnelle*, 2ª série, 3º ano, n.º 7-8, juillet-août 1947.
CHERKAOUI, M. *Les paradoxes de la réussite scolaire*, Paris, PUF, 1979.
CHEVALLARD, Y. *La transposition didactique, du savoir savant au savoir enseigné*, Grenoble, La Pensée sauvage, 1991.
CHOBEAUX, J. "Un système de normes pédagogiques. Les IO dans l'enseignement élémentaire français", *Revue française de sociologie*, VIII, Paris, 1967.
CIFALI, M. *Le lien éducatif* (1994), Paris, PUF, 5ª ed., 2005.
CLAPARÈDE, E. "Expériences collectives sur le témoignage", in *Archives de Psychologie*, Genève, t. V, 1906.
_____. *Psychologie de l'enfant et pédagogie expérimentale* (5ª ed.), Genève, Kinding, 1916.

CLERC, P. "Démographie scolaire", in *Traité des sciences pédagogiques*, t. 6, Paris, 1977.
COMPAYRÉ, G. *Histoire de la pédagogie*, Paris, Maillotée, 1885.
_____. *Histoire critique des doctrines de l'éducation en France depuis le XVIe siècle*, Paris, Hachette, 6ª ed. 1904.
COULON, A. *Ethnométhodologie et éducation*, Paris, PUF, 1993.
DEBESSE, M., MIALARET, G. *Traité des sciences pédagogiques*, t. 1, Paris, PUF, 1969.
_____. *Traité des sciences pédagogiques*, t. 4, Paris, PUF, 1974.
DECROLY, O., BUYSE, R. *Introduction à la pédagogie quantitative*, Bruxelles, Lamertin, 1929.
DIVERS. *Hommages à René Zazzo*, Paris, PUF, número especial *Enfance*, 2/96.
DREVILLON, J. *Pratiques éducatives et développement de la pensée opératoire*, Paris, PUF, 1980.
DUMAS, G. *Traité de psychologie*, Paris, PUF.
DURKHEIM, E. *Éducation et sociologie*, Paris, PUF.
_____. *L'évolution pédagogique en France* (1938), Paris, PUF, 2ª ed., 1969.
_____. *Les règles de la méthode sociologique* (17ª ed.), Paris, PUF, 1968. [Trad. bras. *As regras do método sociológico*, Martins Editora, 2ª ed., 2007.]
EICHER, J.-C., GARBOUA, L. L. *Économique de l'éducation*, Paris, Economica, 1979.
ERNY, P. *Ethnologie de l'éducation*, Paris, PUF, 1961.
FILLOUX, J.-C. "Psychosociologie des petits groupes et étude de la classe", *Traité des sciences pédagogiques*, t. 6, Paris, 1977.
FORQUIN, J.-C. *École et culture. Le point de vue des sociologues britanniques*, Bruxelles, De Boeck, 1989.
FRANKART, P. *Analyse critique de la notion de validité, contribution à la méthodologie psychométrique*, prefácio de R. Buyse, Louvain, Paris, Nauwelaerts, 1958.
GROUPE FRANÇAIS D'ÉDUCATION NOUVELLE. *Éducation comparée*, Paris, L'Harmattan, 1998.
HADJI, Ch., BAILLE, J. *Recherche et éducation. Vers une nouvelle alliance*, Bruxelles, De Boeck Université, 1998.
HALLAK, J. *À qui profite l'école?*, Paris, PUF, 1974.
HUBERT, R., GOUHIER, H., *Manuel élémentaire de pédagogie générale*, Paris, Delagrave, 1930.
INSTITUT PÉDAGOGIQUE NATIONAL. *Encyclopédie pratique de l'éducation en France*, Paris, IPN e SEDE, 1960.

ISAMBERT-JAMATI, V. *Les savoirs scolaires. Enjeux sociaux des contenus d'enseignement et leur réforme*, Paris, PUF, 1990.

JONCKHEERE, T. *La méthode scientifique et la pédagogie*, Bruxelles, Lamertin, 1933.

JULLIEN, M.-A. *Esquisse et vues préliminaires d'un ouvrage sur l'éducation comparée*, Paris, Louis Colas, 1817.

LALANDE, A. *Vocabulaire technique et critique de la philosophie* (1926), Paris, PUF, 5ª ed., 1947. [Trad. bras. *Vocabulário técnico e crítico da filosofia*, Martins Fontes, 3ª ed., 1999.]

LANDSHEERE, G. de. *Dictionnaire de l'évaluation et de la recherche en éducation*, Paris, 1979.

_____. *La recherche en éducation dans le monde*, Paris, PUF, 1986.

_____. *Introduction à la recherche en éducation* (5ª ed.), Paris, Colin-Bourrelier, 1982.

_____. *Évaluation continue et examens. Précis de docimologie*, Paris-Bruxelles, Nathan-Labor, 1971.

_____. *Le pilotage des systèmes d'éducation*, Bruxelles, De Boeck, 1994.

_____. *Comment les maîtres enseignent. Analyse des interactions verbales en classe*, Bruxelles, Ministère de l'Éducation nationale et de la Culture, 1969.

LAPIE, P. *La science française*, t. 1, Paris, Larousse, 1915.

LAY, W. A. *Pedagogia experimental*, Barcelone, Labor, 1913.

LE THANH KHOI. *L'éducation comparée*, Paris, Colin, 1981.

_____. in *Traité des sciences pédagogiques*, Paris, PUF.

LETOMBE, A. *Rien ne sera plus comme avant*, Paris, *in* CRAP, nº 334, 1995.

LEVÊQUE, R., BEST, F. *Traité des sciences pédagogiques* (chapitre sur la Philosophie de l'éducation), Paris, PUF.

MARMOZ, L. *Les sciences de l'éducation en France. Histoire et réalités*, Issy-les-Moulineaux, Éd. EAP, 1988.

_____. *Éducation comparée*, Paris, L'Harmattan, 1998.

MARROU, H. *Histoire de l'éducation dans l'Antiquité*, Paris, Le Seuil, 1948.

MARTINAND. *L'élève et/ou les connaissances scientifiques, approche didactique de la construction des concepts scientifiques par les élèves*, Berne, Peter Lang, 1983.

MEYRSON, I. *Les fonctions psychologiques et les œuvres*, Paris, Vrin, 1948.

MIALARET, G. *Les sciences de l'éducation* (1976), Paris, PUF, 10ª ed., 2005.

_____. *Le Plan Langevin-Wallon*, Paris, PUF, 1997.

_____. *Étude sur la formation des professeurs de mathématiques*, Paris, CNRS, 1959.

_____. *La pédagogie expérimentale* (1984), Paris, PUF, 3ª ed., 1996.

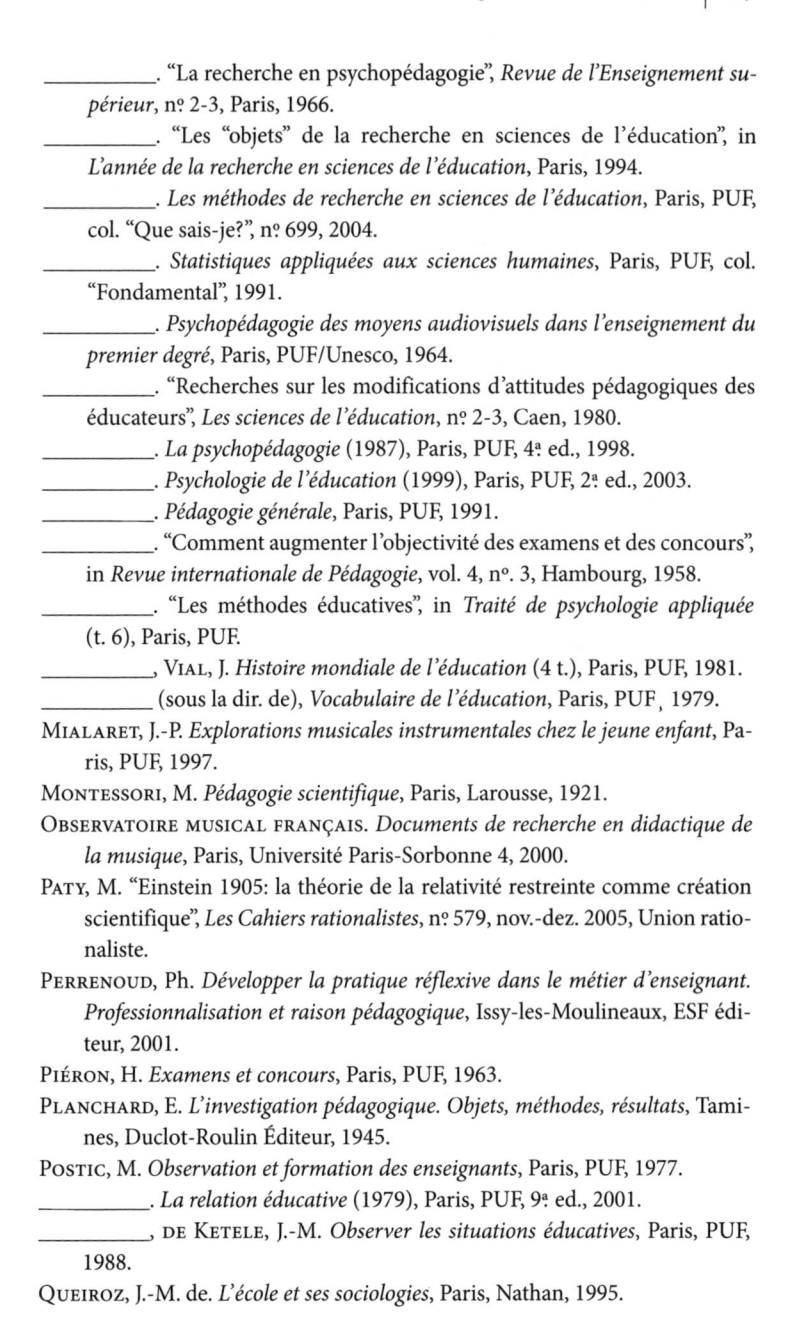

_____. "La recherche en psychopédagogie", *Revue de l'Enseignement supérieur*, nº 2-3, Paris, 1966.

_____. "Les "objets" de la recherche en sciences de l'éducation", in *L'année de la recherche en sciences de l'éducation*, Paris, 1994.

_____. *Les méthodes de recherche en sciences de l'éducation*, Paris, PUF, col. "Que sais-je?", nº 699, 2004.

_____. *Statistiques appliquées aux sciences humaines*, Paris, PUF, col. "Fondamental", 1991.

_____. *Psychopédagogie des moyens audiovisuels dans l'enseignement du premier degré*, Paris, PUF/Unesco, 1964.

_____. "Recherches sur les modifications d'attitudes pédagogiques des éducateurs", *Les sciences de l'éducation*, nº 2-3, Caen, 1980.

_____. *La psychopédagogie* (1987), Paris, PUF, 4ª ed., 1998.

_____. *Psychologie de l'éducation* (1999), Paris, PUF, 2ª ed., 2003.

_____. *Pédagogie générale*, Paris, PUF, 1991.

_____. "Comment augmenter l'objectivité des examens et des concours", in *Revue internationale de Pédagogie*, vol. 4, nº. 3, Hambourg, 1958.

_____. "Les méthodes éducatives", in *Traité de psychologie appliquée* (t. 6), Paris, PUF.

_____, VIAL, J. *Histoire mondiale de l'éducation* (4 t.), Paris, PUF, 1981.

_____ (sous la dir. de), *Vocabulaire de l'éducation*, Paris, PUF, 1979.

MIALARET, J.-P. *Explorations musicales instrumentales chez le jeune enfant*, Paris, PUF, 1997.

MONTESSORI, M. *Pédagogie scientifique*, Paris, Larousse, 1921.

OBSERVATOIRE MUSICAL FRANÇAIS. *Documents de recherche en didactique de la musique*, Paris, Université Paris-Sorbonne 4, 2000.

PATY, M. "Einstein 1905: la théorie de la relativité restreinte comme création scientifique", *Les Cahiers rationalistes*, nº 579, nov.-dez. 2005, Union rationaliste.

PERRENOUD, Ph. *Développer la pratique réflexive dans le métier d'enseignant. Professionnalisation et raison pédagogique*, Issy-les-Moulineaux, ESF éditeur, 2001.

PIÉRON, H. *Examens et concours*, Paris, PUF, 1963.

PLANCHARD, E. *L'investigation pédagogique. Objets, méthodes, résultats*, Tamines, Duclot-Roulin Éditeur, 1945.

POSTIC, M. *Observation et formation des enseignants*, Paris, PUF, 1977.

_____. *La relation éducative* (1979), Paris, PUF, 9ª ed., 2001.

_____, DE KETELE, J.-M. *Observer les situations éducatives*, Paris, PUF, 1988.

QUEIROZ, J.-M. de. *L'école et ses sociologies*, Paris, Nathan, 1995.

Rassekh, S., Vaideanu, G. *Les contenus de l'éducation*, Paris, Unesco, 1987.
Reboul, O. *La philosophie de l'éducation* (8ª ed.), Paris, PUF, 1997.
Robert, A., Terral, H. *Les IUFM et la formation des enseignants aujourd'hui*, Paris, PUF, 2000.
Rossello, P. *Les précurseurs du Bureau international d'éducation*, Genève, Bureau internationl d'éducation, 1943.
Rousseau, J.-J. *Émile ou de l'éducation*, Amsterdam, Jean Néaulme, 1762.
Samaran, Ch. *L'histoire et ses méthodes*, Paris, Gallimard, "Encyclopédie de la Pléiade", 1961.
Simon, Th. *La pédagogie expérimentale*, Paris, Colin, 1924.
Unesco. *Annuaire statistique* (annuel), Paris, Unesco.
Union rationaliste. *Dictionnaire rationaliste*, Paris, Union rationaliste, 1964.
Van Daele, H. *L'éducation comparée*, Paris, 1993.
Vandevelde, L., Halleux-Hendrick, J. *Les dispositifs expérimentaux en pédagogie*, Bruxelles, Presses universitaires, 1971.
Wallon, H. *Principes de psychologie appliquée*, Paris, A. Colin, 1930.
_____. *L'évolution psychologique de l'enfant*, Paris, Armand Colin, 1941.
_____. *Les origines du caractère chez l'enfant. Les préludes du sentiment de personnalité*, Paris, PUF, 1949.
Zazzo, R. *Le devenir de l'intelligence*, Paris, PUF, 1946.
_____. *Intelligence et quotients d'âge*, Paris, PUF, 1946.

Índice dos nomes próprios

ACP, 167
AFIRSE, 45
Aigrain, 53
AIPELF, 35, 36, 44, 45, 46, 47, 51
Albou, 211
Altet, 94, 100, 127-8, 142, 150, 161, 176, 194, 279
AMSE, 35
Anzieu, 57
Ardoino, 185
Arguin, 112
Aristóteles, 125, 169, 218, 233
Avanzini, 23, 48, 57

Bachelard, 117, 131, 181, 184, 188, 250
Bain, A., 11
Ballard, 21
Bany, 102
Baudelot, 87
Beillerot, 46, 58, 263, 271
Bell, 82
Berger, 176
Bernard, C., 28-9, 203
Best, 80
BIE/Unesco, 34, 80, 85, 107-8, 217
Binet, A., 16, 23, 27-9, 33, 40, 93, 248-50

Biran de, 67
Bissey, 103
Blanchard-Laville, 101
Bloch, 50
Bloom, 95
Bonboir, A., 16, 36
Bonnis de, 28
Boudon, 87
Bouilly, 41
Bourdieu, 65, 87, 218
Bourjade, 48
Bovet, P., 14, 37, 51
Brousseau, 106-7
Bru, 90
Buisson, 48
Burt, 21
Buswell, 20
Buyse, R., 11, 16, 22, 29, 36, 225

Cabot, 48
Carrel, 127
Caston, 36
Caverni, 94
Cellerier L., 12
Château, 41, 46-8, 50-1, 57
Chauffard, 126, 201

Cherkaoui, 87
Chevallard, 107, 162
Chobeaux, 98
Cifali, 101
Claparède, E., 13, 14, 16, 23, 36-7, 51, 198, 199, 218, 243, 247
Clerc, 108
Compayre, G., 13, 42, 44-45
Comte, 47, 82
Condillac, 91
Corraz, 52
Coulon, 89
Cournot, A., 15
Cousinet, 47-8
Cros, 49

Dabout, 41
Debesse, M., 15, 16, 43, 46, 47, 48, 51, 52, 57, 81, 83, 85, 86, 208
Decroly, O., 16, 22, 23, 29, 84, 90, 91, 127, 136
Delchet, 41, 43
Dewey, 218
Dilthey, 67, 160, 180
Dottrens, R., 16, 23, 36, 41, 42, 43, 49
Drevillon, 94, 136-8, 205, 259, 260, 266
Dumas, 67
Durkheim, É., 94, 136-8, 205, 259, 260, 266

Eicher, 65, 110
Erny, 88
Establet, 87

Faure, E., 58
Favez-Boutonnier, 57
Ferry, 46, 160
Fessard, 67
Filloux, 46, 58, 101, 102

Flanders, 139, 194
Flournoy, Th., 14
Forquin, 88
Fraisse, 51-2
François-Unger, 47
Frankard, 36
Freeman, 20
Freinet, 47
Friedmann, 72, 171

Gal, 37, 43, 275
Galichet, 50
Garboua, 65, 110
Gates, 20
Gesell, 22, 64
GFEN, 32, 39, 42, 211
Gifle, 49
Gilles, 36
Gilly, 40
Goossens, 36, 43
Gouhier, 61
Gratiot-Alphandery, 43
Guillaume, 67

Hadji, 94
Hagnauer, 47
Hallak, 86, 110
Halleux-Hendrix, 149
Hassenforder, 38
Hattinguais, 49
Hawthorne, 172
Henri, 23, 27
Heráclito, 125
Herriot, 49
Hotyat, 36
Hubert, 61, 82
Husson, 43, 51

INRP, 37-8, 39, 40, 45, 49

Isaacs, 27
Isambert-Jamati, 68, 88
IUFM, 38, 62, 268-9

Jadoule, 36
Johnson, 302
Joly, 41
Jonckheere, 36
Judd, 20
Jullien, 66, 85

Kant, I., 15, 218

Lagache, 67
Lalande, 233
Landsheere, G. de, 16, 19, 36, 64, 86, 94, 135, 136, 194
Langevin-Wallon, 37, 41
Langlois, 203
Lapie, P., 12-3
Laugier, 94
Lay, 21
Lazar, 103
Le Senne, 48
Le Thanh Khoi, 81, 84
Lebonnois, 49
Leboutet, 41
Lefranc, 41
Léon, 16, 81
Leontiev, 218
Lepez, 41
Letombe, 271
Lévi-Strauss, 221
Lewin, 92
Lippitt, 92
Luria, 218

Majault, 49
Makarenko, 91

Malrieu, 41, 57
Marion, 48
Marmoz, 52, 84
Merleau-Ponty, 48, 50
Merlet, 41, 255, 267
Meyerson, 119
Mialaret, G., 16, 37, 41, 42, 44, 46, 50, 51, 52, 53, 62, 65, 66, 68, 76, 81, 90, 98, 103, 106, 115, 119, 125, 126, 150, 162, 163, 167, 168, 171, 193, 201, 205, 208, 210, 211, 234, 271, 274
Michaud, 50
MMPI, 145
Montessori, M., 16, 22, 91
Moreau, 103
Museu pedagógico, 37, 47

Nelis, 42
Noizet, 94

OCDE, 34, 85, 217

Passeron, 64, 65, 87
Paty, 232
Pétain, 62
Piaget, J., 16, 48, 50, 64, 65, 67, 181, 218
Piéron, 64, 67, 94
Planchard, E., 19, 36
Platon, 83
Poignant, 52
Postic, 94, 100, 136, 142, 161, 176, 194

Queiroz de, 88

Rachou, 52
Rashomon, 199
Rassekh, 107
Reboul, 80
Rivenc, 41

Robert, 62
Roller, 36, 43
Rossello, 66, 85
Rousseau J.-J., 13, 14, 16, 51, 83, 106, 107, 132, 259
Ruel, P.-H., 13, 16

Schonnel, 21
Seignobos, 203
Simon, J., 250, 263, 275
Simon, Th., 16, 28, 41, 57, 205
Singly de, 211
Sire, 77
Skinner, 91
Snedecor, 208
Sócrates, 74, 82, 101, 132, 191
Spearman, 21
Stoetzel, 51
Student, 208

Taylor, 112
Terral, 62
Thomson, 21

Thorndike, 20

Unesco, 34, 81, 85, 107, 108, 217
Union rationaliste, 233

Vaideanu, 107
Valentine, 21
Van Herreweghe, 36, 45
Vandevelde, 36, 149
Vaney, 40
Verbist, 36, 45
Vial, 46, 48, 50
Vinc, 41
Vygotski, 218

Wallon, H., 16, 37, 40, 41, 47, 64, 65, 67, 116, 117, 174, 199, 218, 234
White, 92
Wittwer, 46-8, 50
Wood, 20

Zazzo, 28, 40, 67

Índice analítico

a entropia, 252
a experimentação por Binet e Henri, 24
a interdisciplinaridade, 253
a pedagometria, 40
abordagem multirreferencial, 118, 156
ação educativa, 149
ACP, 167
administração escolar, 62, 111
AECSE, 47
AFIRSE, 45
AIPELF, 35, 36, 44
AMSE, 35
análise em função de tabelas de observação, 134
aplicação do teste, 188, 229
as ciências da educação – para a nova era, 44
as quatro fontes de saberes, 216
aspectos epistemológicos, 229

características das situações de educação, 118
características dos procedimentos científicos, 184
ciência dos programas, 107
ciência ou ciências?, 13

ciências da avaliação, 94
ciências da comunicação e da interpretação, 103
ciências da educação e IUFM, 265, 267-8
ciências dos métodos e técnicas pedagógicas, 90
ciências pedagógicas, 261
complexidade das situações de educação, 75, 112
componentes da prática pedagógica, 218
construção dos fatos de educação, 116
conteúdo das trocas, 162-3
contrato didático, 106
CPR, 62
CREDIF, 41
criação das ciências da educação, 46
critérios de juízo, 187

definição das ciências da educação, 77
demografia escolar, 108
didáticas, 104
didatologia, 106
diferentes significados da palavra "educação", 68

economia da educação, 110
educação comparada, 84
educação: como conteúdo, 70
educação: instituição social, 68
educação: resultado de uma ação, 69
educação: um processo, 70
efeito Hawthorn, 172
efeito Thorndike, 234
efeitos de uma situação de educação, 164
ENNA (Escola Normal Nacional de Aprendizado), 63
escolas normais primárias, 61
etnologia da educação, 88
extensões da palavra "educação", 70

fatos científicos em educação, 119, 121
fatos congelados, 119
fatos de educação, 75, 118
fatos relativamente estáveis, 120
filosofia da educação, 79
finalidade da pesquisa científica em educação, 178
finalidades educativas, 255
fisiologia da educação, 95
formação dos professores (sondagem de 1954), 16
formadores de formadores, 268
formas do espírito científico moderno, 195
função diagnóstico das ciências da educação, 274

grade de Altet, 142, 150
grade de Flanders, 139

história da educação e da pedagogia, 81
história da expressão "ciências da educação", 11

incompletude das experiências, 230
INRP, 37
Instituto das Ciências da Educação de Genebra, 13
Interpretação dos resultados, 188
IPES, 62
IUFM, 62

laboratório de psicopedagogia, 41
liberdade de opção do educador, 266
liberdade e limitações do professor, 166

medicina escolar, 64
medida e comparação, 249
medida em ciências da educação, 239
medida pela causa, 243
medida pela duração, 244
medida pela frequência, 245
medida pelo efeito, 243
mensagens numa situação de educação, 161
metodologia pertinente, 188
métodos de estudo das situações de educação, 173
modelo da medicina experimental, 29
movimentos de educação nova, 37

níveis de interpretação, 159

o qualificativo "experimental", 28
objetividade do conhecimento, 232

panorama geral das ciências da educação, 78
papel das ciências da educação em relação à prática, 262, 264
pedagogia, 260
pedagogia experienciada, 11
pedagogia experimental, 15, 66

pedagogia pessoal, 260
Pedagogica experimentalis, 45
PERPE, 146
pertinência das medidas, 247
pesquisa científica em educação na Alemanha, 21
pesquisa científica em educação na América do Norte, 19
pesquisa científica em educação na Bélgica, 22
pesquisa científica em educação na França, 23
pesquisa científica em educação na Inglaterra, 20
pesquisa científica em educação na Itália, 22
pesquisa científica em educação na Suíça, 23
pesquisa científica em educação, 22, 178
pesquisa em psicopedagogia, 65
planejamento da educação, 113
plano Langevin-Wallon, 37
problemática da pesquisa, 182
procedimentos gerais da pesquisa científica, 182
programas da licenciatura em ciências da educação, 54
psicologia da educação, 98
psicólogos escolares franceses, 40
psicossociologia dos pequenos grupos, 101
publicações científicas, 193

quatro questões fundamentais de pedagogia, 272

raciocínio probabilista, 207, 211
reconstrução da realidade, 245
relação causa-efeito, 233
relações com a Administração, 25
relações com os educadores, 259, 267, 276
relações educacionais no âmbito de um grupo, 100
reviravolta epistemológica, 66
Revue française de pédagogie, 45

saber de tipo documental, 217
saber de tipo praxiológico, 217
saber de tipo reflexivo, 217
saberes oriundos da pesquisa científica, 225
situação de educação, 75, 115
situação didática, 106
situações dinâmicas, 119, 121
situações experimentais, 171
sociologia da educação, 86

técnicas de pesquisa, 194
tipos de experiências, 222
tipos de saberes em ciências da educação, 215
transposição didática, 107, 162

uma nova sociedade nacional e internacional, 33
unidade e diversidade das ciências da educação, 113
utilidade das ciências da educação, 263